磨杵記

名硯「鐵杵磨針」

個人七十自述
與
家族百年繁衍

李序

王福勝在福中得勝　　　　李萬來

　　王福勝先生在我們同學中，向來是精神班長，政大外交系畢業四十多年來，如果不是福勝兄的熱忱與執著，我們同學間的聯繫與聚會，恐將是稀少與疏遠，因此同學們無論遠在海外或近在臺灣，大家都以福勝兄為聯絡中心。這看來容易，實則困難，就像福勝兄為其自傳取名《磨杵記》一樣，須有愚公移山的長期堅持精神，才能達成最後目標，獲得圓滿幸福與勝利。

　　福勝兄為人處事的成功，並不在其職位有多高或事業有多少成就，而都是在其平凡中努力進取，為自己、家人、同學、朋友、報社或社會，盡其在我的犧牲服務奉獻。他向來不奉承高官貴人，但卻為不幸的同學與親友，出錢出力而不求回報。而今他在人生七十才開始之際，也領先退休的同學們將出版人生傳記，長達十六萬多字，這是他一字一句親自打字寫出的精華，可謂「字字珠璣」，雖然寫的是個人事、家事與報社事，但從中可閱讀出其深奧的人生哲理，以及在困難中努力取勝得福的奮鬥成就，人生如此，實為無憾。

　　從這本珍貴的自述傳記，我們可看到福勝兄在國共內戰，少小離家，輾轉逃到寶島臺灣求學奮鬥的成長艱辛過程，最令人佩服的是：甚至在進入工作生涯後，他還勤學不倦，攻讀碩士學位，繼續延伸外交系畢業的學術領域。

　　更令人感動的是，他在勝利得福後，還不忘尋根，照顧手足
兄弟與親朋戚友。在他六次前進大陸探望親友的尋根之旅中，還
重尋當年千里流亡旅程的舊蹟，有如當前許多人追尋千年絲路的
懷舊之旅。令人亦想追隨其後，如能走一趟如此旅程，該是多麼
令人羨慕。

　　這是一本公、私兩誼的自述傳記。於私，可看到福勝兄如何
在艱困環境中獲勝得福，他的熱心待人助人，我想是從這些苦難
中培育茁壯出來的成果。因此能知福惜福，並將福氣澤及他人。
於公，也可看到他如何奉獻給中央日報三十餘年的工作努力，更
可了解這份當年全國第一大報的歷史滄桑演變，因此未來無論何
人想書寫中央日報史，福勝兄的《磨杵記》自述，都將是最佳的
親身體驗第一手參考資料，頗具價值。

　　在《磨杵記》出版之際，能有幸先睹為快。並抒發心中感想
欽佩，實為人生快事，並藉此鼓勵自己亦能追隨福勝兄之後，早
早也有自己的傳述之作。

自序

王福勝

　　民國八十八年六月自中央日報退休，偶爾早晨散步至天母公園，常佇足磺溪河畔，傾聽流水潺潺，每感逝者如斯，時光無情，數十個年頭彷彿剎那間過去。不忍人生如此留白虛度，幾經考慮，還是決心將過去生活的際遇，就所尋資料歸納整理，加上部分追憶撰述，輯印成冊。書中有些為過去事實的陳述，部分則是個人感性的剖析。希望將我的過去數十寒暑點綴些鳳毛麟爪，傳遞給至親好友和有緣的人，對我增添些許記憶與關懷。退休前六年，負責社刊、業務通報的編務，由於係對內刊物，求稿不易，為了補白，寫了一些文稿，將成為本書構成部分。

　　正如　國父孫中山先生所言「人生不如意十之八九」，我和很多好友一樣，走過的路程，滿是荊棘和坎坷。幸運的是，我常遇有貴人伸手，每在困難當頭，總是峰迴路轉，別有生機。我一路行來總是心存感激，終生感謝。在讀書、工作上偶有一絲優良表現，則多為環境所迫，由不得自己；升官、娶妻、生子等大喜事，則感覺幸運，應得自父母的蔭佑。數十年的點點滴滴，尤其鮮為外人道的，我內心世界，希望藉本書能做一些表白。

　　每個人都很懷舊，年紀大了，更加緬懷過去，對家鄉的追憶尤然。我在民國二十六年，生於河北省三河縣的溝北村，來到臺灣五十多年，返鄉探親之情尤殷，儘管兩岸往來，為政情所限，還是於退休前，兄弟相互通信，再有深圳之會，終達成北京返鄉探親之行。北京之行豐富了人生，快慰之情非同小可，迄今已回

訪六次。在北京探訪老胡同的故居、讀書的小學和趕廟會的白塔寺；回到三河縣城，小時候的縣府衙門，一眼就認出，仍是現在的市政府所在地；再到溝北村的老家，宅院雖被徵為學校，早經關閉，已是殘破不堪，荒涼一片。還好祖墳猶在，每次北京行，到了墳前，就會嚎啕大哭，哀傷父母生我劬勞。能尋根，並找到故鄉和故鄉的親友，感到人生的充實與快慰，願與大家分享。

民國三十八年是很不幸的一年，很多外省人拋棄美好家園，骨肉分離，追隨政府來臺。三十八年年初，一月二十一日，駐守華北總司令傅作義簽下和平解放北京協定，北京失陷，我和哥哥隨七姑參加流亡的浪潮，從北京搭車，經天津、濟南、青島，再乘船到上海，終在南京失守前，找到追隨政府的父親。情勢惡化太快，隨即又搭上行政院撤退末班火車逃出，再經由上海搭飛機到廣州，終於在這年的端午節，乘船到了基隆港，可是父親仍隨政府留守在廣州。

這一路行來備嘗驚惶恐懼，對十二歲的我，留下前途茫然，抹不掉的陰影。數十多年來，這股不安全感如影隨身，揮之不去。影響所及，一生畏首畏尾，儒孟曰「吾日三省吾身」，這句話最得我心。我雖努力學習、工作認真負責，對親友坦誠以見，但行事沒創新，沒前瞻，沒有大格局。看過本書後，親友和有緣者，可能體會到，在我的潛意識中，能夠溫飽平凡過日子，於願足矣。生平無大志，一切努力在我，成事聽天命。

這種內心的不安由來久遠，起自在民國三十七年底，中共傾所有的兵力，好幾個縱隊圍困北京。從那年十二月十七日起，噠噠的機關槍、轟隆轟隆的砲聲，響徹北京城，斷糧斷水謠言四起，人心惶惶。這時父親在最後關頭，始匆匆離去。母親帶著年幼弟弟和妹妹避難他鄉，我則在多位親友家東躲西藏，但每個家庭都自顧不暇，不能容我長住。我開始對前途感到茫然，危機意識不時襲上心頭。記得當時我將全部哀愁，發洩在挖防城的戰壕上

面，沈重的十字鎬比我還高，一鎬又一鎬的敲下，挖出大塊冰凍的泥土，路過人奇異眼光看著，或是讚許這小孩力大無窮，殊不知我內心的茫然無助。

親眼看到十數萬國軍從北京的西阜門撤出，解放軍從前門進城。在一片「肅清反革命和檢舉國特」的聲中，我整日忐忑不安，也體會無人敢再收留我。在這身陷絕境時候，七姑伸出堅定的援手，決定在她學生路條上填加哥哥和我的名字，帶我倆經過解放區，逃難到南方，去找父親。經過三個多月的的流浪，終於三十八年夏天輾轉來到新竹，寄居在父親好友朱博泉先生家。任何時間想到朱伯伯和朱伯母的援手，都感激萬分。

從十一、二歲離開父母，時有朝夕難保的憂慮。數十年來，先是一江山失守、大陳島撤退、八二三金門砲戰，繼而退出聯合國、中壢暴動、美麗島事件，使我比他人更感憂傷和惶恐。讀書奮鬥，兢兢業業，不敢也不容稍有鬆懈。窮困中，遇到終身感念的好老師，新竹市北門國小鄭武雄老師和高雄市前國小的毛善才老師，硬是開啟我數學下苦功的訣竅。在高雄考上省立雄中，在臺北讀建國中學和師大附中，大學則考上第一志願政治大學外交系，政大外交系是當年大學聯考乙組的狀元系；在這些學校接觸到良師益友，不但一生行事得到鼓勵，也使思維和視野更為遼闊，人生能正面積極的發展。我讀書、工作和我的師長、同學，在本書中是不可或缺的部分。

民國五十年十月服完預官兵役後，先後任教省立瑞芳工校和北市復興中學，五十五年中央日報招考基層人員，僥倖以第一名錄取。在當時的報社經理部，我是學經歷完整，英語能力較強，不亢不卑的接待外賓和辦理讀者活動，所學和所能都可盡情發揮。曾參與舉辦多項膾炙人口活動，如萬人祝壽登山、全國書法比賽、歌唱比賽、圍棋比賽，尤其是有關兒童的活動，像是全國兒童圖畫比賽和展覽、全國兒童游泳賽、全國兒童籃球賽。這些

活動能結合社會資源，參加者眾，對報社和社會都有正面效益。自認這段時間，雖職小言微，但真做了很多可追憶的事。在中央日報的社刊，其中有多篇記述這些輝煌活動，將會部分輯印在本書中。

　　服務中央日報三十餘年，頭十四年在業務單位，曾被提升為國際版經理，後調任發行組長。於民國六十七年又調為印務部組長，改任夜間工作，過著晨昏顛倒，晝伏夜出的工作。由於堅守崗位，又勤於檢討改進，一做就是第二個十三年。到民國八十一年三月，歲月不饒人，體力已到絲盡臘枯時候，始改調為研發室專門委員。說是勞碌命，或是天降大任，在報社每次接任新職都有新的挑戰，本書中可看到我數十年努力工作的情況。

　　研發室本是空閒單位，可是輪到我就豬羊變色，除正常每周的社務會議紀錄和追蹤、每月社刊約稿和編印、每年編撰全社業務計畫外，像是利潤中心，黨營事業策略聯盟，經營顧問委員會，活力營與品質管理研討會，企業識別系統研習會，舉辦全社演講研習會等等，這些都是報禁開放後，報社上下都希望闖出一個新局面，所做開創性作為。退休後，自己引以為傲，這些多項專案，我在報社都曾參與，有實際執行經驗。

　　六十八年三月調任夜間印務工作，我在當年四月報考文化大學的大陸問題研究所，就被錄取。這距民國五十年大學畢業，已太久沒摸課本，僥倖考取全賴過去基礎。七十年暑期就拿到碩士學位，在教育部的指定下，曾到臺北師院、臺南師院和中國海專任教大陸問題課程，三年來收到教學相長效果，並取得大學講師證書。得到碩士學位，在職場上雖未獲加官進爵，可是對終身學習和擴大思維則大有收益，使我生活感受無窮，尤其對三個女兒讀書和工作，有啟發之功。本書將說到我努力求新、求知和規劃人生的部分。

　　民國三十八年流浪到臺灣，赤手空拳奮鬥大半生，僥倖長大成人，一方面感謝親戚長輩，將舊有家庭的倫理傳統灌輸給我；另方面在逆境不順時，常逢良師益友伸出貴人之手，每使艱困絕境，柳暗花明峰迴路轉，康莊大道在眼前。至親好友在我一生中，有如空氣和水，一樣重要，本書當然要記述。

　　本書論述個人尋根、親友、求學、工作和人生規劃，惠請有緣不吝指教。雖屬駑鈍簡陋，才疏學淺，內容多有繆誤，希望不徒增笑柄，僅圖人生不復留白，並請鑒諒。

　　本書付梓前，感謝政大學長，前中央通訊社社長李萬來兄和夫人吳麗玲的鼓勵，正逢他們國外兩位公子攜妻兒返國探親，全家歡喜團聚之際，仍在百忙中審閱拙作，並為文賜序。同時感謝中央日報同事好友，張寶慈兄撥冗全力斧正，惠我良多，使本書堪可見世。又承報社宣善傅兄厚愛指正，本書更臻完善，由衷感謝。諸多親友對本書和個人有所期許，一併致謝。

　　高雄前金國小、雄中、師大附中同班同學趙驊和夫人朱美芳，在本書發稿給威秀公司的同一天，三月二十九日，從他們美國威斯康辛州拉比斯市的家，寄來數百美金，言明要預購一本，這筆錢其實已足夠支付出書泰半費用，我高興坦然接受。多少時光歲月音信全無，就像趙驊兄在信中所說，最近回國見到我時，真如五十年時光倒轉，我還是小時的我；其實他也是當年的他。他和他姊趙琳還記得我小時修他家竹籬笆，我仍依稀記得幾個小學同學，在一個明月高掛的夜晚，步行在高雄沒有喧嘩馬路上，大家相約成為的最好朋友。老友貴在知心，我想他寄來的不是金錢，是他對我的關心和珍惜兩人之間的友誼，回味起來越是甘甜，也在此聊表謝意和思念。

　　當本書第四版付梓之際，三弟福榮託友人捎來「磨杵記」的讀後感言，二〇〇八年六月書於北京，長達一萬五千餘字，對父母恩情和典範的思念，及對親友的不棄不捨的相助，有更為真摯

情感的流露，遠超過我在書中的直率的敘述，讓我心有所得，反復讀之再讀，並分送臺灣和海外親友共享。在他的感言中，表達出在海峽彼岸的心聲，最為珍貴，雖有部分辭藻對我一生走來有過多謬讚，經再三嘗試刪減，有損其完整之美，愧無刀斧功力而作罷。全文附錄於後，期本書與福榮弟共勉，並有待親朋好友與有緣者參考。

本書曾蒙諸多親友、同學和中央日報的長官同事鼓勵，其中石前社長永貴更以電話和親書信函給予肯定和支持，並鄭重推介；老報社的長官薛副社長心鎔，在八月底不期相遇於臺北街頭，即以石社長訊息相詢，倍感溫馨。適逢暑假，坊間趕製學校教授、老師作品，至九月中旬始印出第四版《磨杵記》寄奉。承薛公不棄，相繼兩次復信指正，並傾囊相授文字工作精要，享用無窮，感激無以言論，特別將薛公第一次信函附錄本書書後，用以永誌恪遵和表示謝意。

薛公二次來信建議在扉頁上，印一句話表明本書涵意，經與報社張寶慈兄相互腦力激盪，決定加印「個人七十自述與家族百年繁衍」一行字，感覺到與我寫這本書的主旨十分貼切。薛公同時在信中寫到：「您的文章，很有深度，但是出乎自然，不是刻意雕琢。娓娓道來，也許您自己也不覺得，讀者却能有深厚的感受。當然，泛泛讀之，也是說不出那種感受的。」是給我和本書承受不起的評論和鼓勵。薛公還開列本書五十餘項錯別字和不妥之處，且詳細註明原由，深深感受長官的厚愛。薛公六十年代，在報社全責編印出版「蔣總統秘錄」全套十數冊，當時國內外新聞為之轟動，暢銷創出版界之最，迄今仍是中華民國最完整史料，薛公能以春秋之筆，給與本書肯定和修正，何其有幸，再次謝謝。

目　次

第一章　成長

第一節　故鄉

　　人是懷舊的，年紀大了，對故鄉越是懷念，渴望能尋到記憶中童年，以追求鄉情和親情的饗宴。從一九九八年開始，迄至目前，我已六次回到北京，掃墓祭祖係每次行程重要大事。回鄉過訪的時間，有長達二十天，或短則五、六天，都感到不能盡興，遊覽景物每有遺珠之憾。還好第三次，在二〇〇三年的九月十五日，由福榮和福明弟陪同在縣城新東大飯店住一晚，用一天半的時間，跑遍童年去過的地方。同時在兩人陪伴下，拜會村裡的親友，看到與我同屬是「福」字輩的堂兄弟，或是遠房的同宗兄弟。還有是和父親一樣，同屬是「芳」字輩的父執輩。這些鄉親在家譜上，三代或五代前，都源自同一先祖。有些鄉親已是我第三次見面，那種真誠相擁或是拉拉手，更感溫馨。在鄉下，我從村西頭跑到村東頭，在縣城我則找到我讀過的小學和住過的地方，以及縣府衙門舊址，還有兒時常玩的所在。三河縣和溝北村畢竟是我五十多年前的成長的地方，如今人事全非，景物不再，若能找到一絲半縷記憶中景物，也是彌足珍貴，念念不已。

一、家在京東燕山腳

　　故鄉是河北省三河縣溝北村，地處華北平原和燕山山脈丘陵的接壤地，我家雖非門前有小河，後面有山坡的美景，但是地處平坦田野，由村子東頭遠望，可看到鄰村的靈山和山上的一座

塔。村子南頭則有條河溝，小時候河面寬還可捲起褲角戲水，現在已無這般水源。但在鄉人指引下，還在溝中找到三兩個，從地下冒出流水泉穴。這條溝緊鄰祖墳，我家的祖墳是「頭頂寶山，腳踏龍泉」。聽說這塊風水寶地，會惠佑子孫，家出文官，並揚名海外。

再看田野，秋收過後的溝北村，部分已轉植高大青菜。遠觀村內，一棟棟紅磚瓦房，安置在綠油油的大地上，顯現它的和諧、穩重，絲毫沒有飽經連年烽火戰亂的痕跡。記得在公元二千年初，隆冬回訪時，溝北村一片皚皚白雪，籠罩大地，成排的白楊，高聳雲霄，不畏寒霜。那種挺拔的架勢，威武不屈的氣慨，是大地的秀麗另類氣質的呈現，故鄉誠屬可愛。

由於工商業發達，三河縣已改制為三河市，位在北京東方，北京的朝陽門外，距北京五十九公里，中間隔著北運河起點的通縣，東鄰萬里長城的薊縣，北邊則是密雲縣，建有供應北京大部用水的密雲水庫，南側與天津市專區相鄰，所以三河縣位居要津。近代的直奉、抗日和戡亂諸役，無役不與，是兵家必爭之地。奉軍和日軍入關均途經本縣，沿途多遭殺戮搶劫，甚至長時間部隊駐守。戡亂時期，國共在此更有激烈戰鬥，據當時任縣長周毅亭君言，僅防禦工事包括地堡、掩體、坑道、梅花樁、鐵絲網，他就做了五層。雙方衝鋒陷陣，血流成河。

我在北京小學唸書時，常聽長輩談論這場戰役的激烈，後來找到這場戰爭的資料，記載是民國三十七年中葉，北京淪陷前，中共華北第四縱隊所屬三個團，從北、東、西三方搶攻，守城的是國軍九十二軍一個團，加上地方團隊，誓死堅守城池，結果雙方死傷累累。中共建國後曾經檢討，此役犧牲過當，不符戰略價值。我則對駐軍士氣高昂，尤其對地方團隊和鄉親護土情殷，不畏生死，表現出三河縣的男人的忠勇精神，使我感覺出一種與有榮焉的驕傲和敬佩。當時指揮作戰的周縣長，在臺灣臺北復興中

學，曾與我有同事的巧合，他屬西北軍，又傳言他和山東韓復渠有棣屬關係。他偶而講起，他在戰前是如何加強防禦工事，以及前仆後繼的抵抗，他仍是神采飛揚，豪氣萬千。

二、改制為三河市，繁榮可期

三河縣在唐代定名，當時地域內有洵河、泇河和鮑邱河三條河，故名三河縣，全縣地平水多，乃以農業為經濟主體。近代考古挖掘，三河縣早在新石器時代，距今三千年前，就有人類活動。春秋戰國時代屬燕地，金、元兩朝都隸屬中都。明、清兩代亦為京師直轄，但有時歸屬通縣統管。民國為河北省三河縣，抗日戰前為殷汝耕所成立冀東防共自治政府所屬二十二縣兩府中的一個縣。淪陷時，屬日本河北省冀東道。此同時，中共地下工作將三河縣分屬平三密和薊寶三兩個聯合縣，後又歸屬冀東區行署第十四專署。五〇年代末屬唐山市，七〇年代歸屬天津專區，現屬廊房專區，改制為三河市。

在公元二千年初，回家祭祖時，從車上搬祭品到墳頭，只走了十多公尺，手指凍得痛徹心肺。當時北京溫度零下六、七度，三河的鄉下應會更冷兩三度。三河縣夏天的雨水不多，但小時候大雨時，也常擔心縣府旁大池塘的水漫出來。池邊的垂柳成蔭，童年嬉戲記憶猶新，爬到樹上抓知了〔夏蟬〕、摘榆圈〔樹葉〕塞得滿嘴，不亦樂乎。三河縣城面積快速成長，較五〇年代增加五倍之多。原有城牆和護城河，現在均開闢成十餘線大道，縣北大道為國道京哈公路，直通哈爾濱，街道兩旁多是五層大樓，餐廳、百貨公司比比皆是，其榮景在三次過訪中，一次比一次繁榮，唯一感到不便是衛生條件仍比較差。

三河縣有縣級公路與平谷、密雲、寶坻、薊縣相通，部分縣道有八線之寬。三河縣民多是原本務農，經濟收益不佳。位在北京、天津之間，公公不愛，婆婆不疼，兩直轄市嫌它窮，都不要

它。但是現在的三河市已朝工業發展，重交通建設，除有京瀋鐵路外，尚有一條產業鐵路，經濟成長繁榮可期。縣內曾舉行全國性化學工業會議，經濟朝向多元發展，現為省轄市。

三、老家景物全非

　　溝北村位於縣城西北方八公里處，若從北京來，出北京的東城，行京哈〔哈爾濱〕公路，經過通縣，車行一小時半就到三河的北城外，再前行左轉三平公路，就是三河到平谷縣的公路，約車行十分鐘，右手遠遠看到靈山鄉的一座塔，左手有一座橋，過了橋就到了溝北村。進了村子，路右邊房屋稀落，左邊才是村子重心，人煙稠密，房舍櫛比鱗次，多屬紅磚瓦造。溝北村屬趙河溝鄉行政區管轄，村裡的孩童要到趙河溝鄉裡上小學，每天早上走上很遠的路，才能到校。

　　至於溝北村祖宅老家，我雖出生於斯，但多成長在北京和縣城內。在民國三十二年，爺爺過世出殯回鄉，使我牢牢記憶住孩提時代的家鄉。第二年，我又曾和堂兄弟，在一個星期日，溜回溝北村，家裡的遠房老奶奶匆匆忙忙讓我們吃飽飯，就把我們趕了回來。因為當時淪陷區，鄉村是土共、縣府和日本人三不管地帶，治安沒一點保障。老家的樣子到如今還依稀記得的，記憶中的老家，正面有一個石頭台階的小門和馬車通行的大門，小門門亭兩側置有長石凳，左轉前院是東西南三面書房，南書房對面第二層院子，進去是正廳和東西廂房。在臺灣的長輩曾說我媽這一房是住西廂房，就是我生下來的地方。再左邊則是西跨院，遠房老奶奶住在跨院中，還種了好幾株石榴樹。不記得石榴甜酸，老奶奶在我們那趟回鄉，曾縱容我們摘了不少粒回縣城。大門是行走馬車的，大門裡頭則是曬穀場，還有車棚、馬房和菜窖。

　　溝北村有歷史可考，建於北宋初年，應在公元十世紀，先有鄭西屯，後建王家莊，明朝初兩村合併，因地在溝之北，乃共同

取名為溝北村。在三河縣誌中，看到爺爺的哥哥王吉言的名字，他是本縣光緒二十年舉人，還有一位就是家父名字王金芳，上面記載是民國三十四年本縣縣長。王家的先祖在一千多年前就開天闢地建立本村，到了祖父輩王家仍是村中最大望族。現在，在村裡大家族排行中，仍可追尋到祖父輩兄弟十人，其晚輩散布國內外。溝北村土地平坦，傍沟河，又有溝渠和蓄水池興建，農產收益較五〇年代倍增。全村的耕地二千九百九十餘畝，有四百八十幾戶，近二千一百人口。溝北村地傑人靈，現在全村從事染整工業，供應全國各省市慶祝和慶典用的旗幟，村書記講他每月所得上萬元。很高興家鄉已邁向化學有關工業的發展。

　　如今的老家宅是什麼樣子，兒時記憶中的門前大道已變得很窄，村子裡房舍蓋得又多又擠，老家的大門、小門和房舍都拆得精光，村子裡的老叔指著鋪在地上一長條石材說，這是你們家門房的石凳，是唯一留下來的。可告慰的，老家土地仍然維持完整，是因為被蓋成為小學。前後兩排各建了六間教室。從前排中間的大門往裡看，裡邊一排教室和前排的一樣，都是木窗磚造，比起參差不齊農村房舍，還算整齊；遺憾是前排右角兩間教室和院子被圍起來做為公安大隊部。村子裡親戚說這間學校已併到趙河溝鄉小學，空曠閑置很多年，近期就會被再移作他用。老宅若是如此，只能空留追憶。故鄉北國風光美景，雖常繞我心，最不能割捨的仍是那一片二十多個祖先的墳頭。

故鄉老宅和鄉親。

第二節　童年

　　我的三個女兒出生在民國五十四和五十七年之間，都是所謂的五年級生，三人成長時間，國家十大建設相繼完成，社會安定繁榮。她們學業有成後，家庭和事業順利開創，何其有幸。可是我出生在民國二十六年九月二十一日，七月七日盧溝橋事變後，距抗日戰爭爆發僅兩個多月。出生當天雖是黃道吉日，農曆的中秋節，但出生的位置是在河北省三河縣，離烽火滿天的盧溝橋不逾百里。所以我的出生逢天時，但地利不佳。因此我的童年命運多舛不順，幸能逢凶化吉。我這二十年代出生的人，又何其不幸，打從娘胎出來，就面對抗日和戡亂兩大戰役。烽火連年，能夠平安長大，誠屬難能可貴。

一、抗日期間病危

我出生在溝北村老家，媽媽為照顧兩位在北京讀書的姑姑生活，才帶著我們兄弟定居到京城。在北京，住在鼓樓附近，住過黑芝麻胡同、酒醋局、柴半胡同。小時開始能記事情的時間，應該是五歲罹患傷寒病時起，記得先是弟妹生病，我再生病，又再傳染給哥哥和爸媽，全家由小到大，無一倖免，其中以我最為嚴重，躺臥在床三個多月，媽媽說我剛好病了一百天。病癒下地，我連路都不會走，瘸著腿走路，走了很久。

傷寒是傳染病，最有效抑制辦法是將患者燒掉。當時日本佔領北京燒掉不少人。病急亂投藥，醫院換一家又一家，要把病趕快治好，還擔心害怕被抓去燒掉。父母的焦急、操勞可想像得到，即使不被傷寒感染，也會累垮。最後我是被帶到協和醫院看診，這家醫院是美、德各國用部分庚子賠款所建，國父逝世和存放失蹤已久的北京人骨，都在這家醫院。由於日本人檢查傷寒霍亂，風聲鶴唳，我被送到大姑家。因為大姑家的大表姊張澍仁，是協和醫院的護士長，不會有人懷疑她家窩藏傳染病人，但還是終日提心吊膽。

由於大表姐醫療指導，定時灌腸、消毒和用藥，病才逐漸痊癒。我長時間生病，對父母、親戚長輩的照顧和憂慮之情，至今仍是清晰記得。傷寒病使我開始記事，但傷寒高燒不退，或多或少傷害我的腦神經。求學過程中，常感嘆別人唸書輕而易舉，而我則是從小學就要唸書到夜裡十二點，才勉強跟得上。我常歸咎於這是傷寒病的後遺症。傷寒病，除了讓我唸書辛苦外，還讓我走路歪歪斜斜的，可能是臥床太久造成的。我現在走路樣子還是歪歪扭扭的，永遠改正不過來。

日本佔領時期的華北地區，無論生活在北京或是三河縣，精神和物質的條件都很不如人意，儘管村裡有莊稼，縣城有爺爺的

學校收入來挹注，生活還是不富裕，高粱、玉米仍為我們家主食，抗戰末期在北京還吃過日本配糧，灰灰顏色的混合麵，做成的餅更難下嚥。我從小就兩腿無力，常常摔跤，膝蓋上總是疤痕累累，傷痂不斷。記得爸爸千方百計弄瓶補藥，瓶子又大又重。沒吃多少，有次我拿藥時，瓶子從我手上溜到地上，被我打破，真是可惜，好像也沒受到爸媽太大的責怪。

北京好玩的真不少，小孩子能玩的地方俯拾皆是，我在下午成天往外跑，北海公園和故宮的美景看膩了，就沒啥意思；爬城牆、趕廟會、逛天橋、上鼓樓才真好玩。在家爬樹、跳牆，被棗樹枝子插進大腿下不來，或是腳丫子踩在釘子朝上的木板上。想想，七歲、八歲狗都嫌，這句話挺有道理，我真給爸媽惹不少麻煩。北京四季氣候分明，各季的水果真不少；北京的小吃又便宜又別具風味，我最愛白塔寺廟前的麵茶，小時候能住在北京還真有福。兒時多病又外向，讓父母生氣和操勞，在五個兄妹中，我應屬第一。長大後，年歲愈大更感父母之恩，昊天罔極。

二、五歲記得爺爺出殯盛況

民國三十二年祖父去世，是我小時候記得另件大事，祖父病危時，媽和我們兄弟都趕回三河縣城，我們住在縣府衙門對面三個大院中間的那座，爺爺躺在三間草堂左手一間的炕上。看到姑姑們不時倚在草堂後門柱子哽咽擦眼淚，七姑、八姑年紀最小，哭得最為難過。醫生應是位鄉下名醫，每次看診都面色凝重，溢出愛莫能助的表情，直到一天看到大伯親手給爺爺餵食安魂湯，爺爺才真的離開人世。

爺爺叫王吉雲，是前清秀才，三河縣北三鎮的糾紛，爺爺都能調停化解，在家鄉甚具名望。爺爺之所以韜光養晦未任公職，主因民國初年北京政局更迭頻仍，動盪不安。還有個客觀的因素，爺爺的哥哥王吉言，我的伯祖，是光緒二十年的舉人，曾發

表為縣令，因曾祖徽典公去世，以丁憂在家未就，但民國初年任北京國會議員，且追隨　國父到廣州開會。伯祖係長兄在外任職，祖父順理成章的擔起服務鄉里，看守家園重任。但爸爸和姑姑到北京上學，接受新式教育，則是多賴伯祖的安排和幫助。

爺爺在民國三十二年仙逝，出殯行禮備極哀榮，當時縣長姓王，在頭七的晚間，特別安排他隆重儀式拜祭，記得祭典中僅洗手就洗很多次。在出殯前幾天還有個誦經出巡大禮，遠從北京來的宗教隊伍很長，除了和尚、喇嘛和道士外，令人印象最深刻的，還有一隊比丘尼。隊伍敲著鐘鼓，吹奏著喇叭，繞著縣城南關和北關走一圈，像似向鄉親告別禮。當然隊伍後面是披麻帶孝的孝子賢孫；從各鄉鎮和北京來的親友執紼者也為數不少，隊伍拖很長。縣城裡應是萬人空巷，盛況空前。

出殯當天更為人聲鼎沸，迎賓嗩吶和迎賓鼓是聲聲不絕。出殯執紼隊伍更是很長，因為出城到鄉下，所以馬、騾子和驢拉的車子，都拖曳在後。靈柩到達溝北村老家，是暫時厝放王家宗祠堂內，過段時間再入土，據聞是為風水會更好。爺爺喪禮有很多難忘的事。道士登到桌子搭的很高架子上作法，道士下來後，爺爺的長孫，我的堂哥福元，要端盤米在後面追。堂哥當然追不到，但場上熱鬧氣氛非凡。還有就是捨飯，我看到大缸滿滿的小米飯，一排很多大缸，怎會有這麼多叫花子要飯的，要飯的從大門內排到好遠的大街上，光是捨飯的秩序就讓大伯很費心。

爺爺出殯風光難忘，雖是花費不貲，但大家族親戚和村裡人對逝去長者的敬愛，或是感情流露，最為珍貴。迄今仍感到爺爺是我們家的擎天大柱，忝為王家子孫與有榮焉。

三、剎那間風雲色變

童年劫運未因抗日戰爭結束而終止，不旋踵，國共戰火又起。民國三十七年底北京被圍，爸爸和八姑分別飛走南京。我們

家開始分崩離析，甚而天人永隔。如今事過五十多年，已是早生華髮，兄弟再團聚，人事全非，父母已臥黃泉。三十八年一月二十一日，戍守平津的華北總司令傅作義，與中共簽定北京和平解放協定，二十三日中共正式入城，舉行軍隊進城大操演。國共各擁數十萬大軍，先後出城、進城，我都親眼目睹。

傅作義在北京向中共輸誠，北京千年古蹟免於戰禍，雖囿於很多現實的客觀環境，似有不得不然的選擇。當時的我，儘管很小，在心靈上仍是個大的震撼和打擊。幾星期前，學校還鼓勵每個同學，給衛城的戰士寫感謝信。有位軍官代表軍方到校致謝，並保證守城的決心，傅本人也透過新聞傳播信誓旦旦。可是未曾幾何，傅就簽了這項和平協定，置北京城內的政府的黨政軍於何地，對東北流亡入關的大批學生讓他們又何去何從。最難承受的是我對傅的信念，一直認為他是有情有義，能征善戰，盡忠報國的主帥。頃刻間風雲色變，由希望陷入絕望，令我憤恨難消。很多位鄉賢認為傅是有守有為，知所進退，對得起國家和民族。我有切身之痛，數十年來仍不敢苟同。

第三節　流亡

北京結束數十個砲聲隆隆，機關槍響個不停的圍城日子。挖戰壕和飽受斷水、斷糧威脅時光也不再現，可是我的苦日子才真正開始。

北京淪陷後，媽媽帶著兩個弟弟和一個妹妹，到唐山投靠老舅。哥哥依附在招收流亡學生的中學，我一個人最麻煩，先是到遠房親戚鞋店寄居，後是到一稍有規模文具店，還曾一度住進一位孫大爺家，孫大爺經手房產，北京人說是拉縴兒的，爸在北京置房子，可能都是他經手的。他全家二十來口，只兩間房，我去

了就和他夫妻兩住一間，將孫大爺的爸媽擠到外屋的大舖上，勢必不能維持久遠。人情炎涼，在那段日子，日不久就見人心。父親不在，那個家庭都未能待得很長。現在想想，中共進城之初，正雷厲風行進行肅清反革命運動，誰又敢收留反革命份子家屬。那時的我，雖然只十一歲，已感受到孤苦無援，前途茫茫。在沒人收留的情況下，唯有賴在三姑住的學校，學校沒開學，三姑是學校留守唯一的老師，偌大的學校只三姑一個人，學校將來如何，會不會開學上課，任何人都難預料。

一、隨七姑逃亡到南京

民國三十八年三月二十八日的早上，北京天氣仍是陰冷，五姑和六姑在前門火車站月台，送別七姑、哥哥和我，三人要到南京和上海。揮手告別時並未感到難過，甚至有脫困的舒暢。但人到天津後，眼淚就開始不聽使喚，一想到媽就流，想到弟妹也流，想到早上送別情景也流。在天津住在金盪橋附近的小旅館，因為雨天，等三天才找到汽車到濟南，途經滄縣，當地吃的包子很有名。到山東境界，經德州，德州的燻雞也有名，好吃的東西迄今記憶猶新。汽車就是大貨車，人就坐在自己的行李包包上，車子在坑坑洞洞的泥濘路上，行行復行行。有時老爺車爬不動，只得下來推。搖搖晃晃多天，才到老殘遊記中所述的「四面荷花三面柳，一城山色半城湖」的濟南，正趕上四月四日兒童節，我還免費在戲院看場兒童表演的遊藝節目。

七姑是在北京華北大學就讀，中共進城不久，全力疏導城內不安，為要疏散北京人口，很容易就發一張路條，給七姑到江南求學。七姑在路條上名字兩側，各加上哥和我的名字，三人就這樣通過中共的各個關卡檢查哨。只是濟南到青島這段路，走得更為辛苦，四輪馬車、兩輪拉車、一輪的雞公車（推車），或是騎驢、騎馬和步行，一樣都未缺。我們還入鄉隨俗，都是頭上扎箍

著一條白毛巾，防風沙又方便擦汗。走到青島大石橋附近國共交界處，還遇到國軍開槍阻止，嚇得我連滾帶跑，向後就逃，好一陣子渾身乏力。還好經過同行人指點，換了一條路就跑到國軍的駐地。

　　三個人在青島住在七姑同學程大器家，地址是江蘇路四十一號，花園城市的青島，依山面海景色秀麗，氣候宜人。只是時局緊張，大家急著搶購船票到上海，那會眷戀這裡的風光美景。跑到青島市政府接待流亡學生單位，得到船位和優待，記得經手人是馬之驌先生，後來在臺灣，約民國六十年，他曾任自由中國雜誌社的總經理，支持雷震組黨而入獄。我們搭的是三百噸的正興輪，搶搭的逃亡人太多，人擠得無立錐之地，貨也是裝得過多，所以船開出港又再折回來，一次再一次，人貨減了再減。這條小船在大海驚濤駭浪中，終於駛進上海吳淞口。

　　在上海是住在七姑另一位郭效傑同學的家，位在霞飛路，現為五原路十號。七姑在上海去看一位表姐，得知爸爸在南京，可以先到南京表姐的哥哥家，就能找到爸爸。於是三人很順利到了南京和爸爸團圓。爸爸在南京，強烈的憂心北京的弟妹和媽媽，見面頭一句就問，最小的妹妹怎麼沒出來，恨不得每個家人都來到南方，憂慮之情掛在臉上。

二、歷經劫難到新竹

　　國共局勢逆轉太快，七姑和哥哥又回上海重返流亡學生單位，這是爸幾經研討分析結果，還是要經由不同途徑追隨政府轉進，可以遙相呼應。這時只我一人在爸的身旁，爸公忙時，那能全心照顧我，日常生活非常不能適應，大者如生炭火煮飯，我那會呀；小者是南京用馬桶，家裡沒廁所，我大小便都不敢，因此傷心難過常以淚洗面。但為時不久，中共很快挾持江陰要塞司令，就強渡長江，進南京城而南下，爸和一位姚亞樵叔叔帶著我，

搭乘行政院撤退專車到上海。在民國三十八年四月二十二日的晚上，行政院的專車兩列，我們搭的前面一列在砲火威脅中開過去，後面的一列，車到常州就被劫了回去，第二天早上平安到達上海，始知南京失守了，我能逃出來，還多少有點運氣。

運氣來了擋不住，在上海正逢有五十多架空軍運輸飛機，從北方撤退到廣州，爸、姚亞樵叔和我等三人，順利由虹橋機場飛到了廣州的白雲機場。在上海我們住南京大飯店，門前車水馬龍，夜晚霓虹燈更閃爍不停，真是喧嘩熱鬧。記得臨走前一天，我是從黃昏到夜晚，在街頭觀看上海華燈初上到熄滅，時而想家，也想將來；在廣州住進中央黨部接待各地幹部的招待所，地點設在廣九火車站後面的大沙頭慈幼院。在廣州又和在流亡大學生行列中的七姑會合，這時的時局更亂，我每天一有空就往廣九車站跑，總盼望哥哥隨流亡的中學生隊伍到來。日子在亂哄哄中過著，快到五月節時，爸爸叫我和七姑乘船來臺灣，廣州灣的黃埔碼頭正在划龍舟，仍未見到哥的蹤跡，天天焦慮與難過。

仍是搭七姑流亡學生行列之便，乘一艘招商局海字號的貨輪來臺灣，這船有兩千多噸。和青島到上海的情形一樣，搭船的流亡逃難的人太多，不但船要開回港，請部分人下去，以減少船的負荷。且因有的人未辦妥臺灣入境證，要等臺灣同意，所以船在黃埔碼頭停了很多天。就在這幾天，我練就兩項功夫，一是常攀登船的吊桿，這時吊貨桿是橫躺在貨倉上，可以越爬越高；另是爬掛在船頭外的船錨的大鐵鍊，旁人看來很驚險，七姑也為之擔心害怕。船在殷切的期待下，終是經過臺灣西岸外海，到達基隆港。

這時的基隆港，停泊的運兵貨輪比比皆是，不勝枚數，多條船係從青島撤退來的，大家人心惶惶，臺灣安危仍是未知數，但江山雖大已無再退之路。我因為年紀小，雖無入境證，在船尚未全部檢查完之前，已上下船，登岸好幾次，只是跑來跑去好玩而已。正式登岸時，從警察身側一溜就過去了。可是後來在辦戶口時，必須要找保人，也是著急了一下。

　　我跟著七姑，同船來的流亡學生，都被安排到臺北，搭乘運貨卡車到現在的監察院址報到，就在大廳上打開被褥坐息，當時監察院址是臺灣省教育廳。七姑在延平南路國大代表聯誼會找到鄉長田昆生代表，當天晚上我就跟田代表到新竹，因為第二天他要趕回來，再搭機到廣州參加國民大會會議。記得那晚大雨滂沱，火車在竹北就停下來，因為前面的頭前溪鐵橋已淹水。為了田代表的行程，我竟然在大雨中，從數十公尺高的鐵橋上踏著水過去，還好沒掉下去，滔滔大水，每邁過一格鐵軌枕木都險象環生。我能勇渡難關，在事後深受稱讚。頭前溪驚險，加上這場大雨，像是預告今後歲月難過。

第四節　求學

一、到新竹念國小四年級

　　我到新竹第二天就到水田街的北門國校上學，就讀四年級的下學期，但沒多久開始暑假。重新上學如此順利，其原因有二，一是父親安排我住的朱博泉先生家，朱先生在縣教育課任國小股股長，太太又在北門國小任教。其次是當時臺灣光復未久，國語文的水準尚有待提升，以我北京標準國語在學校就讀是佔盡優勢，所以沒有功課跟不上的問題，儘管我逃難，半年沒上課。唯有算術一門讓我吃盡苦頭，怎麼努力，就是開不了竅。痛苦一年，怎樣摸索仍不若人，直到六年級換一位鄭武雄級任老師。鄭老師每天在黑板寫出簡單的加減乘除的算題，五十題、一百題，甚而更多。使學生演算速度加快，成績也進步，又由簡單漸進繁難。在很短的時間，我對算數作業和考試，已然不復有挫折感。

　　在國小的六年下期，我轉學到高雄市前金國小，這時八姑結婚，我和哥一起住到八姑家。住在高雄的八姑家後，生活正常有

規律，哥和我的功課大有進步。當年的暑假，哥考上省立高雄中學的高中，我同時考上同校的初中。記得當時並無金榜題名的喜悅，而是愁學費的負擔沈重。

我在新竹北門國小打下算數的初步基礎，尤其是鄭武雄老師，勤作習題使我成績進步，重拾我對算術的信心。到高雄前金國小，我在班上算術考試，常有優異的表現，特別是百分比的應用題幾乎都難不倒我。這時碰到另位啟蒙老師毛善才先生，毛先生甫從舟山撤退來臺，原是舟山群島對面定海縣的教育主管，除了濃厚浙江鄉音外，對國小課業無一不精，而且人生經驗豐富，我有任何疑惑都能給予解答，尤其熱心讓同學到宿舍補習。對我這外省子弟逃難來的背景，與他處境頗為類似，他對我似乎特別的親切照顧，我是到他宿舍補習最勤，可謂從不缺席。他常以中學代數的方法，分析算術中雞兔同籠的難題，來開解我們。雖然只六年下學期一學期，我和毛老師學習半年時間，我似乎脫胎換骨成為一個成績很好的學生。後來我投考大學時，考中第一志願政大外交系，也多拜數學成績最高，都該拜毛老師所賜。當然對新竹的鄭武雄老師也是感謝在心頭。

二、考上高雄中學

民國四十年夏，大哥和我雙雙考上省立高雄中學，大哥念高一，我讀初一。兄弟倆和親友都高興，可是要繳兩人學校費用，對八姑也是不小的負擔，但從未聽到她有任何不高興的話。八姑當然能省則省，我那時候，心中悄悄留有三個陰影，不能為外人道。一是穿哥哥初中舊制服，已穿三年，褲子磨破了，屁股後面補了兩大補錠，有同學譏笑我是猴屁股；二是，球鞋僅一雙，又髒又臭，不能換洗；三是，身體長得太快，消化力強，每天第一節下課，肚子就饑腸轆轆。這三個陰影，在我持有少年好勝感時，

常使我感到自卑，每有這種感覺，腦筋會立刻回到現實，會再咬緊牙關看清艱苦環境，還是挺胸昂首堅忍下去。

在高雄中學上學僅半年，被分到初一的甲班，我仍是每天很早就走路到校，哥哥則騎腳踏車上學，腳踏車是八姑在軍中時買的。這時婚後的八姑，已有國大代表每月領的生活補助，就辭職在家。我在雄中上學後，感到功課不若國小能隨心所欲，雖下了功夫和時間，不能有意想的成績，此時幸有八姑在旁不停的鼓勵和要求，不然很可能沉淪下去。在初一上學期發生多件事，對我有很大的影響。最重要是八姑父調基隆任職，八姑懷孕在身，在做完月子才搬家到基隆，我和哥則寄居到一位鄉長于華峰代表的家，這位于代表（國大代表）是八姑結婚的介紹人，所以我猜想，他對我們哥倆寄居也不便推拒。

初中一年的寒假開始，八姑安排我到北部唸書。那時基隆是天天下雨的氣候，在一個寒冷雨天的早晨，我從高雄搭火車到了基隆，八姑父坐公司卡車，到車站接我和行李，我開始在基隆靠近魚市場與和平島附近八姑家生活。寒假中，我參加臺北建國中學和基隆市立一中轉學生考試，市立基中的師長似乎知道高雄中學的學生優異，很快就讓我註冊上課。到基中上課，每天轉兩次公車，還得爬個山坡才能到校，我又有早到校的習慣，所以每天累得在睡夢中囈語不斷。此外，基中的環境和師生素質與雄中相比較，我的感覺落差很大而很是委屈。當我正在適應新環境時，收到建中的錄取入學通知，於是我很高興搬來臺北，住在七姑宿舍去唸書，七姑宿舍是公路局職員單身宿舍，離建中很近。

三、建國中學讀得很辛苦

在建國中學唸得很辛苦，尤其我又分配到 A 班，在頭一兩年，身體向上竄得最快時候，腦神經細胞就是不能跟上來共同成長發展，讀書時唸一行或第二行，腦子就想到亂七八糟的事情上

去，把心再拉回來，一下子又跑掉了，所有功課唸得沒有根的樣子，全是用硬記硬背的，似懂非懂。若非客觀情況必須自我約束，自己真會放棄自己。初一的下學期，國、英、數三主科都近不能及格，幸虧國文勉強及格，英文和數學兩科有賴和上學期高雄中學的成績平均才及格，這樣才沒有被留級，這份驚險讓我很警覺，對我有很大的激勵。初二、初三功課還是沒有大的起色，可是也沒有放鬆過自己。皇天不負苦心人，已經不像初一那樣，沒有留級的危險。

在建中有快樂的一面，初二開學時，哥哥已轉學到省立基隆中學，住在八姑家，每天要乘火車到八堵通勤上學，所以腳踏車交給我上學用，我常在下學後騎車帶著籃球再到學校去投籃打球，當時的學生有部車和籃球玩，真的很滿足。有次很得意穿著一雙黃色襪子，挺身跳起來上籃時，被訓育組長叫出名字，當場令我把襪子脫下來，那時學生是不允許穿紅色和黃色的襪子。在下學後還要管，不但是我不敢抗拒，那個學生都不敢。住在七姑的宿舍，大約一個月到八姑家玩一個週末和星期天。暑假時，在八姑家呆得更長，所以練得游泳好功夫，八姑家靠近馬路，跨過馬路就是漁港，我可以從基隆漁港這邊游到漁港對岸的和平島燈塔。所以在建中書沒有唸好，但身體還練得不錯。

建中有初中和高中，老師都可同時教初中和高中，教慣高中的老師常到我們班上來教課，尤其數理化等科的老師。偏偏我們這班很多同學悟性很高，又能適應，而且成績不錯。但對我言，則是在後面追得很辛苦。我們這班同學現在有黃達夫任和信醫院院長，陳哲雄任長庚醫院主任大夫，後來有多位考取臺灣大學醫學院。在當時只有菁華中的少數才能考得上，千挑萬選才能上臺大醫學院。我現在想，不知道與這些頂尖聰明的人一同求學，是促使我發憤圖強呢，還是讓我常有技不如人的自卑感。苦是挨了，得失可難定論。有位建中譚嘉培老師教幾何，每次上課氣氛

恐怖，不只我一人被嚇得常常發抖，還有同學真被他體罰，我有位最要好同學的頭被他撞黑板，又撞得砰砰有聲，我的幾何真可謂在他恐嚇下唸通的，記得在三天春假，他罰我將整本書習題重寫三遍，害得我天天趕到深夜，才如期交卷。在他的強硬式的教法下，我高中的幾何不費力就得到好成績。

四、高中讀師大附中

　　高中入學考試，我考上師大附中，這所學校有四二制的實驗中學，這年是有兩班實驗班，在四年級時，直升高中的後兩年。一般高中三年制也同時存在，對外招生兩班，我考上這兩班。附中外省子弟比建中多，傳統上校風比較開放自由，校園環境寬廣又沒圍牆，不復有建中那種束縛的感覺。在高一只有代數和生物兩科要花點力氣，其他各科都與初中課程相類同，所以我有很多屬於自己時間。這時八姑父也調職到臺北，我又搬到八姑家去住，晚上到八姑父辦公室讀書，辦公室離家很近。八姑家在康定路，西門國小的對面，就在臺北鬧區西門町電影街的旁邊。那時正是好萊塢電影大銀幕新藝綜合體最初引進臺灣，萬國戲院從第一部的第一砲直到第四、五十砲，我幾乎每場都看。每天中午在學校吃碗陽春麵，省下的錢就夠下學看電影了。附中的高一過得真是沒什麼煩惱。

　　到了高二情況就複雜了，有了化學、解析幾何等新課程，英文、國文等科也不是高一那樣簡單。考大學的壓力感受逐漸增加。高二的第一次月考後，有件要命不幸事件發生。在民國四十四年九月二十三日上午，我從兩層樓高的吊環架上摔下來。事情是這樣的，當天早上沒來得及吃早點，第一堂課下課後，空著肚子，就到教室後面操場上。在吊環架下，眼看架子上，第三條吊環被扔到架子的橫樑上，繞在樑上兩三圈，很自然地，我就想將它解下調整好。我順手就從第二條吊環的鐵鍊拔上去，然後用兩

隻手攀在橫樑向後移往第三條吊環，忽然兩眼發黑，手也乏力，攀不住了，下面同學聽到我求救的叫聲，立即將第二條吊環拋給我，剎那間我用雙腳向前一夾，手一鬆，人就仰著摔了下去。

一定是頭先著地，地上又是硬土地，且有不少石頭和磚頭，我的頭應該摔得不輕。我被同學抬到醫務室，早就不省人事，血從右耳不停地滲出。人送到臺大醫院，過兩天，人醒來後，大叫頭痛，護士馬上打一針鎮定劑，我又不省人事了。我是腦骨摔裂，耳道也破裂而出血，嚴重腦震盪。腦出血又不能止血，血留存在頭顱內會半身不遂。當時在臺灣最大的醫院是臺大醫院，但是臺大醫師也是束手無策，幾次檢查我的瞳孔已放大，呼喚我名字也無反應，因無法救治而拒絕接受。我讀師大附中四十二班，還好同年級的四十三班有位同學顏明宏，他爸爸顏春暉是臺灣省衛生處長，當時處長很大，臺灣省府編制是五廳二處，衛生處是和警務處、財政廳一樣大，他是臺大醫院的直接主管，經由他的電話，我才住進臺大醫院。眼看我存活渺茫，家人仍不同意腦部開刀手術，因當時腦手術尚未引進臺灣，怕我成了廢人。

在臺大醫院住院近一個月，醫生很為難，不能讓我血液流失過多，又要化除頭顱內淤血，以免肢體癱瘓，所以不能給我止血。醫師治療之道只有止痛、化除淤血和消炎的針藥，除此之外，全靠自己自求多福。該我命大，身體竟然慢慢的活動正常，只是擔心腦部隨時會有變化，不敢做作明目張膽大的劇烈動作。出院時醫生一再告誡，要當心腦血管出血，不可太過喜怒，不能大笑，不能飲酒等等。但伴隨我多少歲月的陰影卻是右耳的耳鳴。

我深深體會人和在這次災難中的重要，哥哥和七姑、八姑和眾親友的照料，以及附中同學、老師的關心和祝福，都讓我感激在心，永難忘懷。為了不負這麼多的人期望，我在十月底出院，且回到學校上課，很小心注意我的身體。

　　這時我心存感謝親友和每位同學，附中同班同學還為我募集醫藥費捐款，其中趙驊原本為我在高雄前金國小的好同學，這次先前到醫院送錢給我，又在班上捐錢。腦震盪的後遺症使我戰戰兢兢，沒有一點自信，首要之務是維持健康和讀書，千萬不可使腦子的血管神經有變化，最好功課也別耽誤。這時的導師許毓翱，年輕有活力和責任感，他任教數學，有次月考，全班的成績都不如他的理想，他還對大家掉落眼淚，給大家很大的激勵。對我這次意外，他以身為導師，則是有點自責。病後他對我的功課非常關心，沒想到我開始上課後的第二次月考，我各科全數及格。

　　其次是我還要感謝一位鄉長，孫彌生老先生，他是抗戰勝利後的三河縣書記長，他女兒在三河縣淪陷時，逃到北京曾住在我們家，應該是兩家關係不錯。他幫我在附中學校附近，找到一間房可以租住，可免每天舟車之苦。還有一位同學彭彭山，他爸在中廣公司任職，父子二人都住在附中後面的中廣宿舍，安排我到他們宿舍搭伙用餐。

　　功課並未耽誤，吃宿問題也解決了，但是好同學關心不止如此，儘管學校體育課我仍被安排在有病的特別班，有天是禮拜天，徐衡初、趙驊、彭彭山等多位同學陪我爬內湖的金龍寺，看看我的身體是否真的好了，關懷之情溢於言表。事過多年我都未曾忘卻。高二的下期學校要按照考大學的理工科、文法科，分成甲、乙組。這是人生一大抉擇，但是我很輕易的決定報考文法科乙組，一是自己的身體狀況，其次是沒有理工的成長環境和背景，雖然決定很快速，對以後人生有關鍵性影響，但是我從未後悔過。

　　分組前班導師已由訓導主任甘子良先生代理，甘子良先生頗具帶學生的經驗和開放的心懷，聽八姑講他在北京就在黨內負責青年運動，辦理青年組訓工作井然有序。他鼓勵我這班同學表現團結精神，爭取全校清潔第一，或是升降旗秩序整齊第一，我當

時氣很盛，發言要拼就爭取兩項第一。結果是經甘主任分析，大家努力一項尚有希望，兩項是絕對做不到。於是大家表決爭取全校升降旗隊伍整齊的週冠軍。我們這班居然神氣起來，真的拿了多次冠軍。由於甘主任的支持，在高三時，我住進學校的童子軍團部，白天將被褥捲起來，放到童軍營帳架上，晚上攤開來睡，真是很方便。中飯和晚飯則在老師餐廳搭伙。

這時的我全心投入考大學，每天都唸到深夜一兩點鐘，無論在團部看書，或是到教室點個檯燈看書，都沒人干涉，發憤廢寢，甚至刷牙洗臉時間，都捨不得浪費。

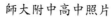
師大附中高中照片　附中同學趙驊在畢業五十年後，從美國回來，高中42班同班同學相聚。圖右起：王晨偉、沈冀、王福勝、趙驊、楊期駿、李廣。

五、聯考第一志願上政大外交系

民國四十六年七月大學聯考放榜，我當晚住在七姑新店的家，將近深夜才由廣播電台播報榜單，雖然成績分數已經自己一算再算，認為應該考上好學校，附中的導師董道明先生也幫我分析算過，比我自己算的還高點。但是放榜的時刻還是緊張，臺大

各系的錄取名單都播報後，沒有我的名字，更為不安，就在播報我第一志願，政大外交系名單時，門外一陣狗吠聲傳來，隨即報到我的名字，真是喜出望外。不但七姑和七姑父起身道賀，不久老哥也連夜從臺大宿舍趕了來，同享喜悅。

這時的政大，在臺剛復校兩年，位在木柵的指南山麓，校舍僅有三、四棟，還好有它的光榮校史和諸多黨政界有權位的校友，所以師資和建設經費不虞匱乏。尤其外交系第一屆是大學聯考的狀元系，全國最高分數才能錄取的系，師資更是一流，所以課業要求很高，當時國家也極需外交人才，所學包涵至為廣泛，除政治和法律外，語文和經貿比重也大，他如有關外交、領事實務課程也是應有盡有。四年下來修了一百四十三個學分，就大學生言，可說很充實了。

政大四年，同學都是一時俊秀，有歡樂，也拚得很厲害。大家的目標都盯在全國公務員的高考，做國家的外交官，能代表國家，持節一方。甚至有同學在三年級時就通過高考檢定，四年級就高考及格，取得外交官資格。但是我四年來，成績並不理想，可能是高中用功太多，在心理上總覺眼前努力不足，其次是墨守高中讀書方式，花太多的時間研讀教授在課堂的筆記和指定課本，成績不能突破，當時並不知所以然。等到大四才幡然大悟，始知每位教授都希望學生廣讀相關著作，考試答案要另有新意，若能引用國外著作，始能得到青睞。再加上我的文字書寫的不像樣子，連我自己都感到再試再練也無法改進，更難得到好成績，自己的懶惰個性也是主因。

在大二時就聽一位教授在課堂講話，每學期應該熟讀一本外文書，結果我是每學期至少買一本原版外文圖書，只僅查英文字典弄通一兩章而已。在大學原文書研讀不多，恆心不足，基本課業本來就很重也不無關係。大學四年就這樣平穩地過來，基本程度是有了。但畢業後的競爭，謀差或考試，則總是差人一截。考

外交特考，兩次都只考取第一試，但第二試的外交專科就沒名了，換言之，英文、國文及格了，但國際法等外交實務專科目就過不了關。研究所考不取也是基本功夫不夠紮實。

在政大住學校宿舍四年，又領四年教育部的清寒獎學金，堪夠每月的伙食費，且又免繳學雜費，生活很愜意。政大的傳統，有許多活動社團和班聯會，同學間不會有疏離感，儘管活動有學術或政治色彩，但聯誼和文康性集會較多，所以同學之間，包括不同科系，不同年級，彼此間都不陌生。在校時不感聯誼的可貴，但到社會上偶然同學會面，則親切萬分。大學四年最大的感受，有幸得到多位年高德劭的教授的授業，言教和身教倍感珍貴。張金鑑教授、阮毅成教授、羅志淵教授、朱建民教授、李祥麟教授、李聲庭教授、賈宗復教授、何伊仁教授、陳大齊校長、李其泰系主任。雖然時過四十載，我依然記憶猶新，張金鑑教授是管理學泰斗，講授政治學，他說政治是管理眾人之事，子率以正孰敢不正，同學無人或忘。畢業後偶爾拜讀張金鑑教授的大作，始真能認識張金鑑教授為河南才子的真才氣。阮毅成教授開課法學緒論，出口成章，講話從不打結，不疾不徐，上一堂課，筆記下來就是一篇文章。羅志淵教授各國政府，自稱廣東人講官話，很難聽懂，但是一字一句鏗鏘有力，上課還分發工整鋼板刻印資料，所授功課最為紮實。

朱建民教授講授中國外交史，朱教授係政大外交系第一屆第一名畢業，派赴德國大使館工作。朱教授數十載每天研讀到深夜一點鐘，從未改變，任職和授課一定實事求是。朱教授曾在立法院外交委員會工作多年，後來任政大教務長，退休後又任商務書局總編輯。我曾在民國七十年到商務書局拜訪朱教授，請教碩士論文撰寫，他的學生何止以千計數，但仍依稀記得，授課我們這一班的情況和幾位同學。朱教授影響我較深外，另位是李聲庭教授，他授課憲法，可能是我喜愛條文，記憶憲法一百餘條不是難

事。所以我對李教授講授人身保護狀的接受度也較深，看的參考書和美國憲法及其修正案也多。上課他常講，警察是人民的褓母，這句標語是不對的，因為人民犯錯，警察就可以打人民嘴巴，就如褓母打犯錯的小孩是公認對的。李教授談論自由的尺度過寬，有幾位同學反應給學校。後來他轉至東海大學任教，發表文章對政府有所指謫，成為爭議社會人物。但在我心中，他是位儒雅平和的學者，在無情社會被打壓者。

李其泰系主任身為全國第一系主任，真無虧所負職責，不但授課能將很厚的一本國際法，還另開的一科國際組織，都能巨細靡遺的各以每星期二小時，完整的傳授給同學，而且成功的輔導同學報考研究所和外交官特考，我們這一班在外交界服務同學屈指一算，最少有十位之多，其中佼佼者當屬蕭萬長，初任吉隆坡副總領事，宦海劇烈競爭中，仍被擢升為行政院長。在二○○○年前後，臺灣對外空間已被壓縮很為有限，但仍有四位同學任大使級的代表，持節以色列、沙烏地阿拉伯、匈牙利、南非共和國。另有同班同學為駐美亞特蘭大代表和駐韓國釜山總領事，也有任東南亞和南美洲外館秘書。若以政大外交系前後屆同學論，近三十多年外交部似乎各司室都有李主任的影子，都可看到外交系畢業的同學。

李祥麟教授教西洋外交史，將德國統一後的俾斯麥首相，在英俄法日義奧諸國之間，折衝樽俎合縱連橫的史實，剖析前因到實證後果，絲絲入扣，精彩絕倫，可惜後來至南洋大學任教，其繼任者盧啟華教授，上課以原文課本為主，比較難適應，可是師生之誼最為堅實，畢業數十年後，盧師仍參與同學活動，湯淺汽車電瓶係其家族企業，身為董事長，樂意贊助同學打球和餐會，他以任教本班同學為榮。而我們這班同學出類拔萃，任政府高官者或大使代表者太多了。

　　政大四年課業收益和師資都可圈可點，所得至為豐碩，但也有很不滿意的地方。最欠缺的是語文能力培養，最糟糕的是在大學四年，沒將英文有系統的耕耘一番，打下深層基礎，而必修的第二外語法文也沒弄好。至於旁聽的俄語和西班牙語更是字典都很少翻查。雖然多讀和多寫是語文進修不二法門，要多待自己努力。但畢業後，我曾至師大英語中心接受美援專職訓練八個星期，始知師資、設備和環境都能齊備，語文學習才可事半功倍，政大外交系都應加強。

　　其次是政大諸多老教授傳道授業甚是專精，同學僅勤耕筆記，同學就自認成績不錯，參考書籍就少涉獵。三是自由選課的空間少，有興趣和實用的課程，相對的選課空間就被壓縮得較少，我有幸選修英文修辭學、應用國文，至今仍是感到受益無窮。還有一科國民教育，雖屬不經意的選修，但這科涉及社會學、心理學和哲學，對我都有啟蒙的功效，在後來我的工作和進修中助益不少，可謂無心插柳，柳成蔭。

　　政大四年，在學習過程中，好似冥冥中總有被箝制的感覺，最不能讓我釋懷的是，不知那位同學負有監督使命，我因自小就為共產黨所苦，所以一進政大圖書館，就借了一本馬克思主義。書的內容不易接受，很難讀得下去，一直擺在書架上，或是枕頭底下。我可能被貼上不可信任的標籤，我在政大四年，是被摒除在政治黨團活動之外。還好，大學畢業後，八姑在臺北市介紹我入黨。在政大畢業二十年後，我在文化大學取得大陸問題研究所的碩士學位，對馬、列、毛主義也有深入的探討，得償我宿願。

畢業三十年時，盧啟華教授宴請政大同班同學，前排左起：吳淑芳、盧
教授、盧師母、朱俶賢（蕭萬長夫人）、胡珊珊、石永嫻（王維傑夫人）。
後排左起：楊榮藻、張健民、杜稜、邵玉銘、王維傑、龔天傑、蕭萬長、
冷若水、李萬來、王人傑、王福勝。

畢業四十五年後，政大同班同學遊美國胡佛水庫。

第二章　懷念父母

第一節　念父母

詩經小雅有段：**蓼蓼者莪，匪莪伊蒿，哀哀父母，生我劬勞！……父兮生我！母兮鞠我！拊我畜我，長我育我，顧我復我，出入腹我；欲報之德，昊天罔極！** 年紀大了，思念父母之情越甚，常常咀嚼這段文字，不能自止。離開媽是一九四九年的三月在北京，離開爸是同年六月在廣州。民國三十八年先後與媽和爸分開，一晃已是五十八年之久。在離開之初，想念父母最為殷切，尤其當時臺灣政局動盪未定，物質條件甚差，寒流來時打赤腳上學，還抱著比我大的洗衣盆，自己洗衣服，這和在家父母跟前生活，截然不同。不但想爸媽，還想弟妹，淚珠兒常在眼眶內打轉。

一、鄉下媽媽迎接大動亂

記得國小五年級時，寫作文，題目是「我的母親」。我將對母親的思念，完全宣洩出來，直接寫出媽媽是識字不多，北方舊式家庭女子，但勤勞節儉又賢慧，爸在外辛苦工作時間多，家事和教養兄妹五人，使媽媽從早忙到晚。我在文中舉例，五歲時，兄弟三人相繼罹患傷寒霍亂，傳染性極高，在日本人管制下的北京，被查到就整個人抓去燒。我得病最重，整整臥床一百天，吃藥灌腸都是媽媽一手來。在媽媽擔心害怕，日夜操勞照料下，我們三兄弟都康復了。記得媽媽最後也累的大病一場。這篇作文使女老師大為感動，還交給我寄居家的長輩看。

　　媽媽叫劉淑琴，於民前一年十月十八日，生於三河縣的馬坊鎮，是純樸農村婦女。祖母訪親時，看到媽大大的眼睛，端莊善良，聽到不少讚譽，就給爸爸挑了回來。但媽在鄉村的大家庭日子，有數十口人要伺候。公婆再加小姑，遠親和近鄰都不能怠慢，聽聞每天早上清洗漱口缸就一長排，有幾十個。有位大媽出身北京茶莊有錢人家，就不習慣這樣日子，幾乎活不下去。還好爸和兩位最小的姑姑在北京讀書，要人燒飯照料。沒幾年，媽帶著我們兄弟離開了鄉下。

　　民國初年，新舊時代交替，不是每個人都能跟上社會的腳步前進。媽沒讀書上過學，但所表現的毅力和道德勇氣，尤其父親身後的日子，在大陸艱困的環境，將幼小的三個弟妹拉拔長大，長時間生長在黑五類的陰影下，精神上的恐懼，現實生活的貧乏，都非常人所能熬得下去。中共的大小運動，尤其像反革命、大躍進、文革，媽和弟妹是無役不與，每次運動都會受到波及。媽的智慧可說異於常人，不但承受排山倒海的壓力，還要躲避被拖出去遊街示眾的危害。媽媽的偉大，做子女的我真是敬佩不已。

二、媽媽安度文革鬥爭

　　但在文化大革命時期，媽所遭受到心靈和身體所承受的傷害，會使聞者動容。在北京，媽先是同數十人被集中看管在一間大房間內，白天或晚上，眼看著有人挨打、拖出去公審遊行，媽怕得徹夜不能成眠，還好在被詢問身份時，媽回答對了，說是貧農，始倖免羞辱打罵之災。在看管時，安全被威脅下，媽接受安排回老家三河縣溝北村的命運，這是唯一選擇。但媽回到鄉下時，已是景物全非，可依靠的親戚都他遷外地，基本衣食根本無著，不得不收拾細軟再返北京。但在人口控制最嚴的北京，要回來得有戶口，談何容易。媽所憑藉的是溝北村拒絕收人的證明，這張證明是村裡本家王姓兩兄弟，各負責書記和治安，經過研商

和請託才給開的。拿著這張證明，媽回北京，將全部家當，一整拉車，都堆放在房管所門口。媽是豁出去了，已無回頭路。北京向溝北村查問兩天，溝北村就是緊咬著不要人，北京只有找個路邊小破房先讓媽住下，但仍三天兩頭的催著媽回溝北村。

贏弱的媽媽為了弟弟和妹妹，北方農村婦女發揮最偉大的韌性，在兩個弟弟的安排下，北京大雜院中，上演一齣滑倒重傷記。媽媽表演逼真，鄰居有目共睹，醫生也經暗示配合。媽媽在水地上滑倒、昏迷、搬抬、延請醫生，演得維妙維肖。老太太病重不能動，已是不爭的事實，這樣北京的戶口才下來。陪著媽下鄉的小弟也因此在北京安定下來。從此媽媽就得假戲真做下去，為掩人耳目再也不敢下床。文革十年，媽在床上臥病近十年。於 1976 年 1 月 25 日去世，距媽於民前 1 年 10 月 18 日生，享年六十五歲。

三、媽媽養育之恩昊天罔極

媽媽在去世不久前，有件事讓她老人家很感安慰的，她已收到大哥從加拿大寄來的信，知道分離二十七年的長子，已有音信，在海外已經落腳。弟妹後來告訴我，媽仍不敢預測我這第二個兒子是否安在，因為在媽的心中我是比較會惹事生非的。弟妹還說每逢中秋節，媽都說今天是你們二哥的生日。媽媽對五個子女都給了最大的愛護。在她老人家過世前，在她跟前的女兒大華出嫁了，兩個弟弟也娶了媳婦，福榮娶同單位的薛惠敏，福榮又經好友的親戚，將吳桂蘭介紹給福明作媳婦。三家人有兒有女，生活過得愜意。讓我最難理解是，在那麼艱困的環境，怎樣辦到的，媽媽的能耐，真是匪夷所思。

媽和弟弟、妹妹當時環境的惡劣，可從三弟福榮考大學這件事看出端倪，福榮從北京四中畢業，讀書聰慧加勤奮，榮獲學習金牌獎，四中又是北京重點最好中學。只因出身不佳，屬黑五類，要報考北京大學，就是不准。他先被安排順義中小學校教書，後

到西山農場學瓦工、開貨車。小弟福明受福榮影響，以考大學無望，初中畢業就拜師學藝。他拜師學木工，在北京崇文區房管所，負責二千多家木工修理。儘管環境如此不佳，福明弟講，他跟在媽身邊成長，數十年來，他感到沒吃一點苦。不論苦吃的多寡，但在精神和心理上，有母親形影不離的關愛。大哥和我分別在國外和臺灣，數十年都勞她老人家惦記，母親的慈暉，竟然無能有一點回報。

誠是「誰言寸草心，報得三春暉」。

敬愛的父親和母親

第二節　追尋父親風範

　　嚴父慈母，父親望之儼然，但有慈愛的一面，在童年的記憶中，爸讓我考幼稚園，送我上佛教小學，上課、吃飯時要唸很多阿彌陀佛。爸還用他長皮靴幫我改做皮鞋，找營養品的補藥治我的腿軟無力。但他炯炯有神的眼睛，常會使我望而生畏，偶而張手作勢要打我，更讓我不敢接近。這些都是發生在抗日戰爭期間，在日本佔領北京，最艱困時期，大家都要吃含有樹皮製的混合麵。惡劣的環境，對兒時的父愛更感甜蜜，數十年對父親的教養之恩，有綿綿不斷的懷念。

一、赤膽報國受委屈

　　父親名王金芳，號鑫甫，在民國二年十二月十三日，出生於河北省三河縣溝北村，可惜在 1954 年的春天，在中共反革命運動中遇害，父親當時僅年四十一歲，父親的英年早逝，是時代悲劇和歷史作弄，非人力所能挽回。在五○年代，中共初掌政權，所推動三大運動，土改、抗美援朝、反革命，每項革命都血染成河，或殺戮、或犧牲都在數十萬、百萬人以上，父親正如滄海一粟，在這歷史的逆流中消失不見。父親抗戰前夕，就和張濟民表兄相約投考空軍，在青年爭相報國，萬中選一的情況下，父親以體檢不合，未能如願，濟民表兄則成為空軍名將。父親並未因此而稍減愛國之心，後來在淪陷區三河本縣從事危險敵後工作，但時事弄人，父親竟由縣新民會職員，在抗戰第八年，幹到會長，抗戰近結束時，還當上八個月的縣長。抗戰勝利，舉國歡騰中，父親就因偽縣長，還被檢舉叛國，在北京有三天牢獄之災。

　　抗戰勝利後，父親任職當時的北平市政府社會局，這時我已唸小學，小時候印象中，父親常赴天津，接洽火車，將美援的麵粉、奶粉運來北京，從事社會救濟工作。美援物資數量很大，對

當時的老百姓,甚至小學生都有免費配給,是美國戰後從事國際
援助和復興工作。提供整個北京居民的救濟物資,一星期或兩星
期就有一列或多列火車運送,所以爸常很多天不回家。民國三十
七年底,北京圍城,父親匆促中,仍有幸搭乘濟民表兄安排的飛
機離開。可能臺灣的長官和朋友多,父親就先飛來這裡。但北京
的家小和以往工作伙伴,讓他總抱著希望,期能藉著政府的力
量,伸出援手救助。於是他又飛到上海、南京。因此三十八年四
月中旬,七姑、哥哥和我一到上海,才能聯絡上南京的爸爸。

父親（左）和張濟民表兄少年時合影

二、父親追求未來重返北京

時局動盪太厲害，政府遷往何處，人心惶惶眾口不一，但父親來過臺灣，已洞察臺灣是政府的唯一的選擇，所以兩位姑姑和我們兄弟倆相繼來到臺灣。而且將四人的未來，爸都有明確的分析和指引。

爸自此沒再來臺灣，他追隨部分政府機構，撤退至重慶，在整個大陸淪陷後，他經由蘭州回去北京。爸為何回北京，對親友是個謎，但我最能感同身受，他不能丟掉北京的家小不管。尤其聽到母親東藏西躲，親友無能支援的情況，以父親的執著，他會勇往直前。從更現實的環境分析，求生存是爸的第一理念，從南京經上海到廣州，我和爸沿途共處三個多月，可說最為了解爸的這個想法。在逃難撤退混亂情景中，爸向至親好友都提出這理念。我想在臺灣的兩位姑姑也不會忘記爸的叮嚀。爸回北京也是為求生存，因為爸在三河縣或北京市都有他的工作利基，相較當時的臺灣，爸看到他的發展的空間有限。所以爸回北京，就是為家小，為追求生存理念，為未來人生的前途，冒險孤注一擲。

三、父親遇難原因難推敲

但爸是國民黨幹部，還是政府公務員。還另有一個原因，父親的反對共產黨這筆帳跑不掉，三河縣是殷汝耕成立冀東反共自治區中的一個縣，在駐防日軍的聯手下，對中共地下武力，時有清鄉行動。不管爸縣長幹幾天，或為民、為國做多大貢獻，都和中共當局是敵人相見，勢不兩立。民國三十八年，父親到北京的第二天就被捕，這是出乎父親的預估，可說關鍵的一個棋子下錯，全盤盡失。爸是下獄在草簾子胡同監獄，媽、福榮弟和五姑都去看過。

一年兩個多月後，爸被移監三河縣。媽媽這時帶著兩個弟弟和一個妹妹，重回老家三河縣溝北村，就近照料。在三河縣，爸是關在北城根的公安看守所，這牢一坐就是三年多，諷刺的是牢房正對著爸任縣長時公館。這期間爸並未受苦和虐待，推其原因有二個：一是父親縣長時，一個任保安第一大隊長，名叫侯榮森，在父親被關的第二年，曾到香港向政府請領救國軍番號。我懷疑，他能在中共嚴格戶口管控下，能往返自如，侯某很有可能，是中共某單位的安排，設定陷穽，用來判斷父親是否涉及反革命案，因此使父親服監的時間很久。另一原因，據弟妹講，在控訴父親，堆得很高的資料中，竟找不出一張三河縣老百姓受父親傷害的申訴。

父親在舊縣城南關，過橋右側河邊遇害，母親親去搬回，由小弟福明戴孝，將爸埋入王家祖墳中。爸這樣離去，令人扼腕不捨，做子女的悲痛不已。民國六十八年，我在中央日報改調夜班印務部工作，立即把握機會，考上文化大學的大陸研究所，專研中共問題，對中共反革命運動也下了一番功夫。簡言之，反革命運動，由上而下，毛澤東親自策劃。不使社會過度動盪不安，要在有效能掌控的範圍下進行。運動大體在 1953 年結束。分管、關、殺等三種方式，國民黨上校團長階級係為要殺的對象，受牽連被迫害的人共二百六十餘萬，死亡者超過七十萬人。父親當過縣長，是等同上校階級，屬被殺的對象。毛澤東的規定，無需判決，不要證據，更沒公道，是無人能擋。父親就這般如滄海一粟，消失在歷史的洪流中。

四、永懷父親風範

父親逝世已五十年，但父親英挺的雄姿，則常在我心。他的風範更是我們兄妹五人努力追尋和發揚的目標。綜合父親一生，父親留給我們的精神，第一是家和，家人相互照應；第二是勤勞，

不好逸惡勞；第三有理想和目標，不虛此生；第四洞察先機，不隨波逐流，防患未然；第五適應環境，追求生存；第六開創未來，打造新契機。

　　父親留給我們子女的風範和精神，不勝枚舉，最不能讓我個人體會和得到的，是父親組織力。父親在人生中，有很多轉折點，但在任何環境，父親都有相助的伙伴，有肝膽相照的朋友，都使父親克服障礙，開創新局。其次更讓我努力效法的事，是父親對六姑奶，對大姑，大姑就是濟民表兄的母親，若是說孝順也好，百依百順也可，父親甚得兩位年長者疼愛，六姑奶是爺爺親手足，大姑則是爺爺的大姪女。這兩位嫁到北京，還真有幸，時有爸爸在旁照顧。爸就算好漢顧三鄰吧。

　　爸的影響，在臺灣使我對親友，尤其長輩都以禮相待，很自然的禮數週到，年節、生日送應景小禮，且內心真誠關心。我感到愛人者人恆愛之，這多年我雖早就失去父母的疼愛，我仍過著有人時時關愛的日子。大哥也有同樣的感受和努力，使分別在北京、臺北、加拿大三地五個兄弟妹，相互勉勵，互敬互愛。加上五個家的第二代和第三代，有三十三口之多，和樂融融。在天的父母如若有靈，也會含笑九泉了。

第三節　父親的刀

　　「父親的日本軍刀」一文，民國八十四年八月四日在中央日報副刊見報，是紀念抗戰勝利暨臺灣光復五十週年徵文，文章刊出後接到多位親友和同學的電話問候，其中以政大前期學長林紹中先生的電話最為感動，十數年未見面，遠在北海岸瑞芳，仍對我在文中所述滄桑感觸良多，鼓勵亦多。林先生曾任省立瑞芳高工校長十數年，該校接受國內外資訊和援助，在他運籌下軟硬體

建樹殊多，全校面目一新。我在瑞工任教時，他對我等年輕一輩愛護有加。現在輯印此文，追憶父親更感切實。

中華民國八十四年八月四日

中央日報《紀念抗戰勝利暨臺灣光復五十週年徵文》

父親的日本軍刀

民國五十年夏，自花蓮空軍防校退伍，任教臺北縣省立瑞芳工校，有幸與西北軍將領張華堂和喬遷兩位共事，兩位長者離開軍職作育英才，乃以德術兼修為重，曾先後任該校訓導主任。有日張老談起，孫連仲將軍一把軍刀曾為國爭光。他說有位俄國軍官在外蒙向馮玉祥表演騎術，擺好十幾個西瓜，各相距數尺，軍馬跑過，每個西瓜都切了一刀。孫連仲時任班長，被點名相較量，眼看孫連仲快馬過來，向前切一刀，再向後切一刀，一趟馬跑下來，每個瓜上都切了兩刀，全場歡呼雷動。

孫將軍的是什麼樣的刀？握在孫將軍手上何其威武。想到抗戰第一仗，臺兒莊大捷，使日本兩大軍團喪膽，是孫將軍第二集團軍和直屬軍本部堅守臺兒莊，並在魯南棗莊底帶衝鋒陷陣，又堅壁清野，從廿七年二月，打到四月底，終使日軍全面崩潰，孫將軍馬上揮刀雄姿永垂民族戰史。

爸爸在抗戰時候也有一把刀，不同於孫將軍的刀，是一把長柄的日本軍刀，雖是日本皇軍的佩刀，但是爸非常喜愛，也許這把刀給我們家帶來太多災難，甚至於事隔五十年，我們兩岸兄弟四人和一個妹妹，都忘不了這把刀。我們家在冀東三河縣。記得縣城裡有地方軍，有日本兵，也有一股八路軍投誠的部隊，每天早上都有一列囚犯，帶著腳鐐在縣府旁廣場上叮叮噹噹走一圈，時而看到被日本人抓來打斷腿的男人，躺在街上走廊下呻吟，過著惶恐、又吃不

飽的日子。

　　爸的刀放在家，小時候看了就怕，爸不在家時，還怕被日本人查到。事情真的發生了，爸媽都不在縣城，風聞日本人要來查家，只有把刀送走。小時候，家裡屬我最皮，這事非我莫屬，先用布把刀團團包好，刀比當時的我還高，真嚇得我一生難忘，因為家就住在縣府對面，怎麼走都逃不過縣府衙門前衛兵的眼睛，總算是衛兵不太注意小孩，平安過去。

　　爸曾到南京投考軍校，但未被錄取，先後任職河北遷安縣和山東壽光縣，一度被土八路抓去，釋放後就回三河縣安養休息了。可能這把刀，猜想爸一定有某種深厚淵源，在抗戰勝利前，爸還做了八個多月自己家鄉三河縣末任偽縣長。所幸爸為國民政府做了很多事，並未受到戰後大審的傷害。但爸在縣長期間，建電廠、設學校、興交通，爸對民族工業和農工大眾的貢獻，並未得到中共的認同，反成了爸的罪狀，而且罪誅五族。大伯瑞芳，最早在縣城被鬥爭殺了，二伯桂芳被土共抓去就無蹤影；三伯樹芳則在反右期間，餓死天津勞改營；爸王金芳，排行第四，在一九四九年冬入獄北京，後移三河縣服刑，在一九五四年四月，毛澤東一聲令下，處決縣長和團長級以上反革命份子，爸也未逃過劫數。

　　爸的這把刀一定與他有很深的源緣，是他所至愛。中共入了北京城，爸先出走一段時間，但這把刀仍存在媽住的地方。到了中共公安已查到媽媽住所時，媽才讓弟弟把刀斷成三段，丟到垃圾堆裡。媽丟了刀，丟了爸和他所愛，所得到的仍是漫長的苦日子。

　　刀已丟了四十五個寒暑，但這把刀所留下歷史傷痕是永遠的。

第四節　祭父母文

　　民國八十七年二月二十六日，離開家鄉五十年，從童年到邁入老年，踏進陌生，又似曾相識的故鄉。一排排白楊高聳入雲，嫋嫋清煙低矮房舍，間有雞鳴和三兩聲狗吠，鄉土的親情油然而生。真是「少小離家老大回，鄉音無改鬢毛衰」，感懷萬千。在返鄉掃墓前晚，夜宿北京飯店，午夜思念父母情殷，輾轉反側不能成睡，哽咽落淚沾溼枕巾。乃起身提筆疾書這篇祭文，雖無文華修飾，卻是盡吐思慕父母之情。

　　小弟福明安排這次掃墓，備齊水果、鮮花、點心。我擔心大陸買不到冥紙，特地從臺北帶來兩大梱。從臺北來的報社同事，副總編輯梁嘉木和課長潘適存，同我一起搭乘福明單位提供的汽車，直駛北京東邊六十公里的三河縣溝北村，兩位不顧旅途勞頓，盛情可感。村裡的福田、樹生、福生同輩本房兄弟，已先將祖墳二十七個墳頭整理一番，先拜祭祖父和祖母，再拜爸媽的墳，宣唸這篇祭文時，悲痛過甚，數度哽咽，幾乎不能讀罷。但多年積壓心中，要向爸媽說的話，定要勉力說出來。將祭文輯印如下：

祭父母文　　　　　　　　　　福勝　一九九八年二月二十六日

　　爸媽：不孝兒福勝和福明弟、弟妹桂蘭，前來拜祭兩位。不孝兒五十年都未曾膝前承歡，也不能到墓前拜祭，不孝至極，但是痛在兒心，滴滴眼淚泣血，請爸媽能矜憐兒的孝心。

　　五十年前拜別膝前，竟成天人永別，是兒時最要爸媽疼愛和教誨，卻頓失依恃。別離前幾年，時時想到爸媽，就傷心欲絕。失意、生病、挫折、饑餓、受欺負時，無不心喊爸媽您在那裡。

　　五十年來，不孝兒強忍悲痛，努力奮鬥，好多次在危難中、在傷病中，都有爸媽在天之靈護祐，化險為夷。爸媽您給孩兒『忠』、『誠』待人處世的教誨，是不孝兒這許多年賴以奮鬥的財富，是用之不竭的寶藏，不孝兒慚愧無絲毫回報。

　　爸：四十五年前您為民捐驅，大時代政治變幻不是不孝兒所能扭轉，多少懷念，多少淚水，都不能減少兒的無能為力的痛苦。爸：兒真是一點力都使不上，您就責罵吧！　但是爸你做三河縣長時的政績，高瞻遠矚，造福桑梓，兒是永遠忘不了的。您在危難中，為三河縣創學校，開闢定期到北京班車，興建火力發電廠。在戰亂中，兵火連天，爸您仍是盡最大力量，為縣民做最大的建設。您的典範正是不孝兒工作上遵奉的目標，如今兒的工作尚能告慰自己，都是爸所賜。

　　媽：五十年了，知道您最不放心的就是我了，您一直擔心在外漂泊的我，是不是好好的活著，讓您為兒擔心害怕，真是不孝。這五十年，雖有很多困難，不孝兒都能咬緊牙關，不眠不休克服過來。您一定是最擔心兒的學業功課、品行操守，媽您放心吧！兒讀完大學和研究所，而且初、高中和大學是臺灣首屈一指的最有名的學校。媽：不孝兒是『誠』以待人和做事，職位不是很大，但不斷充實自己，深得同事信賴。媽：小時候打在兒身，疼在娘心。媽：您的愛和訓誨，兒是永遵不渝。

　　爸媽：您在天之靈可以看到您的兒孫是父慈子孝，兄友弟恭，不孝兒和不孝女都可告慰您在天之靈，大哥和大華妹在加拿大，事業有成，家庭和樂；福榮弟和福明弟分別在晉江和北京也是工作順利，各有所成。不孝兒和七姑、八姑都在臺灣，我對這兩位老人家會盡心盡孝；對三個女兒會盡心教養，營造美滿家庭。爸媽您放心安息吧！

　　兒在臺灣，山海阻隔，不能時來拜祭，幸而咱家有多家鄉親，尤其晚您一輩，和我一輩的兄弟有十數人，都會對您的墓地照顧，

福明夫婦人在北京，也會按時拜祭，兒誠心感謝。這次陪兒祭拜您二位，尚有兩位從臺灣來的報社同仁，梁副總編輯嘉木和潘課長適存，千山萬水，盛情銘感在心。

　　爸媽：您安息吧，不孝兒永懷爸媽教誨，會更為努力，讓您放心。

不孝兒　福勝　泣拜

一九九八年第一次返鄉祭祖，恭讀祭文，悲痛逾恆。

第三章　感恩

第一節　父親手足情深似海

一、兄妹感恩在心

公元一九九三年初，大哥和大嫂自加拿大回臺探親，農曆年前邀約福明弟，一起到深圳福榮弟家團聚，四個兄弟分別四十四年，首次一起見面。這時大華妹伉儷初移民加拿大未久，未能參與。當時我們兄妹五人分居兩岸三地，我在臺灣，福榮和福明兩位弟弟在大陸，大哥和小妹大華在加拿大。五人仍在辛苦謀生，各有各的工作環境和崗位。大團圓是在公元二千年初，兄妹五對夫妻十人，共聚北京，參加福明女兒王倩的婚禮。兄友弟恭，和樂相處，兒時的歡樂重現，最大盛事同回三河縣老家，拜祭祖先和父母。

到二〇〇五年，福明夫婦到加拿大探親，在女兒王倩家生活近一年，五月返北京；大華妹夫婦在加拿大，已取得國民養老補助，無憂無慮過活；福榮弟夫婦身在北京，搬進北三環的芍藥居新大廈，含飴弄孫。他的一兒一女都有老父創業本領，前景可期。大哥退休，安享加國的優渥退休俸，唯一期待是兒子完婚；我則被報社強迫優退，很高興要把握大好時光，做許多年輕時想做事。我最小的女兒丹昀去年也完成終身大事，再也無牽無掛。

如今兄妹五人安定，逐漸進入安享晚年的歲月。兄妹的成長，也可說是各自努力爬山，各有表現。但一切成果，仍要感恩，俗語說吃果子要拜樹頭。要感恩的，當首推父親的兄長和姊妹，

就是我們的大爺和三姑、五姑、六姑、七姑、八姑。不管在臺灣或北京，爸爸這幾位手足，近乎忘我的照顧我等兄妹。尤其民國三十八年後的前幾年，兩岸親人處在朝夕不保，經濟匱乏，無可果腹的情況。在這種艱困的日子，大哥能在臺中唸初中，我在新竹唸小學，課業雖在流浪逃亡中途多有耽誤，但仍可與北京課程相銜接。我們兄妹讀書都未因流亡和戰火，延誤和中斷；在北京三個弟妹也在萬般的艱困無奈中，完成基本的謀生教育，他們才能有今日成就，這都賴大伯和姑姑們，在自己溫飽堪慮的情況下伸出援手。

二、大弟、小妹艱困成長

在北京，因為政治因素，父親被捕，親友為撇清關係不敢接近和接濟。大華妹曾在信中說，爸在民國三十九年年底，被遣送三河縣時，媽為就近探視，不得不帶著弟妹三人，一起回老家溝北村。當然就近照顧在監的爸爸是原因，但媽在北京已無貴重東西可典賣過活，最為現實。在溝北村老家生活當然苦，但媽有伯祖父一房兩位大嫂照應。大的堂嫂還是媽的媒人，對媽特好。家裡配有四畝多地，福榮弟那時只八、九歲，就跟著長工張二爺，練就耕田的好本事。

小妹講她在村裡唸了小學三年級時，大爺、三姑、五姑研商後，接她和福榮到北京去唸書。這時最小的弟弟福明尚未上學，仍留在村裡由媽媽帶著。兩人先到五姑家住一晚。五姑最急公好義，我小時候，在最後離開北京前，也在五姑家住過一陣子。可是五姑家本是大地主，解放後生活都靠賣東西給「打小鼓的」，三天兩頭的賣點錢過日子。五姑家裡有三個表兄弟和一個表妹，已是泥菩薩過江自身難保。五姑對我們兄妹的情義，都非常人所及。1990年，我曾接到五姑的三子張慶林的信，他說曾陪五姑到北京城南探監，在嚴冬去看爸爸。他描述很清楚，五姑挽著籃子，

內裝著四根油條，六個燒餅，夾著醬肉，還有四個肉包。想想三姑家清苦，這份心意是何等感人。

福榮和大華兩人，在第二天迫於現實，五姑家真不能供養兄妹倆上學，被大爺送到三姑服務的小學裡。三姑在這學校，情況也不是好過。三姑父的家是通縣有錢大地主，經過清算鬥爭，早不曉得浪跡天涯何處。三姑任小學老師收入微薄，讓我的兩個弟妹上學，全是爸的手足情深。我推算，福榮和大華兩人在三姑處，最少住四年，可能更久。正是兩人發育成長和人格可塑時期。可貴的是三姑的身教、言教，使福榮能在北京四中，得到成績最優的金牌獎。大陸改革開放後，他才有潛力到深圳闖天下，大江南北瀟灑行走；大華妹能以簡易醫術，在海外闖出自己的一片事業，都拜三姑所賜。

三姑有二女一子，都優秀得很，這時長女在軍中，次女在清華大學完全公費，有位男生尚武表兄，在臺服公職。所以父親兄妹和姊姊中，在大陸能勉強扶養我兩弟妹者，也唯三姑是賴，直到 1957 年，世華表姊因健康不佳，復員到三姑家休養，福榮和大華始申請，住到校的補助，才住到學校去。

三、小弟和媽在大爺家清苦度日

爸爸的親哥哥，是我們的樹芳大爺，小時印象中家裡事無大小，他都承受。他寫一手漂亮小楷好字，抗日戰爭期間，曾到太行山接受政府訓練，任職縣城和北平市黨部。相較父親，大爺則更全心偏重大家庭。他對我的兩位堂兄管教嚴厲，但對子侄，顯得更為疼愛。我小學一年級前後，每年暑假都害眼疾，就是眼睛有毛病。在哭喊痛呀之後，大爺就會背著我，到街坊對面中醫扎針，針一扎眼睛就不痛。但大爺生氣打兒子時，我是嚇得不得了。心中的大爺是認真且寬宏大量，對他弟弟的子女照應有加。

1954 年爸爸過世後，媽媽帶著弟弟重回北京，唯有投靠菜市口的大爺家，大爺家全賴糊紙盒過日子，家中有福長、大公兩堂兄弟，還有福惠、英福兩堂妹，食指浩繁。每天就是靠折書頁和糊紙盒所得過日子，儘管媽也參加工作，但手工能有幾多收入。大爺那種責無旁貸，不但要調和鼎鼐，還終日憂心斷炊。他有天掉下來一人扛的肚量，非時下常人所能及。福明弟這樣唸了近一年的小學。福榮和大華每個星期天，都走好遠的路，從學校回來看媽媽。

1956 年媽和福明弟始搬離大爺家，這幾年苦難中的日子，大爺伸出有力的手，我認為最為珍貴。福明弟說，56 年六姑奶眼睛瞎了，要人照顧。六姑奶的長子姜紀元，可能是一種補償，因為爸是在他家被捕，他家在北京市東四的八條十一號，他的共青團女兒姜天珍向軍區解放軍密報而被捕。他每月給媽幾塊錢，媽和福明弟搬到六姑奶家。六姑奶的另一兒子姜鞏臣，對爸的被捕，不能釋懷，在北京北新橋，從開動的電車，兩節車廂中間的空縫跳車自殺身亡。

1957 年媽媽在六姑奶過世後，又到另一家照顧三個孩子，後來任糊紙盒工作，並參加了工廠。59 年媽竟以每月不到五毛人民幣，租到一間過道小房子。儘管福明在房中，腿都不能伸直，他仍是高興不得了，不再寄人籬下，有了自己的家。

六姑奶與爺爺是親手足，她最疼爸爸，沒人敢告訴爸在她家被捕的事。她的兒子又如此這般羞愧、補償、自殺。只能將爸的遇害，歸諸為歷史和時代悲慘洪流使然，無人能著力。

在北京還有位六姑，爸的妹妹，在一家白俄商人家任管家，解放後成婚，在我離開北京時，她也淚灑北京火車站，送別七姑和我們兄弟倆。六姑的大女兒現在美國，小女兒詹玉秀，在我回去拜祖時，曾帶著兒子到北京飯店看我。

四、家鄉叔舅恩澤點滴在心

媽在老家溝北莊，有兩位堂嫂，長工張二爺，還有位王景和大爺，事無鉅細，對媽都很幫忙。王大爺是大伯桂芳的拜把兄弟，教過福榮種田，又再教福明。媽只管撿柴，很能勤勞吃苦，撿的玉米桿和豆子葉，堆得老高，全年都用不完。

村西邊有位玉芳大叔，大叔的爸吉昌和爺爺吉雲是同曾祖父紹文公。我先後四次回去祭祖掃墓，他和弟弟同芳，還有兩家子侄都待我親如家人。最使我感動，爸在牢中受冷，玉芳大叔竟殺條狗，狗的毛皮有三尺多長，送給爸圍在腰上保暖。

在溝北村的同一輩份的兄弟，都屬「福」字輩的，福田、福旺、福波、福全、樹生、福生，都有過得不錯的日子和發展，鄉親的不吝付出，陪我祭祖，讓我由衷感謝。

媽是馬坊鎮人，原屬三河縣，現在劃歸平谷縣。最疼媽媽的當然是姥姥，記得三個弟妹出生，媽都會接姥姥來家照料，姥姥總是髮髻梳得整整齊齊，一襲藏青衣褲總是乾乾淨淨，身體不高，但早上搬起大煤爐子到院子生火，毫不感到費勁，從未聽到姥姥怨言或重話，只是一味的付出，勤勞、節儉、吃苦和堅忍韌性，所有農村婦女美德她都具備，57 年鄉下缺糧，福明弟身體又不好，媽又把姥姥接來，可是北京的情況也不好，姥姥再回馬坊鎮，不久就傳來餓斃消息，媽很悲痛。小時候二舅對媽最好，爸不在的時尤然。但福明說老舅，就是三舅對媽好，看樣子舅舅對媽都好。在北京還有劉文和表姊，是大舅的女兒，雖嫁給無產階級工人，但在文革期間，仍受到我們的株連，受到批鬥，她現在兒子和女兒都成家，我在北京曾在她家受到豐盛午宴款待。大舅高壽，幾年前大哥從加拿大回去探親時，曾到馬坊鎮看他，那時大舅已九十多了。

第二節　親友恩情

民國三十八年六月一日端午節，七姑帶我從廣州搭船航向基隆港，在基隆港正碰上國軍從青島撤退的船團，港口內船隻很多，不能一下子都靠碼頭，港內水面顯得有點擁擠。八姑在八月二十二日也受爸之託，帶著哥哥從廣州來臺。從此開展四人前途未卜的日子，哥跟著八姑到臺中過活，頭一年全賴出售帶來的細軟買食吃，後來八姑到鳳山的國軍女青年大隊任教官，哥這時邊送報和雜誌，邊到補校唸書。我則投奔爸的北京同事朱博泉先生，在新竹市居住，時間大約一年半，朱媽媽關書媛女士任教北門國小，所以我得以馬上上學，課業未因逃難流浪幾近半年而耽誤。朱家沒小孩，我又有寄人籬下的認知，當時我會盡可能收歛好玩的童心，雖然有打破杯碗和鄰童相互爭吵受責備的事情發生，但大多是正常情況，我在朱家仍感到快樂融洽。

一、朱博泉夫婦恩同父母

但住在朱家還有位爸的好友王傅生先生，他患有肺結核，咳嗽吐痰不停，四人共處一間，有限的空間，長時間下來，總會有不愉快的感覺。我當時的了解，爸對王先生的文才很有愛惜之心，認為要成大事，他是有用的人，王先生雖與朱伯伯也是北京舊識，但住在一起仍是爸的重託。印象中，爸曾許下諾言，爸將來所創事業會和朱伯伯共享。可是時局變化太快，爸到重慶後就音訊全無，王先生就搬到本省北部一座寺廟裡養病，後來我還在某報的副刊上看到他的文章，只是文章所寫的，多是描述他切身生活，我很擔心，他會將現實寫盡，沒稿費而斷炊。

在新竹一年半有餘，由衷感謝兩位長者，隨年齡增長，愈益感到這份恩情的可貴，在那艱苦時代，公教人員養活自身都不易，還要費心教育我。我們家也是忠孝傳家，但兄弟眾多，生活

細節和讀書方法，都和正常標準有段距離，可是在朱伯伯家，能訓練我一切自理，當然也是情勢逼人，因為他夫妻兩都上班，所以洗衣、煮飯都要學會。朱伯母是我就讀的國小有名的老師，我所做所為任何好事、壞事都會傳到她那裡。儘管我喜歡動，下學後貪玩，但所有學校老師和工友都看守著我，有一次去看電影，因為人少，我就躺在幾張椅子上看，回來也會有人傳話而被告誡。所以養成我在人前人後都小心翼翼，做人做事都有自我節制。身教和言教，對我影響都深，朱伯伯是東北人，受過日本教育，講得一口標準關東日語。當時本省人多講日語，但不是標準日本上等社會日語，碰到朱伯伯，佩服又恭敬。朱伯伯做事一絲不苟，同僚也時有敬畏之辭，有一次朱伯伯搬起竹床，叫我掃床底下，我是怕他床抬太久吃不消，趕快掃掃，結果又被告誡，說我地都不會掃。從此我掃地或做任何事情，都會檢查，再檢查。

在新竹這段時間，物質條件差，精神生活也有壓力，正是我以後人生打下基礎的階段，建立正確的做人處世的方法和精神，所以朱伯伯和朱伯母真是恩同父母，何其有幸。這也是爸爸在動亂中，給我的安排，使我比在父母跟前更有好的成長，讓我有說不盡的謝意在心頭。媽常認為我好動，很難料到我會好好成長，所謂知子莫若母，這話不假，我今天所有的一切，都應歸功在朱伯伯家的培育。

不久前，還和七姑閒談，說到在這幾十年中，我們家兄妹，福明跟著媽媽，我則跟著兩位姑母，我和福明兩人實際比另三位兄妹，沒有吃什麼苦，若有什麼苦難都有大人擋著。

二、曾在七姑流亡同學中生活

艱苦時間終於告一段落，當我在臺灣新竹，讀國小六年上學期時，八姑結婚了，八姑父在農林公司任職，原是河南省參議員，候補國大代表，住在高雄獨棟公家宿舍，還有個佣人。這年冬天

哥哥和我就都去投奔八姑家。八姑也是國大代表，和八姑父很相配。但八姑父一結婚，就等於娶了三口。哥和我的生活都安定下來。尤其我不再有寄人籬下的畏懼，畢竟還是親姑姑親。哥哥也不必再送雜誌，不再半工半讀。我和哥哥的人生有了很重大的轉折，在半年後，我倆都考上省立高雄中學，哥考上高一，我則考上初一。省立高雄中學在南臺灣是首屈一指名校，升學成績名列前茅。奠定我倆考高中、大學，且都考上名校的基礎，對整個人生，包括就業、婚姻都有莫大的影響。

　　我在新竹一年半有多，不但時時讓兩位姑姑牽腸掛肚，還要在物資和財力困窘下，盡最大力量提供給我。七姑在臺北，距新竹較近，來看我比較方便，三不五時的跑來。可能因水土不服，我皮膚生嚴重疥瘡，兩隻手長得滿滿的泡泡，更厲害是大腿根的兩內側也都是泡泡，在省立新竹醫院看了很久，七姑更多趟跑來。那時七姑是流亡學生，男女數百人，被安排住在臺北車站旁「七洋」大樓，一天三餐則在現在的監察院集體開伙。有一年我就跟著七姑，擠在男生的大地舖，過了大半個寒假，我因是年小，吃住全不合法，純屬揩油。

　　在七祥大樓，流亡期間，大家相互協助，但彼此防範之心也高，原本八人一桌吃飯，多我一個小人，時間久了也讓人厭，有時稍不小心過了用飯時候，不會有人來叫，就只好餓到下一頓。在七祥大樓，一方面我體會到世態炎涼，另方面看到七姑在北京同校同學有十幾位，個性有的厚道，有的機靈者。數年後，各有成功和失敗的發展。這些叔叔們我都叫得很親熱，他們的發展和不同的際遇，竟成為我就業後，面臨取捨時很好的指標。

三、八姑以單薄軍俸供養

　　有一次我唸的新竹北門國校的棒球隊，要和臺中的光復國小友誼比賽，團體車費便宜，朱伯母是學校老師，就帶我一起到臺

中看看八姑和哥哥。這時八姑是和兩位鄉長共買一棟日式房子，共同開伙。八姑為了我們到來，賣了一個金戒指，吃了一頓餃子外，凡是我日常要用的東西都買齊了。那時大家都到捉襟見肘，很艱困的時候。現在回想七姑和八姑在當時，對我和哥哥的照料，這份恩情真是點滴在心頭。但是這段時間，大家真的很苦，這年冬天我是打赤腳上學，寒流來襲時，走在炭渣鋪的路上，疼痛很難消受，我想朱伯母也知道八姑沒太多的錢給我買鞋。

八姑後來到女青年大隊任教官，月薪一百多元，教官中唯有八姑和學生一起用餐，原因是每月要寄六十塊到新竹給我，寄一百塊到臺中給哥哥，八姑當時吃了不少苦。女青年工作隊在高雄鳳山，就地利之緣，距高雄市很近，八姑經鄉長于化鋒先生的介紹，才和八姑父在高雄結婚。

我們兄弟倆，在高雄和八姑生活一年多，八姑常說那時候沒多注意我和哥哥的正常成長的需要，最多是讓我倆看場電影。事實上這是我最懷念的日子，家裡一直有個佣人，我在學校也因碰到最心儀的老師，學業突飛猛進，在班上常得到老師誇讚。暑假中考上中學，閒了看武俠小說，一天好多本，真是快樂。可說這個時期看了多本武俠小說，才使我中文開竅。等我考上雄中不久，姑父調職基隆，文琪表妹這時出生。陪八姑坐月子，八姑天天喝雞湯，我和哥天天吃雞肉，天天大快朵頤。

四、棲身七姑單身宿舍

八姑產後不久就搬遷基隆，我和哥哥暫住于鄉長家，于化鋒鄉長是敦厚長者，這時家中還有位老爸要伺候，我兄弟倆就和這位年長的老爸住同室，老先生多有說教，雖相處為時幾個月，仍感受教匪淺。寒假我先到基隆，後來轉學臺北建國中學，就和七姑一起生活，住在寧波東街公路局的單身宿舍。八姑講，我能唸

建中，是河北鄉長賀翊新校長答應的，我兄弟兩人，只能幫忙一個。讀建中對我的影響和成長也是非常有關鍵性的。

　　七姑任職公路局工作安定，但待遇並不優渥，仍是讓我口袋中，永遠有十塊錢。她堅持，是那時候，常有空襲警報，要備不時之需。但公家伙食營養對我不足，上午九、十點和晚上九、十點，我都會飢腸轆轆，肚子咕咕的響。學校同學很多帶便當，大家都會餓，因為都在長個子，第一節下課就有人吃起來。所以自己餓點，也不感有什麼不對。可是初中，長得很快，四肢發達，頭腦不濟，功課真不好。初一轉學那年，應該留級。還好有位校內鄉長，他曾任教務主任，由他說情，將我在雄中的上學期成績和建中下學期的成績平均才升級。這位鄉長叫佟本仁，抗戰期中，長時間在家鄉從事抗日工作。

　　高中考上師大附中，開學前，八姑搬來臺北，我就搬到康定路和八姑住一起，晚上則到姑父辦公室唸書。但高二上學期，我在學校從吊環架的橫樑上，頭朝下摔下，頭骨破裂，在臺大醫院住院近月，親朋好友和同學無不鼎力相助，小命總算撿回來了。但腦震盪後不能擠搭公共汽車，由鄉長孫弼生協助，在學校旁租間小房住。後來得到學校訓導主任甘子良的特允，搬到校內的童子軍團部，並和老師一起搭伙，每天讀書外，別無雜務。所以大學考試成績很好，讀了政大四年，有教育部的獎學金，步入坦途。這都要謝謝親人和長輩們。

陪同七姑、八姑用餐

第三節　亦師亦父八姑父

　　在臺灣，我有多位親友長輩，但最親的是兩位姑母，此外就屬兩位姑父，不但對我兄弟二人無限的關懷照顧，且對我們長大成人後的各方面，包括學業、就業、成家，乃至我們的第二代，都是給與指導和協助。八姑結婚較早，所以八姑父在我兄弟二人的成長期間，有更長的時間相處，有更多的扶持和給與，同時也是我最感到惠我最多的長輩。八姑父勤奮做事、做人的風範，向來是我奉為學習的榜樣，但他的才氣和道德、文章，有如夫子之牆，不能攀高入內。很不幸八姑父在七十七年一月三十日，腦溢血病逝北市三軍總醫院，如今八姑父故去十多年，但仍對他老人家的事蹟和給與的愛護，感念彌新。現將追念八姑父的紀念文一篇，輯入本書內，藉表敬愛萬一。

亦師亦父

王福勝

李安先生號子平，是我八姑父，他走了，永遠離我們遠去。在他病重彌留期間，我們全家五口曾兩次到醫院加護病房探病，三個女兒悲痛不已，內人一梅和我則期望奇蹟出現，頻頻往返三總醫院和天母道上，終是天數難挽，在一個淒淒細雨的早晨，他老人家安詳的與世長辭。

小時候，自己父母沒來臺灣，我有一段很長的時間住在八姑父家；算算近四十年，姑父對我的關愛和人格的熔鑄，可謂亦師亦父。在無限哀傷中，他那老一輩不苟言笑的面孔，和不輕易流露讚許及溫馨感人的另一面，夜夜夢迴，隨同時光的挪移，更時時湧現在思維腦海中。姑父生前言行教誨當奉為做人處世的準繩，永矢不忘。

記得民國三十九年，八姑新婚不久，我就從新竹父親朋友家，提著簡便的行囊前往高雄投靠，那時公務員生活都很清苦，八姑父收留我，結束從北平出來後一年多的流亡生活。從那時候起，我可以安心向學，學業突飛猛進和身體更為健壯，乃奠定我今日的基礎，從考上省立高雄中學，又轉學臺北建中，再上師大附中和政大外交系，都是一帆風順。雖有個人的努力，這段時間確是我一生的一大轉捩點，八姑父對我有再造之恩。

八姑父和八姑鶼鰈情深，能善待與我，固然是愛屋及烏，但八姑父真具有一份兼容乃大的心懷，因我還有個胞兄增祥早我兩個月已到姑父家，他得到八姑父更多的照顧，由於他是在學期中轉學入省立高雄中學，八姑父所花費的心力，不知華髮徒增幾許，後來哥哥也以很好的成績畢業臺大，如今他全家旅居加拿大，對八姑父終生感激莫名，這次八姑父後事以入土為安，他未來得及返國追悼，迄今仍不能釋懷。

八姑父對我的愛護，最讓我感動的一次，是在民國四十年的冬天，那年姑父已北調基隆工作，我則正念初一，要到寒假才能轉學。在農曆新年前幾天，我一個人坐火車到了基隆車站，在人潮擁擠不

知所措時，遠遠看到八姑父，他幾個箭步就到我身旁，關懷備至，幫我將箱子拿到車站外一部卡車上，卡車是他辦公室工人上下班的交通車。這時基隆又陰雨又寒冷，當我看到八姑父微胖身體攀登卡車時，我忽然想到剛唸過一課國文，朱自清寫的『背影』一文，描述他父親買橘子、跨軌道、攀登月臺，送別的一幕，我雖未像朱自清眼淚快掉下來了，我則男兒有淚不輕彈，但每當想起這一幕，永是歷歷如昨。

隨著年齡的增長，姑父與我相處的時間愈來愈少，但是對我的關愛從未間斷。我大學畢業，他就安排我到市政府作外僑訪問工作，後因服兵役而作罷。當兵還未退伍，他已在瑞芳工校給我找好教職。隨後又安排我和瑞工校長一起調來臺北復興中學。兩年後，民國五十五年，又安排我參加高雄加工區管理處考試，且經收到通知上班，我則因剛考上中央日報而未就，現在想想我若當時到高雄，可能會海闊天空，發展會寬廣得多，心中每有失落的感覺。

八姑父對後輩的讚許是不輕易施捨的，我有一次意外的收穫，永難忘記。事情發生胡璉將軍出使越南大使歸國後，到臺大旁聽歷史，成為國內轟動大事，新聞界也爭相報導。當時姑父研究宋史岳飛已有專著出版，時與胡將軍和教授學者作學術聚會。有一次安排在臺北縣樹林鎮中國化學製藥公司，王民寧將軍董事長作東，記得參加者還有鄉前輩吳延環委員，人事行政局趙其文處長，市銀企劃部范延松經理，臺大史學李守孔教授，和其他幾位學者，姑父電話要我也去見識一下大場面，吃飯時我提了幾句英國文官和外交官制度。沒想到，事過多日，經由八姑告訴我，姑父對我的應對頗為讚許，這是我從八姑父得到最珍貴稱讚，高興得雀躍多天。

文人救國貴在身體力行，能夠知行合一，就是先總統 蔣公主張的力行哲學，八姑父研究宋史岳飛，不但作學術性考證，既精且博，洋洋大著八、九種，數十萬言，鉅細靡遺。他的好學不倦、窮理格致的精神，對我在工作之餘所作進修的努力，多有啟示和鼓勵。但是我內心折服的是他默默的將岳飛精忠報國的節義在民間廣為播

種，真正將學術救國紮根於老百姓大眾。十數年來，每當岳飛生日，他都盡心安排，邀請年高德邵黨國元老前往新竹、宜蘭等地廟宇主持其事，共襄地方奉祀岳飛盛舉。記得新竹第一次迎奉岳飛神位，姑父邀請陶希聖先生和何應欽將軍前往焚香主祭，兩位是當時聲望最隆的文相和武將，該日新竹萬人空巷，成為風城最大盛事。此外，邀請總統府資政陳立夫先生在各大報副刊為文頌揚，使岳飛生日年年益加光彩生輝。據八姑表示，立法院有部分蒙藏籍委員多次杯葛岳飛『滿江紅』詞在社會演唱，這種基於狹隘地域觀念作為，有礙舉國民族正氣之宣揚，姑父則大聲疾呼萬萬不可。姑父的多年辛苦耕耘已開花結果，岳飛民族偉人，在民間已得到應有的尊重和定位。

姑父誠以待人，然非泛泛之交能甘之如飴，唯愈深入了解始能見真章，我心目中的姑父是『謙和中剛烈不移，踏實中積極進取』。姑父是良師益友，他對師長、親友，乃至販夫走卒無不有禮有節，但遇忤情背理，則口誅筆伐，威武不屈，力爭到底，剛烈不移。姑父不煙不酒，嚴於律己，他比別人多的時間能多一番作為，他曾言，他一生時時兼任兩三項職務，在臺灣他做中央國代，兼任依法不能拿重薪的公務員，更非常人所能為的是，在公務員的崗位上還兼任黨部書記。近十數年，他在中央民代善盡言責外，潛心史學研究對國家多有貢獻，總是在平平淡淡中有驚人的成就。

八姑父離我們遠去，留給親友無限哀痛和追思，尤其是他的『謙和中剛烈不移，踏實中積極進取』風範，對我們後生晚輩多有啟迪和潛移默化之功，他的踏實進取，更對家庭、社會和歷史有很完美的交待，特別是給我的無限關愛和珍貴教誨，讓我享用無盡。

我們全家衷心祝福他，『八姑父您好好安息吧』！

（七十七年九月十六日於臺北中央日報）

第四節　我的岳母

民國五十三年九月二十八日，我和內人宋一梅訂婚，在五十四年一月二十三日結婚，岳母時任省立臺中育幼院院長。儘管兩家世交，岳父、岳母和我爸及姑母都彼此熟悉，但岳母對女兒的出嫁，仍諸多不捨。我當時赤手空拳，年紀輕穩定性不足，她老人家愛女情深，是人之常情。但婚後，岳母不以舟車勞頓為苦，常遠從臺中，以院長之尊，折身到我們租住的小房來探視，擠在小床上睡覺。當三個女兒相繼出生，岳母更是疼愛有加。岳母熱心公益，助人無數，慷慨好施，在我結婚之初，經濟情況不好，多虧岳母伸出大小援手。

岳母是北京香山慈幼院首屆畢業生，我考進中央日報的人事主任馬志鑠先生夫妻倆，同是岳母該校的同班同學，我能在四十幾名報考者中，脫穎而出，考取中央日報。而且工作一帆風順，年年加官晉級，可能是託老岳母之福。

前年四月岳母實際年齡已是九十有六，不能再在臺中居住，幾經商議，先將家中衛浴防滑和熱水等設備改善，輪椅和便盆車也備好，床舖也加寬並調降。萬事俱備，才僱專車將老太太接來臺北同住。但事實和想法並不相符，我是長期高血壓患者，每天一大早，就開始擔心老太太食衣住行，又怕她磕磕碰碰，而且我家在公寓二樓，沒有人能和她往來聊天，老太太終日無聊已極。

在十一月時，老太太看過在家附近的「長春藤」老人安養中心，有專人二十四小時照料，每天更衣洗澡，每星期洗頭和剪指甲，每月理髮，院長有護理執照，大小毛病，備專車就近送榮總或振興等大醫院。老太太有福氣，住進去已八個多月，身體狀況好得很，家人和親友每星期都會多次去看她，她也不會太無聊。但畢竟她年紀大了，常以有昔日院長之尊，發點小脾氣。

　　我在幾年前，曾為文專寫我的岳母，她真可謂時代造就她，她也貢獻給時代，請看我對岳母的歌頌。

我的岳母李國華女士　　　　　　　　王福勝　92.3.5.

　　我的岳母於民國前三年九月二十一日，生於河北省武強縣上範鎮李家村，現年九十五高齡，家世務農，唯父親延年公好學不倦，視野遼闊，思想先進，岳母自孩提幼小就被課以背誦三字經等古文，延年公尤其反對纏足，全力支持岳母到北京接受新式教育，不顧當時鄰里封閉社會的閒言閒語，終使岳母十數年寒窗苦讀，在北京香山慈幼院完成小學、初師、高師、幼師科一系列完整教育，奠定未來事業發展基礎，父親延年公居功最大。

　　武強縣近天津市，民國七年黃河大水，海河氾濫，岳母舉家由一頭毛驢、一支扁擔，帶著全部家當，逃難到北京，正趕上熊希齡先生辦理難童局招生，岳母在北京政經和社會極其混沌不明的情況下，得到安定避難處所。至民國九年熊氏成立香山慈幼院，岳母成為該校學生。由於年齡長於同班同學，岳母在功課、灑掃和禮讓幼小各方面，常受師長讚許和特別關愛。在慈幼院十數年成長中，並培養出堅毅、勤勞、儉樸和博愛的胸懷，使岳母在幼教事業有成於社會。

　　岳母逃難途中，目睹餓莩盈野，妻離子散，哀鴻遍地慘狀，在年幼心靈已立下濟世救貧的宏願。在高師部畢業時，岳母就要投入教職，盼能早日服務社會；但是仍在老師勸勉下，以幼師教育尤有貢獻於國家民族，岳母始勉強接受民國肇立以來，由美國引進最新式幼稚教育，再接受教育二年，於民國二十一年成為香山慈幼院首屆畢業生。當時幼師科畢業同學為國內各省學校爭相禮聘，岳母先

後服務於河北、山西兩地幼稚園。任教中，岳母發揮專業幼教教學，彈琴、歌唱、舞蹈、講故事，諄諄善誘，效果斐然。在山西時，學生常赴省主席公館演唱，並曾在太原市公演，造成轟動，遠近馳名。

　　岳母一生投身慈幼工作，抗戰期中生活艱苦，仍堅守崗位，追隨政府，先後在南京、重慶幼稚園任教，戡亂時期又到南京和柳州幼稚園工作，來臺後先在協進幼稚園，後在蔣夫人辦的華興育幼院任主任，在民國四十六年自行創辦景美培育幼稚園。民國五十年起，先後任省立臺中和省立高雄育幼院院長，以迄於民國七十年退休。岳母從事五十年慈幼事業，濟弱扶貧，人饑己饑，助人無數，身受其惠者遍佈海內外。多位育幼院學生迄今仍記得岳母講故事，認為對他們助益良多。

　　岳母生性耿直，但體形柔弱，膽量又小，天橋、電梯不敢獨自搭乘，然亦有千萬人吾往矣的豪情。岳母接掌臺中育幼院之前，主事者省社會處長傅雲召見，問岳母年齡和學歷，答稱只知將孩子帶好，不注意自己年齡，又稱自己學歷不高，但在華興育幼院當教保主任，做得很好，蔣夫人都稱讚。全不像謀職者對話，傅雲先生事隔多年，常以此事為笑談。

　　岳母無愧傅氏慧眼識英雄，在臺中或是在高雄的育幼院院長期間，院童和教職員工都得到正常成長和照顧，岳母是以自身在慈幼院成長的體驗，幼教專業加上更多關愛的付出，言教兼身教。並常以院長之尊，拿起掃把打掃庭院，隨手為院童整理床被，嚴禁體罰教育，保母偶有踰越，岳母定是私下誠懇規勸。全院風氣丕變，院童整潔有禮，逐漸贏得社會肯定，常成為電視和報紙訪問寵兒，各界捐獻隨之增加，尤其在高雄的拆船業熱心又好施，常徵詢為院童增添設備，以補公費不足，既經報導，更蔚為社會風氣。

　　岳母退休已二十五年，昔日學生和故舊同事仍常有電話或親到家裡問安，偶爾也會開車載著她吃個便飯，做個市區觀光，岳母都會多有考慮，有恐增加別人不便，婉拒時候比較多。退休後曾到美國德州和加州觀光一個月，華興同學竟然聚會為老師過生日，一位協進老同事還招待她到墨西哥一遊，回報從前她救助恩情，世界真是小，到處都有她的學生和受她幫助過的人。

　　民國七十八年，天安門事變不久，岳母曾作北京之旅，造訪香山慈幼院同學李福珍女士，也是香山慈幼院在柳州分校同事，為的是了結她心中一大願望。事情發生早在四十年前，大陸色變，岳母倉促離開柳州，機票和一大筆盤纏，都由李同學一手張羅，且要承擔協助叛逆罪名。岳母永不負人，此項恩情要回報，她在北京李家多日，兩老促膝長談，道盡感激之情。未過二年，老友竟然仙逝，岳母不勝悲傷唏噓，但仍屬有幸，總在好友有生之年還了這份情。

　　岳母最常津津樂道的是抗戰前，任職太原市友梅幼稚園時期，友梅是山西省主席閻錫山夫人的名字，閻夫人幾乎每星期都請幼稚園學生到家裡表演，岳母當年甫自學校畢業不久就應聘任園長，而教學成績立竿見影，使幼稚園的聲名大噪，待遇是老師的一倍，岳母月薪是五十元，夫人在每次表演都會另給賞賜好幾塊，當時每月伙食僅二塊錢，岳母說大部分收入都寄回家鄉置產。這次北京行，岳母順便到天津看到四弟和五弟。從抗戰迄今，從未謀面的子侄們，齊聲說要孝順姑姑，乃爺爺和奶奶一再告說家產都是姑姑掙的。

　　岳母抗戰前與先岳宋公實君結為連理，宋公為河北省農業界國大代表，南開大學畢業，曾任塘沽工校校長，抗戰期間從事黨務工作，轉戰大後方。戰後任河北省黨部委員和書記長。來臺後仍努力憲政規劃，期神州早日光復，惜壯志未酬，於民國四十九年病逝。女兒宋一梅甫自十信工商學校退休，五十四年與王福勝君結婚，育

有三女，老大王郁君在美成家，育有一子一女，任職洛杉磯交管中心公職，老二王郁苑育有二子，任職貿協新竹教育中心，老三王郁晨任職友訊科技公司，派赴洛杉磯分公司工作，三人為有德者之後各有所成。

　　岳母退休後一人定居臺中，鄰舍互有關照，臺中又氣候舒適，仍是年紀太大了，晚輩不能放心不管，適逢臺中育幼院老同事，蕭老先生亦孤寡一人，經子女們默許，兩老彼此照應，就近扶持，蕭啟騫老先生也年至九秩，眼看二老身體健朗，謹獻上誠摯的祝福。

岳母生日，內人陪同切蛋糕。

年輕母女，岳母和內人。

第四章　當兵和初任教職

第一節　當兵

　　民國五十年政大畢業，當時切身的問題，是今後何去何從。早在畢業前很久，就縈繞心頭。就業、參加研究所考試，或外交官考試，以及出國留學，都可以選擇。還好要到軍隊服預官役一年，有一段時間可以緩衝，可以從長計議。

　　等候兵役通知，到十月份才下來。這時政大早已開學，宿舍要讓給報到新生。幸虧臺大宿舍管理不嚴，我就棲身到臺大第一宿舍。師大附中同學張克斌住在第一宿舍，是他拉我去的。這時還有多位不同學校的好友，都在等兵役令，在附近租賃房屋。大家都空著無所事事，吃喝玩樂在一塊，人生也是難得。當時看到幾位抽煙的，口袋摸了很久，揍了幾塊零錢，到溫州街小攤買兩根香菸。你一口，我一口的輪流抽，也是高興。

　　十月中，先到屏東的大鵬灣空軍幼校接受兵役分科訓練，訓練空軍行政官的專長，兵役分科是照大學學系特性分發的。這項專科業訓練，兩個星期內就完成。十一月我被分發到花蓮南埔的空軍防空學校，任學校示範營的第二排少尉行政官。

　　花蓮對外交通，聯絡孔道主要是蘇花公路。地處偏遠，花蓮的颱風地震特多，對外交通常會中斷，有被孤立的感覺。但民風敦厚樸實，尤其原住民阿美族較多，更是循規蹈矩。退伍前夕，我調任為警衛排副，帶士兵站崗，街上過往的阿美族都九十度鞠躬向我行禮。

　　空軍防校服役，成長很多，發現自己一無是處，行政官只管每月發薪一次，我是每次或多或少賠點錢。另件事是我代表示範營，參加全校講演比賽，題目是有關裝備保養，結果在面對檯下官兵演講時，我不能掌控說話節奏，潦草結束。但不管表現怎樣差，留美回來的中校營長黃文範，就是對我很好，還將我調為全營的行政官，同時告訴我，行政官在美軍是參謀的第一位，為最重要的參謀，美軍要升官，行政官是必經之途。我在防校營行政官上的表現，也還讓他有驕傲地方。

　　我在防校服役一年，得到兩次空軍總司令陳嘉尚具名嘉獎令，一次是協助修建營區的司令臺和警衛崗亭，營區是面對太平洋，很是遼闊，這兩項建築有海防安全功效；另一次是營區要鋪石子步道，正好有位河北鄉長王吉甫叔叔，任臺灣省東部防守區副司令，一通電話請求，要到海防區取石子。王叔立即答應，要挖多少石子，就挖多少。

　　一年兵役很快過去，退伍前一個月，調為警衛排副，為的是營行政官要將財產移交清楚。任警衛排副，營長還認為我帶兵也中規中矩，在全營主管會報時，稱讚我做什麼都像什麼。黃文範營長退伍後從事翻譯工作，有關戰史和時事圖書，他出版多本暢銷書。他亦曾在中央日報編輯部工作多年，在編譯組、中央副刊組，他卓有貢獻，我慶幸又和他在同一報社工作，可謂有緣。

　　退伍後，最好找到的工作是教書，爸在新竹有位朋友龐慎言先生，在楊梅一所國中幫我找到一個缺，天天和我聯絡，叫我盡快報到。可是軍令如山，我十月才退伍，學校九月就開學，只好捨棄。這時八姑父在省立瑞芳工校也幫我找到英文老師位置，可以晚點去報到，只是先要向部隊請幾天假，先辦好應聘手續。

第二節　初任教職

　　瑞芳工校地屬臺北縣，但在北宜鐵路線上，地理環境上，則
與基隆較近。天氣也如基隆，常常下雨，天無三日晴。天然環境
不好，多少影響學生素質。老師有個好處，沒有學生升學壓力。
我因初入社會，首次任職，所以很虛心準備，每堂課都先寫教案。
可是我常以我在建中和附中求學時的體驗，甚至降一點水準，要
求學生接受我的傳授。但事實不然，教學還是如老牛拖破車，花
了很大的力氣而鮮少功效。唯有求無虧職守，盡最大努力。

　　但老師之間相處甚歡，同時進來當老師的背景相似，下課後
活動空間有限，吃飯、散步、談天都在一起。有多位年長同事，
曾和大陸西北軍淵源甚深，是馮玉祥將軍老部屬，由於老先生們
與我同屬北方鄉親，相處倍感親切。尤其這幾位老將軍以真誠嚴
明和厚愛的方法，管教鄉下的學生，還真有效，我佩服在心頭。

　　校長王果正先生和八姑父同是河南國大代表，他在大陸就辦
教育，任名校洛陽中學校長，慈祥和藹，很有長者之風。後來河
南籍閻振興先生任省教育廳長，調王校長接任省立臺北復興中學
校長，八姑父又請王校長將我調來。人生常面對不斷的挑戰和選
擇，在瑞芳幾近與外界隔絕，有時間充實自己，參加各項考試，
對未來有寬廣的選擇。事實我已通過教育部留學國外考試。還有
研究所和外交官考試可以參加，所以對瑞芳工校還有點不捨。

　　八姑父在電話中，以略帶責備的語氣，告訴我臺北發展機會
和便利太多，姑父對人生的閱歷和對我的了解，給我做了選擇。
五十二年我就回來臺北，在北投的陽明山麓省立復興中學任教英
文和公民。住在校內宿舍，食宿都在學校。北投一年四季春光明
媚，瑞芳工校全年陰霾，感受上就有天壤之別。

　　王校長帶來多位老師到復興中學，原來復興中學的陳校長調任新營中學校長，也帶走多位老師同他一起到新營。新來的老師大都擔任主任或組長等行政工作，我在五十三年也順理成章的任教學組長。由於沒有經驗，但自信我有能力，將我讀建中和附中的實況，適用到工作中。另外手持教育廳規章，一切照章行事，可是面對一百多位老師，有的德高望重，有的年輕氣盛，能將每人課程和課表安排好，就是很吃力了。說實話，老師教學有績效者，最多是佔三分之一。如何不有虧學生和家長，好的老師平衡安排各班任教，做到沒有偏頗，真是煞費苦心。

　　教學組長責任重大，是老師指謫目標，幸好校長和教務主任了解我，所以行事是為所當為，唯對年長者，我盡可能提供方便，原有排課和鐘點費優惠，也多維持，但面對人多要求不同，常是顧此失彼。另發現自己的缺點，就是表達能力不足應付大場面，開會時講話總感辭不達意。最大問題是教學上發生瓶頸，我不能把握學生的接受的程度，以個人的主觀來認定學生的了解，事實並不盡然。

　　雖然教書工作不盡合興趣，但也有諸多斬獲，一是校長和主任有意培養，學期中間，一有機會就派我去受訓，最大一項是為期八個星期的英語教學訓練，在師大英語中心上課，每天二十四小時，由美國人分小班教導研習，很為實用。另一項是戰地政務文教班訓練，為將來國家發展儲備人才，參加者多為各校主管，相互研討，對課內專業和課外管理經驗，我都有收穫。

　　在政大的第二外國語，我選的是法語，這時國家為平衡歐美兩地域貿易，成立歐洲語言中心，在臺灣大學一棟大樓上課，我則參加法語研習，每週三個晚上上課，並未感辛苦。我學習法語，雖不能朗朗上口，但已具初步基礎，若一朝有工作需要，或年老退休之後，也可自行進一步練習。

　　教員固然窮，但在復興中學三年多，我和內人宋一梅成婚。組長結婚，全校教職員幾乎全員參加，大家還算捧場，加上同學親友，真是熱鬧風光。同時將僅有的儲蓄二萬塊錢買了五十多坪地，後來這塊地竟成退休後生活主要依靠，始料未及。

　　任教學組長的成績指標就是升學率，任組長一年，高中升大學還能差強人意，但初中考高中的升學率則慘不忍睹，少年氣盛，孰不可忍，辭職下台。專任教員不久，看到中央日報招考人員，民國五十五年四月一日開始到新的單位上班。

　　學期中途，我離開復興中學，承王果正校長和梁樞庭教務主任的同意，讓我內人代我的課，她教初中英語，從初一教到初三，比我還受學生歡迎，看樣子我真不適合教書工作。她在復興中學，教書將近四年，第二和第三個女兒相繼出生，我對復興中學的長官有一種莫名的感謝。

第五章　中央日報大半生

第一節　考進中央日報

　　民國五十五年三月初，報名參加中央日報招考社會服務組人員，由於成長環境，從小就愛看中央日報，到後來當兵和教書，都訂閱和購買中央日報，對中央日報的新聞、社論、專刊和副刊，從照片、漫畫到文字，無不喜歡。每天都花上長時間閱讀，那時的報紙，早期每天僅一張半，到我唸大學後，始增張為兩大張，好好看完一份報並不吃力，不像現在的報紙，都是厚厚一大疊，有幾十個版。

　　考試運氣很重要，只考國文、英文、時事和英文口試，我想國文和英文大家的程度都不會相差很多，關鍵是時事這科，我運氣好，這科命題的先生可能是中央日報《地圖週刊》的主編，我平日就喜愛看《地圖週刊》，考時事的題目都是近幾期地圖週刊的內容，我拿起試卷，未加思考，真是有如神助，一筆寫到底，到了繳卷時間，正好寫完。

一、四十四位競爭者中僥倖錄取

　　在家等錄取通知，等了很久，也沒太急，總是還有書在教，維持生活無甚壓力。中央日報通知終於來了，通知四月一日上班。我能在四十四位參加考試者脫穎而出，我事後思考，是和口試有很大關係，口試分為中文和英語兩部分，本書的前一章裡面說過，我曾在師大，參加由美國人主持的美語教學訓練，為期八

週的小班密集研習，口試英語，肯定給我佔盡這方面的優勢。後來知道，考試備取第一名是一位新生報經濟組的張姓記者。

但我能錄取關係最大者，是我一般禮貌的修養。當天下午口試時，有位看似工友者，穿著很不起眼，在中正廳玻璃門，當每個參加者口試完，他就拉開門叫下一個人進去，輪到我時，我是無分貴賤，很自然的向他微笑一鞠躬，我事後想，他一定對我增加很多好感。沒想到他是社會服務組的主任華善傳，是口試委員之一，還有兩位口試主持者，一是總經理易家馭，另位是人事主任馬志鑠。

初進報社，有不同的挑戰，民國五十五年的中央日報仍處同業顛峰，人才濟濟，新聞、言論、專刊，乃至副刊，都為讀者信賴和受到讚譽，廣告和發行業務也年有成長。所以我在中央日報工作，處處小心謹慎，凡事全力以赴，做到表現亮麗企業員工應有的工作水準。我在服務組主要工作是接待和讀者活動，這兩項工作，我一直在想，等於長官為我量身定作，太適合我的個性和能力。我的外表端正、平和有禮貌，又有幾年教書的氣質，舉止大方，看來就具泱泱大機關代表之風，所言所行能顧及黨國大體，很適合中央日報。

唯一的缺點，深感是文字基礎太差，但編經兩部同仁，下筆如行雲流水般者，比比皆是，公文文書或新聞發布，都會另有他人執筆。看到別人的成就和造詣，真是心有不及的慚愧。

二、地圖週刊展覽初試身手

四月一日進報社，第三天就碰上報社舉辦一項展覽，為慶祝中央日報地圖週刊發行一千期。週刊已連續刊出一千次，屈指一算，有十八、九年的歷史。對讀者和主其事者，主編、製圖和撰稿者，都有歷史性意義。展出內容係邀請多所大學和地圖有關學術單位參加，提供地圖珍藏品，在報社五樓中正廳展出。國軍測

量署提供現代最新儀器製作的空照地圖。最引人注目的，是中央圖書館參展的清明上河圖，係明代珍本，圖本身很長，攤開在多張條桌上，仍要捲起部分。為怕看展出人多，有所觸摸弄損，參展單位每天派多人看顧。記得參觀人實在太多，原本五天的展期，延長六天。

展出會場就在我辦公室對面，一般會場服務，都落在我身上，各單位有需協調者，我都會及時反應。所以主編陸鐵山先生和地圖繪製者蔡正倫兩位，對我都好。以後多少年，雖未在同單位共事，但見面時對我親切有加。參觀者學生和年長教授不少，我在會場認真接待和疏導。時有報社主管和編輯部同仁前來，我會在現場高聲介紹給觀眾認識，偶而參觀者對展品有意見，我會告知記者，在新聞中表達出去。

在報社工作，我學習很快，地圖週刊展覽，我初見識到新聞報導的力道，深深了解辦活動定要新聞配合，活動也要節制，不能讓觀眾過多，新聞大小和深度不能掉以輕心。尤其我體會這項活動，有點類似公關和推廣報社對外形象的工作，所以有賴各單位的配合，萬事要求人，但格調不可偏頗。

三、參與接待和出版工作

展覽辦過了，再來就是接待參觀，最多的參觀者，是大專院校的學生，有新聞系同學，也有寫作社團的同學。就因為參觀重點是編採作業，晚上參觀都由汪有序副總編輯主持，他主持幾次，講話內容都是新聞的快和準，其次是中央日報為黨報和倡導善良風俗，鼓勵好人好事的特點。我是很感激他，他的介紹致詞，我就奉為經典，就如唱片一般，每有參觀者來，我都照本宣科一遍。

社會服務組由圖書出版的副業組擴大來的，主要因應社會趨勢，先僅代辦嘉新水泥公司獎學金，每學期得獎學子上千人，以後相繼受委託代辦獎學金和社會捐款的業務更為數日增，社會服

務組乃是配合時代潮流自然擴編，功能和意旨更臻完整，有益報
社的發展和報響，我的主要工作是接待和舉辦讀者活動。

考進報社正趕上讀者搶購「我的座右銘」，中央副刊鼓勵讀
者短篇投稿，將人生的最寶貴體驗，有益心靈或事業者，每天刊
出一篇「我的座右銘」。投稿踴躍，有學者名流，也有一般百姓，
各行各業都有人入選。報社將前數十篇輯印成書，先後再版多
次，頭一兩月就有十幾萬本銷量，破當時出版界紀錄，由於單位
內人手有限，能搬動書者僅兩三人，我不但支援門市，偶而也跑
印刷廠和裝訂房。

四、華主任樸實無華影響深遠

我的單位主管是華善傳主任，係政大地政系畢業，南京人，
比我長十幾歲，不崇尚華麗，共事多少年，從未見他著新衣。那
也罷了，所著皮鞋也未曾有一雙新購，但為文下筆頗有才氣，是
當年時代第一部反共小說「罌粟花」的作者，這本書後來改編成
話劇，記得當我讀建中時，在一個晚上，我曾到一女中的大禮堂
看過演出。

華主任的樸實無華和平實做事做人，對我影響很大，我當時
因工作需要，時時要面對來賓和讀者，常要西裝領帶穿著整齊，
但頭髮儀容都保持端莊大方，沒有一點浮誇，在工作上則盡本
分，從不爭功諉過，實事求是，這和他領導風格有很大的關係。
華主任有另項特長，事事都會精打細算，公事這般，私事也如此。

中央日報出版圖書有四十多本，以文字圖書為主，也有漫畫，
由於報社本身有媒體宣傳之便，很多圖書暢銷，成為長版圖書，一
印就是十萬本，甚或更多。華主任不是將書交給一家印刷廠就了事，
而是自己買紙，委由印刷廠印刷，再自己送裝訂房完成裝訂。在
和裝訂房老板議價時，他是一分一角爭來爭去。中央日報的書價
便宜，廣為讀者接受，這和華主任的壓低成本，也不無關係。

　　華主任學地政，買地蓋房子，人脈廣，行情熟。他申請國宅貸款，在中和鄉購地，親自買料，泥工、木工、水電工都分別找人承包，房子料好工精，真是價廉物美，華主任好像經營好幾棟。華主任兩項精打細算，出版圖書和建房子，我在他相鄰的辦公桌旁，耳濡目染私下了解和揣摩很多。這到底不是我的工作業務，但對我來講，獲益良多，在以後的工作上，或是自己財務經營上，對我一生影響都很大。

　　華主任有位政大同學，姓藍，在臺北縣政府地政局當科長，偶爾會來辦公室，他言華主任家是南京大地主。我去過南京，南京應比當時北京還要大很多，藍科長私下講，華主任家產佔南京有幾成。可能說的過分，但看華主任的平實無華，精打細算的過活，應出身很殷實的家庭。

　　中央日報的待遇好，考進來是臨時助理員，收入比教員多二分之一，正式職員，會更有保障，每月領兩次薪水，還有糧食配給，每年尚可領十七個月薪水。可是有人終身一輩子是臨時人員。由臨時升為正式，真不是很容易，最快也要滿三個月的試用。但是我到職未及一個月，就得到正式任命通知，自五月一日起，升為正式助理員，可能我的表現很讓長官滿意，擔心我在暑假另有他就。

第二節　面對讀者第一線

一、接待

　　我在中央日報工作長達三十四年，充滿工作熱誠，渾身是勁，使出最大所學和潛能，前十四年都在經理單位。最為懷念的，仍是最早的社會服務組九年。後任國際版經理四年，發行組長一年。在社會服務組，負責接待和辦活動，很適合我個性和能力，唯在接待外賓時，常擔心自己的外語能力。所幸接洽參觀單位如

新聞局和外交部等，都有口譯專人陪同，社長和副社長都曾在美國進修，直接用英文和來賓交談，我可盡力藏拙。但我溫文有禮的儀表，送往迎來和陪同參觀，則是很稱職。

　　有時也要面對硬仗，有一段時間，台北美國學校年小學童，總愛來參觀。一來就是三、四十位，每次都要英文簡報，並回答問題。美國學童比國人小孩更為天真活潑，還好在老師帶隊下，時時要求學生遵守團體秩序。使我的歡迎介紹辭，能順利表達。這種接待我得使出全身本領，全由我一人罩著。美國小朋友到排字房，有部分拿到姓名的鉛字，我告訴他們，回家可以用來蓋章，代替簽名。他們好奇又高興，紛紛將名字交給我翻譯中文，弄得我和檢字工人都手忙腳亂。美國教育有一套不成文規矩，小朋友回去一定會寫信給我，來道謝。我知道應該回信，還是狠下心，免了。實在有心而力不足。

　　外賓訪問由有關的單位專人陪同，但也有時，個人逕向報社要求拜訪，很多是國外廠商，尤其外商廣告客戶，有時還要陪同吃飯，我則可天南地北，洋涇浜英語，盡由我個人吹噓，再吃喝一頓，樂在其中。最麻煩的，我的感受，是接待日本來賓，因為我不習慣亞洲英語，日本來賓的英文，我聽來，比新加坡英文更難接受，對我幾乎是不知所云。但一年中總會遇到好幾次。

　　中央日報有國家代表性和影響力，海外學人和僑胞，到報社參觀，自然流露一種遊子回鄉的感情，我在陪同接待時，會小心表達歡迎的熱誠。來報館參觀最多者，是各大學院校的學生，以新聞系和寫作相關社團為最，通常參觀至編輯部看過發稿，再到排字房看過檢字、排版，走馬看花走一遍，在晚上十二點前就可結束；可是新聞系的同學來參觀，要看出報作業全程，要等報紙開印，到機房看到報紙印好，帶份報回家才結束。

　　這種情況我很不討好，在分秒必爭的編輯作業，編採部門想是討厭有人來打擾。我帶隊參觀幾次，有經驗後，我有兩全其美

的辦法，先是招呼三、四十人，作必要的關鍵介紹，我必須大聲幾句，提醒同學。然後再壓低音量，表明對編採同仁工作的尊重，儘量不使我和同學受到反感。可是同學下半夜回家，不僅是個人很累，還有安全問題。有次輔仁大學新聞系兩位女同學，離開報社沒直接回家，家長跑到報社來要人。當然後來還是找到了。

報社後巷有個賣麵的老張，叫張義先，個兒高高的，排骨麵、肉絲麵味道不錯，午夜專供同仁夜點。深夜來訪的同學，我會安排他在簡報後，把麵送來。但要囑咐同學別把桌布弄髒了。接待同學有次遇到意外的驚喜，一天早晨搭公路局班車到辦公室，那時我還住北投，離原來教書的復興中學很近。當我下車時，一個著軍裝的女生，向我舉手行軍禮，並叫老師好，我雖沒嚇到，也是一驚。再想想應是政工幹校新聞系的同學，但想不起，她是何時來過報社。

二、青少年圍棋比賽

中央日報有目的地舉辦活動，其中一項是圍棋比賽，我參與有八屆之多，比我進報社早一年，報社就舉辦過第一屆。當時旅日圍棋大國手吳清源和林海峰師徒，曾來報社會場指導，並分別與青、少年組第一名下指導棋。第二屆中央日報青少年圍棋賽，我是由始至終全程參與，首日下午開幕典禮，由合辦單位中國圍棋協會會長周至柔將軍主持，副會長陳雪屏教授和總幹事應昌期來參與和致辭，報社曹聖芬社長和副總編輯劉毅夫，更以合辦單位和會場主人與會，每個都來頭不小，再加上百多位比賽者和來賓，會場是盛況空前。

報社主要目的，在倡導和宣揚圍棋這項活動，提倡正常休閒活動。幾位倡導者都有深耕這項教化的用心，從年輕人培養起下手。由報社來推動，可結合各地的棋社，使散布在社會各角落的圍棋愛好者，結為一體，且或多或少蔚為閒暇生活一種主流。圍

棋普遍為青少年接受,由參加圍棋比賽者的年齡規定逐年降低,就可見端倪。原來十二歲始能參賽,到第四屆就看到四歲的王銘琬參賽,成績突出。到現在我仍清晰記得他那時模樣,木訥安靜,氣質上就和其他參賽小朋友不一樣。現在的王銘琬和比他大四、五歲的王立誠,都係比賽時新聞報導的重心,王立誠就是接受林海峰指導棋的一位。

王立誠在比賽中,表現優異,圍棋協會總幹事應昌期先生,愛才心切,以他日他可為國家再展現圍棋界光芒。應先生個人獨資支持他赴日圍棋深造,據說應先生花費六十萬,當時的六十萬不是小數字。應該再提一下,應昌期先生對國內圍棋貢獻最為特殊,數十年捐資上億,購置會址,免費供會友前來下棋,並執著的建立國內職業棋士制度。後來他又自己辦理兩岸與日、韓高手十六強「應氏盃」圍棋賽,獎金高達四十萬美元,應先生對圍棋的努力提倡,應得到社會的肯定。

後來王銘琬和王立誠相繼到日本圍棋深造,如今都擁有自己的天地,年年看到他兩在日本參加棋賽勝負的新聞。日本圍棋人口比臺灣多太多,名字能在比賽新聞中見報,已非等閒之輩。中國人在日本棋界,先有吳清源,後有林海峰,海峰更青出於藍,曾獲棋聖、名人、本因坊的勝利,囊獲日本挑戰賽三大冠軍。王銘琬和王立誠及後繼者,如張栩,幾乎佔盡日本圍棋賽場的勝利名位,近年時有中日韓或日、韓和兩岸的比賽。臺灣選手都能為國爭光,我想報社經年舉辦圍棋比賽活動,與這種深耕的努力,有很大的關係。

圍棋棋盤方正,橫豎各十九條線,線和線的交叉點為目,共三百六十一目,比賽兩人的棋子佔目多者勝利。規則簡單,但變化是無限乾坤。令人稱奇的是比賽者,稍有段數就能將下過的棋譜,記憶清楚,可以將棋子了無錯誤的重擺在棋盤上。

　　本報青少年圍棋比賽賽程是五天，頭一兩天，與賽者捉對廝殺，上百對的對弈，勝負一有結果，以舉手表示，馬上有裁判組人員趨前核算兩人目數，勝負立判。後兩三天進行複賽，採三戰兩勝制，會場動靜有強烈對比，優勝劣敗立見結果，冠亞軍產生愈近，會場愈是安靜，也是活動收功時刻，觀賽者屏息以待的觀賞。參觀的人有白髮鬖鬤老者，如前上海市長陳良，有風流倜儻之士，如沈君山博士，各階層人士皆有之，靜靜觀棋。整個會場祥和情景，和會場外的忙碌社會截然不同。

　　整個比賽中，我職掌不多，但每天會場一開門，事情大小，我都得付出心力，使各參與工作者，不論是社內同仁，或社外合辦單位，還有外來的電視採訪，都能得到配合，我對參賽者和來賓也提供最好的服務，所以幾天比賽下來，我整個人精神都緊繃得很。比賽工作最重要者為新聞和競技，新聞由本報財經記者林耀川負責，他臺大畢業，日文和圍棋的能力，在採訪組中應屬高段；競技組負責勝負裁判，都由圍棋協會成員擔綱。

　　青少年圍棋比賽，為獲得社會共鳴，熱烈參與，本報會向各界廣徵獎品，發函要獎品和頒獎，是我分內的事，責無旁貸。有趣的一件事，我擔任比賽的開幕和閉幕頒獎典禮的司儀，應是滿有親和力的，有一屆開幕典禮，曹聖芬社長執意請沈君山博士上台致詞，我隨意說今天的博士，是科學知名博士，不是圍棋博士。會場哄堂大笑，掌聲更大。

　　我這種偶然即興的表現，不知被那位有心的與會者注意到，竟有個很大場面要我去做司儀。旅日圍棋高段林海峰訂婚，在臺北國賓飯店舉行，由嚴副總統家淦主持。整個國賓飯店的國際廳冠蓋雲集，坐得滿滿的，我被請去當司儀。婚禮照程序進行中，有位前排官夫人，我不認識，向我表示應請新郎致詞，我在嚴副總統致賀辭後，隨即宣稱，請林海峰大國手報告戀愛經過，全場立即沸騰，林海峰也在掌聲中，很靦腆的上台說了話。第二天多家報紙都披露這一段。後來還有人在報上，讚我司儀做得很好。

三、萬人登山祝壽大會

　　為先總統　蔣公祝壽，報社從民國五十九年開始，每年十月
卅一日，　蔣公生日前幾天，舉辦萬人登山祝壽大會。當時政府
遷臺後，在　蔣公領導下，慘澹經營十數年，國泰民安，社會安
和樂利，相較彼岸先是三年饑饉，繼而文革十年，有天壤之別，
百姓由衷感恩，為　蔣公祝壽這項登山活動，報社只是登高一呼，
社會大眾很自然的熱烈參加，每次登山都超過預期，遠遠超過一
萬人。

　　登山活動有益健康，導正社會風氣，所以第一次登山祝壽大
會後，因大會很成功，曹聖芬社長在社務會議中表示，登山祝壽
表達對　蔣公的崇敬，又是社會正常公益活動，以後每年都可舉
辦。所以每年十月登山大會就成為報社一大盛事，各單位同仁超
越本身的工作職守，不分彼此，找尋可以容納萬人登山和集會祝
壽的山頂，接洽協辦支援單位。整個報社也因此動了起來。

　　以報社有限人力舉辦這樣大規模登山活動，雖以報社影響
力，向社會呼籲參與，有何需要，都能得到意想不到的協助，但
是面對排山倒海的人潮，事前的規劃不能稍有不慎，大者如交通
運輸要數百輛大客車，小者如清山和便廁也不可疏忽，甚至慶祝
大會的主席台，都要有專人注意，有次就是擠上去的人多，馬上
要動員人力，把台子扶住，甚至扛住。若是祝壽的台子垮了，或
有傷亡，則有背為　蔣公祝壽美意，事後大家想想，越想越是害怕。

　　登山祝壽大會，都選在陽明山附近山系，但找可容納上萬人
的山頂，和十公里左右的爬山路程，要尋尋覓覓很多次。我記憶
有中正山、擎天崗、忠義山、丹鳳山、永平山，其中只有丹鳳山
在北縣八里附近，其他各山皆在北投、陽明山一帶。主要原因是
交通和相關的人文條件，如衛生和名勝景點，都可相應配合。更
重要的，是距離　蔣公常住的官邸較近，大家心理上總希望這種
全民祝壽的盛況，　蔣公能就近感受到。

有了第一次登山祝壽大會的成功經驗，以後的大會都由我這單位社會服務組，作全程的幕僚作業。第一次登山大會地點選在中正山，請九十幾歲籃球協會理事長楊森老將軍任大會會長，大南客運公司徵調各線公車運輸登山大眾，中興中學二百多位同學主動參加服務，並有一軍醫院提供醫生、護士，在現場設救護站，還有林挺生的大同公司提供電視、冰箱等數十件獎品，鼓勵登山者到山頂投卡，參加抽獎。

中正山在北投，是屬A型山，上山和下山的路都很陡峭，我因職責所在，大會當日要登山，可是大會前，我參加探路，大會後要清山，全程我最少登三、四次山，每次快爬到山頂時，我都感到氣都喘不上來。現在始知到我在年輕時，心臟就有問題，所以前不久我裝了心臟支架，與李前總統有同樣的健康問題。

每年九月就要著手選定山路，擬定計畫，我在大會分工上是獎品組組長，在社刊上有一段描述，「獎品組工作最繁雜，也拖得最久，大會籌備工作獎品組最先開始，登完山後還有一次抽獎和頒獎集會，最後發獎品工作還拖到十一月底。王福勝組長日以繼夜的率領報社同事劉準、胡弗趕工，最後還要上山搭建服務站。事後一量體重，竟輕了六公斤」。

我的辛苦這是表面的，最難的是讀者要求很高，而自己感到力不從心，比如說去大同公同接洽獎品，每年都要去，但平日少和該公司溝通往來，從未提供任何協助，只單方面有求對方，心中多少有點惶恐。另就是最簡單的抽獎卡印製，抽獎卡東西不大，也很重要，要選個國畫大師的山水畫印在上面，不是黃君璧的，就得是藍蔭鼎的，一定要很有分量畫家作品，還得送到國防部印製廠估價，從分色、印刷、切割到打碼，都要小心翼翼。所以看似簡單一件事，要做到精緻，要讓讀者報名時，一拿到抽獎卡，就會喜歡，就有留做紀念的想法。

　　每次登山祝壽大會後的第二天的報紙，都會有大篇幅的盛況報導，執筆者大都是採訪組副主任蔡策，或是由他全面主導，一開頭就能將萬人祝壽心願淋漓盡致的表達出來。有圖片和專論配合，所以我對編輯部同仁，總是敬佩。若是沒有神來之筆報導，其他作業再辛苦，也是不能竟其功。報導中有人物特寫，還有是對協助團體和個人的感謝，有位八十多歲老先生，鬍子長長的，操外省口音，經過圖文報導後，每年都會來參加。但大會後來真不勝其擾，因為每年都要派服務同學背他下山。

　　登山大會都在十月廿五日臺灣光復節的前後假日舉行，等到十月卅一日先總統 蔣公華誕，再由報社易家馭總經理，將萬人祝壽簽名冊，送交總統府。呈獻給 蔣公祝壽。祝壽名冊是絨布燙金，厚達四、五英吋，定要趕時間，三兩天內裝釘完成。可是忙中有錯，有天我和主任都接到裝訂房的電話，負責的領班親自操刀，將不該切的一邊，一刀切下，將有摺縫的一邊切掉，結果是簽名冊是一張有簽名，緊接兩頁空白，再接兩頁簽名，又接兩頁空白，整本都是這樣。這還得了，真是急壞人。只有星夜趕到裝釘房，看著領班，用最薄的漿糊，一頁一頁慢慢的粘好，再仔細的風乾，才做裝訂。一夜沒睡，直等總統府局長將軍，從易老總手中接收了簽名冊，才放下忐忑不安的心。

　　回憶總是甜美的，但記得最清楚的，是失敗不如意的事。事情發生在民國六十一年十月，我接任國際版經理後，仍被任大會的獎品組長，登山地點是北投的忠義山，當日風和日麗，山路平坦容易行。這時登山活動，聲勢更大，參加者愈來愈眾，報社是號召十萬人參加。結果獎品組設在路途中，換領紀念章的服務站，被群眾擠垮。有位服務女同事的手錶都被擠掉。場面已到無法掌控，只好拆掉服務站，由大會廣播，紀念章請到報社隨時憑卡領取。當然社內和參加者都有微詞，造成不便是事實。我臨危不亂，立即帶著上萬枚的紀念章，脫離現場，化危機為轉機，事後長官知道我已盡了大力，未加以苛責。

　　大會後自我檢討，沒有人適時來支援，是很奇怪的事，因為這項活動對突發事情，都有萬全的因應措施。唯一的可能，我以小人之心推測，我得罪了人，可能原因是我升官太快遭嫉。今後，我與人相處，應該更為謙虛，更為誠懇。我還記得我給了卡車駕駛一個紅包，感謝他的配合，使當時多箱紀念章順利搬上車，且慢慢開車脫離索取者的圍困，若是紀念章被搶掉，我則真會無顏見江東父老。

四、插花展覽

　　插花可美化家庭，是我國記載很早就有的文化，魏晉時期的古籍可找到，但和圍棋、茶道、書道一樣，傳到日本更為廣泛的發揚，成為花道，在民間是一種生活的重要饗宴。在臺灣由於日本幾十年統治，喜愛插花的人口，為數不在少數，尤其本省年長婦女，相互研習插花，成為一種時尚。中央日報應插花愛好者的要求，多次舉辦插花展覽，每次展覽作品，都由參展人精心製作，小小一盆插花，常看到作者彎曲著身軀，花費兩三小時，每個花葉、樹枝都要經由巧手搓揉，以最美的線條和剛柔恰到好處的花姿，展出可有多種令人遐想的作品，每盆插花會使人觀賞很長時間，耐人尋味。

　　插花展覽配合花材的豐盛，取得容易，物美價廉，最好是在春季舉行，所以報社多在三月廿九日的前後，舉辦慶祝青年節插花展覽。可是插花這種生活品味，天天是不可或缺，最冷的寒天仍可用梅花和老樹枯枝，插出思古清幽意境的作品。所以四季如春的臺灣，報社舉辦插花展覽，也不局限在春天，我記得報社辦過八次展覽，其中在十月份，舉辦過「慶祝　總統蔣公華誕插花展覽」。

　　插花能表達心中的寓意和美感，引人深省和幽思的相互共鳴，應不僅是普通的花枝組合。所以這項展覽，所花費的時間和

精力，超過一般的活動。展覽會場佈置和每個作品的背景，有整體性，又要留心背景與作品的和諧或強烈對比，又有其個別的特殊性，這些準備工作雖是合辦單位插花協會先行設計和發包施工，但是配合的工作，像報社門禁安全和環境衛生，甚至燈光、茶水都得同步進場。

五十八和五十九這兩年的插花展覽，可說是顛峰時期，參展作品和參觀人潮，都盛極一時。在五十八年春季花展，有未生流、草月流、小原流、松風流、日新流、池坊華道和國際派等七個派別師生作品兩百餘件，人和花相互競奇、鬥豔。各門派花形各有特色，有的重花枝線條美，有的則喜花葉排列婀娜多姿。本報展覽使插花者互相觀摩，突破老舊窠臼，很自然的有助彼此作品水準提升。在會場常看到老師輩相互深深的鞠躬，時用日語交談，據了解多位原是日本籍，都嫁給本省籍醫生。醫生娘修養很好，對展品位置和報導多寡，從未聽到怨言，這兩項對師門門楣有極大影響，縱然學生有不平之鳴，也會在老師影響下，消失無形。

插花重寓意和情趣，報社多位國學好的主管，在展出前總要搜盡枯腸，給每盆作品一個寓意合適的命名，易家馭總經理、趙廷俊主任、孫如陵主筆、俞人英課長、盧毓裴主任，都曾參與其事，要使近兩百件作品，皆有貼切主體形意的題名，不是件簡單的事，像「喜上眉梢」、「銅雀春深」、「天長地久，松柏長青」、「萬紫千紅總是春」、「秋夜」、「睡美人」、「含羞」、「詩情」、「風帆」、「飛上枝頭變鳳凰」。好的命名真如畫龍點睛，將作品的韻味完整刻畫出來。

好的作品，柔和燈光色彩布置，清幽的花香，每次插花展都吸引眾多的人潮，有時遇到陰天下雨，參觀的人潮仍是熱情不減，儘管人多擁擠，場內仍然溫馨安靜。由於花謝時要更替花材，參觀者會在旁深入觀察作者每一動作。這種美化人生的藝術，真可洗滌凡塵，淨化人心，使世界更美好。

　　五十九年三月初，報社辦一次春季插花展，同月舉行女青年插花比賽和展覽，女青年比賽分社會、大專和高中三組，提出要求合辦者是救國團文教組，旨在使在校女同學對插花的喜愛者，雖已逐漸增多，應再加強推廣。另一原因是現有場地甫經花展，裝潢布置可再用一次，費用節省很多。報社認為兩次展覽時間太密集，但消息一經見報，政大、文化、銘傳、師大、樹德、致理等校同學報名熱烈。在參加作品展出時，時有老師帶著同學參觀和解說，盛況仍是熱絡空前，僅是女同學更多。

　　報社辦了八次插花展覽，我和插花界的人士認識很多，尤其多位年長，原日本籍的女老師，相處更為融洽，我常用僅會的兩句日語打招呼，一是說我姓王，另是說「請」。有位林秀德年輕人，後來繼呂錦花女士任插花協會理事長，娶了一位來訪的日本插花訪問團的美少女，傳奇式的改變一生。日本插花訪問團，多安排有一位具日本傳統古典美的女子，身著日本和服，隨團訪問，人比花嬌豔，使訪問和推廣插花的效果都能提升。林秀德先生原本在花店服務，有點氣喘毛病，人長得是很瀟灑，竟被一位日本插花訪問團的少女相中，這位名叫田村久子的日本女子，原本就對中國人情有獨鍾，是位在日本有溫泉觀光事業家的獨生女，她和林先生一見生情，很快結為連理，並在北市農安街開一家花店叫台北花苑，後來統一和來來等大飯店，每個房間都用他的花，可謂日進斗金。

　　他們新婚時，我曾到他們的新居祝賀，也是為洽辦花展事誼，被奉為貴賓，端坐在上席。由新娘的日本媽媽很專注的表演茶道獻茶，所以我和林先生夫婦有一段交情。二、三十年後，在街上漫步，突然有部進口大轎車，停在我身旁，下車打招呼的就是林秀德，田村在車內頻頻招手。他兩花店生意越做越旺。插花協會最早創始者是潘光先生和他臺灣籍太太。還有位陳憲政先生在致理專校任教，對推廣學校的插花活動，獻盡心力。

　　插花展覽看多了，了解插花的基本型有兩種：一是天、地、人的三枝型；另一是盛花型。前者主枝是天枝在中間挺立，要最高，次為人枝較低，斜在右側或左側枝 70 度上下，第三枝為地枝更低，位在人枝相對的一側，斜在 30 度或更低。後者盛花型就是單一的一束花，插在瓶中。雖有基本兩型，插花者隨心所欲，變化無窮，且各門派都有特色。展出作品也偶用扁平的長方形花器，插出的花則偶然呈現大小各一的母子花。也有在會場門口最前方，或是在大廳上，插一個稱之為前衛花，花體較大，唯求能表現一種美感和寓意，當然是隨作者願意，無型可言之。

　　有一次日本來一位小原流的家元，家元就是掌門人的意思，到報社舉行發表會，只用四、五片細長的青葉，插出一盤百看不厭的作品，不但青葉排列高矮有序，還有一種挺拔的秀氣，最屬害的工夫是表現在埋於水中的一部分葉子，仍然是整整齊齊，一樣的寬度，有如一排屋瓦，插在鐵製的尖山上。

　　每次插花展覽我都會由始至終在場照料，有位記者馮志清曾在社刊寫到：「服務組的王福勝同志，更是忙得團團轉，為了完成花展的工作，他與服務組的幾位同志，更通宵未眠。接著一連三天，忙上忙下的，負責招持，照料會場，搬運『插花集錦』圖書，可說是最忙的一位，然而在他的面容上，卻無一絲倦怠的表情，實在是參觀的人太多，書本也非常暢銷，為他帶來太多的興奮，幾天來的辛苦疲勞，都被興奮的精神所掩蓋」。馮兄看我很清楚，我晚上回家真是很累。

　　馮兄提到「插花集錦」又是件大事，原來是五十六年的花展，展出作品受到好評，報社決定出版彩色的照片單行本，一道旨令下來，我就同採訪組照相記者郭惠煜，馬上進行攝影工作。為了作品的花葉能保持新鮮度，我倆在展覽第一天的晚上就動手。當時臺灣很少彩色照相，市面上還無電腦分色機，基本上印這本

書，成本很高，從照相到手工分色、印製的過程變數很多，但報社最高主管很堅持，只有步步為營的小心做下去了。

阿煜兄照相本領沒話說，多年在報上的精彩新聞照片，很多運動照片，如投球、跳高，他都能掌控霎那間的可貴鏡頭，堪稱一絕，比同業照片更受好評。但是照片要拿去分色印書，他也是頭一遭，所以格外小心。全場有一百二十多盆插花作品，每盆都要打兩個燈，加上固定相機架，再於花的背後搭配不同顏色的絨布，每盆花還要測光後再按下快門，其中調光、測光耽誤時間最多。有時還再三更換背景，尤其每盆作品都要搬動位置，不能在畫面上，出現相鄰作品的花枝。

這項工作在天亮前完成，我家都沒回，早上七時就有清潔工來打掃，參展者也會早早到來更換凋謝的花材，所以洗把臉，我就迎接第二天的展覽。「插花集錦」印兩千本，是委由新店中華彩印公司承製，該公司是港資和經濟部共同投資，承包過美國福特汽車海報，有國際品質。因此成本也相對的比較高。這本書每張彩色插花照片，都有註明作者、花材和美感特色的文字說明，是插花的欣賞者和學習者所喜愛，只因售價偏高，未再續版，如今已成絕響。

這本書對我有一點收穫，是我第一次接觸彩色印刷作業，了解顏色深淺有賴網點的放大和縮小。我在華主任旁看他作業，小有心得。

五、兒童畫展

報社服務讀者，更為培養第二代讀者，對少年兒童也提供幾項大型活動，像兒童畫展、全國兒童歌唱、中央盃少年籃球賽和少年游泳比賽，參加人數多，影響面廣，贏得不少兒童和家長的支持與向心，對中央日報重品質的形象也有塑造之功。這些有意義的活動，是要由有利的條件配合，才能事半功倍，有的求諸社

外專業社團；也有是要求報社本身，像是本報舉行的兒童畫展，定要報社花錢很多，採購彩色印報機後，兒童週刊改為彩色版，建立了小朋友投稿的管道，和審判機制後，才會有熱烈參加的盛況。

至於社會專業社團，少年籃賽的中華籃委會，全國兒童歌唱賽的中華兒童歌唱推廣協會，青少年游泳比賽的北市游泳協會，都會提供專業領域內的配合，藉由本報的號召及報導，使兒童的正當的才藝和運動得以發揚，同時做好向下紮根的工作。十幾年後，我常看到參加活動和比賽的小朋友，不僅是在專業上成功，甚或在政府部門，高科技企業中，有很好的成就。

辦理兒童才藝和運動比賽，最不能避免是人多，主要是來自家長對本報信賴。人一多就牽動報社各單位一起投入，幾位照相前輩記者，常被我拉得最緊，報名人擠時照相，老師帶學生來時照相，老人家陪著來也照相，這樣活動新聞就會不斷報導，在活動開鑼那天才能造成轟動。我則常請社長、總經理和一級主管來主持和指導。行政單位不必費心，員工就配合很好，中正廳場地和茶水，連燈光和麥克風都有人調控，都是受我誠心所拜託。我必須謙虛，再忙也要壓低自己情緒，多向同仁說好話。

兒童畫展、兒童歌唱、少年籃賽、少年泳賽辦得很好，在同業是史無前例。自己只是參加作業的一員，仍感忝為其中一份子，與有榮焉，感到驕傲。四項活動中，兒童畫展幾乎未假外人之手，本報人力和資源投入最多，我和服務組同仁在籌備和展覽期中全員動起來。

兒童畫展目的很清楚，對社會和報社都有正面意義，但舉辦主要原因是本報在民國六十年花了大錢，添購彩色印報機，啟用後最先考慮，是將兒童週刊改為彩色，所以當年的八月二十三日，兒童週刊就開始以彩色畫面服務讀者，兒童照片和繪畫在版面上更為生動，與黑白時代相比，效果截然不同，大受兒童喜愛，投稿者更為踴躍。

　　未及半年，兒童週刊的畫展專欄就累積收到繪畫一萬二千多件。投稿的熱情仍直線上升，報社以見報率有限，決定在兒童節辦一項展覽，將六十四件優勝作品和初選入選近千件圖畫，公開展示給社會大眾。報社要辦這項畫展，在新聞上逐日披露訊息，在展出前夕，兒童週刊更以兩大彩色專頁配合。展出很成功，不但小朋友多，教育界人士亦紛紛前來，接受本報訪問，發表勉勵賀詞，共襄盛舉。

　　這項兒童畫展以後，我深知主辦單位定要有超大人力和物力，才可使類似活動順利辦好。可能因報社這次兒童畫展，開創社會一種風尚，在很短的時間內，看到扶輪社和社教單位，主辦兒童寫生比賽，動輒有上千人參加，內心感到快慰，也想到報社同仁努力的成果。

　　陳約文女士是兒童週刊的主編，氣質高雅，蘭心蕙質，對兒童充滿著愛心，在報社和同仁相處更為和藹可親，她先生深研宋史，是位有學問長者，文化大學開創元老，文化界提起宋晞院長，道德文章都是首屈一指。展覽幾十年後，陳女士和我先後離開中央日報，可是似曾有緣，每一、二年就有餐聚的機緣，會談起當年展覽辛苦和趣事。她在社刊中曾寫過一段：「在展出前夕，易總經理親臨檢查，他對一切尚認滿意，只是因尚有其他兩個展覽同時在植物園展出，所以指示要有一個巨大醒目的『兒童畫展』牌架，做到『先聲奪人』，時間很急迫，沒有店家願來作，王副主任買來兩大罐紅色油漆，打算親自動手來做『克難牌架』，但是油漆刷到手才知道沒像鋼筆、毛筆聽話，又顧及西裝多少會揩油，幸而見到一個下工回家的油漆匠，真是喜出望外，說好說歹，許以加倍工資。在陣陣冷風，大紅牌架漆成了，植物園內不但遊客散盡，燈光也寥落了」。

　　這是件小插曲，在展覽開幕前一晚，服務組的毛嘉彬、劉準、胡弗和我四人，卻忙到深夜，先分頭找油漆工，再刻字，再

買鐵釘、鐵絲，等油漆乾了，用膠貼好字，再樹起這塊看板。由於板子和字大才能醒目，高九尺寬五尺，真夠龐大的，樹立了幾次，風一吹就倒，終於花費好大工夫，才萬無一失，確定架子固定很牢。我在開幕前仍起個大早，看到大牌子還好好豎著，才放下心來。

　　還有兩件事陳女士不知，一件事，我和南門國中、國小九年一貫學校的于維魯校長認識，同在幹校戰地政務班受訓，我去拜訪他，請在四月四日早上派學生參加畫展開幕典禮，我只商請兩個班，可能是他認為中央日報為堂堂大報，場面要像樣子，一下子讓四年級八個班都來了，開幕剪綵前，將中央圖書館的庭園擠得滿滿的。另一件事，我看到攝影記者郭琴舫老師來拍照，我請郭老師把小學生參觀的大場景，多照了很多張，所以四天展期，報上見到的參觀圖片，天天是小朋友人潮黑壓壓一大片，其實都是用郭老師頭天照的照片。

　　兒童畫展從籌備開始，在報社內要將一千件作品，一張張的貼在灰色厚卡紙上，再填寫參加者的姓名、學校、年級在小紙片上，我和服務組同仁就花很大功夫。還要向中央圖書館接洽展覽會場，再進行場內和場外的布置，展覽時現場也不容有差錯，要全程參與，所以展覽期中，天天看到小朋友的天真活潑，同享歡樂，但仍感負擔沈重的。

六、少年籃球比賽

　　中央日報對兒童身心都重視，在兒童畫展前後舉辦過兩項室外兒童運動比賽，目的在喚請社會注意兒童體育，一項是中央盃少年籃球比賽，另一項是少年游泳比賽，兩項比賽也是報界同業之間的創舉，讀者反應熱烈，報名參加者踴躍。少年籃球賽，國內尚無配合兒童體能的比賽規則，不像游泳賽比秒數，誰最快就是冠軍，所以少年籃球賽一開始報名就爭議不斷，但能以報社的

影響力，在賽程抽籤的會議上，使各領隊達成協議，訂定比賽規則。雖是時間倉促，仍有抱怨，可是已建立少年籃球賽的框架，留有以後修訂的空間。

中央盃少年籃球賽，報名有卅九隊競技，超乎想像的熱烈，還好有中華全國少年籃球委員會是合辦單位，初賽和決賽不下三十場，僅裁判就是很大的人力負擔，本報最大目的在善盡宣揚本項少年運動，但報名、開會、聯繫等工作都由我服務的單位負責。我記得讓我又愛又恨的是台北美國學校學生組隊參加。

有美國學校隊參加，在報導上會有很大的號召賣點，但有二大隱憂，一是美國學童比同年級的國人學童，一般在體能上強壯，尤其籃球是美國人最愛，從小就打籃球，比賽結果，不戰可知，冠軍非他莫屬。其次是這項比賽本報堅持以學校組隊參加為準，不能任由個人組隊參加。這項決定很重要，比賽一經披露，立刻得到各小學校長的支持，各隊皆由老師帶領報名參加。可是美國學校隊顯然比較鬆散，報名時並無老師領隊，經我和有關的體育記者聯絡，輕重得失，權衡之下，還是同意讓美國學校隊報名參加。

雖然有卅九隊參加，但仍有報名不及向隅學校表示不滿，重要是對少年籃球比賽規則不了解，報名截止時間太短。揆其原因，少年籃委會準備不夠週全，這和該會負責人很有關係。少年籃委會總幹事劉某人，是籃球體育記者的龍頭，本身是籃協的合格比賽裁判，自己又經營體育用品社，公私兩面忙。雖有推廣少年籃運的心，但無暇先行制定完整比賽規則。儘管比賽在各界期待下，進行順利，本報提倡這項兒童籃球運動得到認同，但比賽開始就有不能辦得盡善盡美的感覺。

少年籃球比賽初賽，都在台北女師附小體育場室內舉行。開幕和閉幕頒獎典禮都在公賣局籃球場舉行。舉辦單位為了有觀眾參加，在開幕典禮時，舉行明道國小對女師附小第一場比賽後，

緊接著由籃球知名選手，分高、矮兩隊舉行對抗賽。在閉幕典禮後，仍然有同樣的表演賽，稱之天龍隊對抗地虎隊。可是兩隊開賽後，不愉快的事馬上發生了。因為觀眾是購票入場，又座無虛席，天龍和地虎隊被本報報導已久的高手，有多位沒來，等兩隊陣式擺出來，兩隊上場的選手和期待的選手不一樣，於是發生觀眾鼓譟事件。雖然易總經理口才一流，馬上解說國手未來原因，並深深道歉，但仍不能平息眾人怨聲。社長和來賓都感沒有面子，顯然是劉某沒安排好，最大可能他待人不夠厚道。

　　從這件事後，我有兩點體認：一是群眾很可怕，真如水可載舟，亦可覆舟，辦群眾活動要謹慎小心；二是做記者的人，不夠腳踏實地，接洽合作時，要加倍的說清楚，講明白，不然會有難堪的結果。關於比賽結果，是美國學校隊只拿到男生組冠軍，女生隊冠軍仍是國人所得。在新聞報導上，偶而會有兩國較勁味道，很有看頭。

七、少年泳賽和全國兒童合唱大會

　　兒童畫展和少年籃球比賽外，本報尚舉辦少年游泳比賽和全國兒童合唱大會。民國六十年代初，臺灣經濟正在起飛，可是當時臺北市游泳池，東門游泳池是唯一的游泳池。在四面環海的臺灣，顯然游泳這項運動應加強推廣。本報和台北市游泳協會合辦少年游泳賽，得到各界的關注。對熱心游泳人士，給與很大的鼓舞。比賽期間，本報曾專訪報導，在中和鄉經營「大陸游泳池」者的沈家游泳姊妹花。在新聞上，本報盡力做一些推廣努力。

　　少年游泳比賽兩天密集賽程，進行得順利，主要是合辦單位專業和執法嚴謹，沒有任何爭議。由本報向各界募集的獎品，因大家對兒童成長的期待，縣市首長和教育主管送的獎杯和錦旗很多，其他獎品像當時很貴的派克 21 鋼筆，優勝者人各一隻外，仍有富餘。記得省主席黃杰，無論本報辦圍棋、書法、演講、籃

球等任何有益的活動，他都會有獎品贈送，我想與他身旁秘書，有位中央日報老記者彭河清先生，可能有關係。徵求和發送獎品都是服務組的事，開口要禮物，有求於人，仍是要花心思。我辦徵求獎品很小心，先想到的，別讓人家有為難處。

至於兒童合唱大會，更是複雜，民國六十二年四月，全省各縣市有十五個合唱團報名參加，當時尚無高速公路，小朋友舟車往返就很辛苦。但看到各隊在國際學舍認真彩排時，彈琴和歌聲稍有一點不合，推廣協會的人，馬上在台下高聲糾正，演唱者兒童和老師也都誠心接受。我讀書時音樂成績也不差，現在始發現音色的辨別力是天生的，指導者一聽就能指正，應是非常專業。

中華民國兒童合唱推廣協會是演唱大會的推手，該會總幹事林福裕先生，他對大會的成功貢獻最大。林某本人是臺北兒童合唱團的指揮和團長，曾率團到菲律賓演唱，到日本參加萬國博覽會演出，並在美國巡迴演出二十多場，深獲好評，名聲遠傳。每年該團甄選新人，報名者都大排長龍。所以各縣市的兒童合唱團對他都很配合，合唱大會有超水準的演出。十五個團在大會各演唱二或三首歌，來自花東和中南部的兒童合唱團，穿著各有不同，歌曲也各有地方特色，還穿插一兩位兒童舞者，優雅和諧的天使之音，二千多觀眾看得和聽得如癡如醉，讚不絕口。

早在兒童合唱大會之前一年的九月，本報曾經為臺北兒童合唱團舉辦一場演唱會，本報提供宣傳和售票服務，這時服務組增加兩位新手：毛嘉彬師大社教系畢業，籃球、棋藝精湛，由他負責設計海報、節目單、入場券；徐潤傑世界新專畢業，文筆、口才一流，由他對教育局、文化局、稅捐處文書往返和場地的租借。這時服務組主任已改由盧郁斐接任，盧主任致力人力建制，各司其職，服務組編組更具規模。

臺北兒童合唱團演唱會在延平南路的實踐堂舉行，雖是售票，七百座位無一虛席，走道都坐滿或站著的觀眾，主要是台北兒童合唱團早負盛名，又由中央日報這樣大報合辦，很自然反應熱烈，不但場內滿滿，三家電視台和多家廣播公司也爭相現場報導，對兒童合唱的推廣大有助力。不久就有電視公司成立兒童合唱團，報名熱烈超過十選一的情況。演唱會的來賓最特殊的一對，是張學良少帥和趙一荻趙四小姐，兩人坐在會場右側的第三排，已靠近牆邊，沒人注意到，可是快開演前，本報陶希聖董事長，一進場就看到他倆，並反身握手致意。由於演唱會進行太扣人心弦，沒人知道兩位何時消失。這時的張學良，仍在軟性拘禁中，不便公開大眾活動。

演唱會售門票，開始時沒人顧，後來一票難求，也煞費苦心。雖只七百張票，申請售票的准許和捐稅，和大型公演，像美國白雪溜冰團表演一樣，手續繁瑣，要東跑西奔各個政府機關。每張票要蓋報社章，再蓋稅捐單位章，待出售時更為費心，帳務不能有錯，都是胡弗在負責，他也是世新畢業，善長照像攝影，社內活動也會用他的照片上報，這次演唱會他很辛苦。

八、書法展覽

民國五十五年十月卅一日正逢先總統 蔣公八秩華誕，本報在九月份就與中國書法學會籌辦「總統嘉言書法展覽」，當年蔣公倡導復興中華文化，本報鼓勵研習中國書法，加強學生研讀總統訓詞，辦理中上學校學生的書法比賽，並將學生優秀作品，與同時徵求社會書法名家，書寫總統嘉言作品，一起在本報中正廳展出，是一項非常有意義的活動。

由於書法比賽要普遍化，所以本報在新聞中公佈辦法，請各學校推薦二至三名同學參加，僅須將作品寄到報社，經過初步評審優秀者。本報會再派記者到各學校目睹真偽，所以報名參加手

續很是簡便，旨在鼓勵踴躍參加。參賽作品限定四尺對開的宣紙或棉紙，不限字體，正、隸、草、篆不拘，書寫內容限定　總統訓詞。最後在中學組和大專組各選佳作十五人，到報社參加現場決賽。中國書法學會負責初審和決賽選拔，本報邀請該會總幹事李超哉先生，到本報會議室，將所有參加作品一一攤開，完成初審。李先生在臺糖服務，倡導于右任草書標準體，此公湖南脾氣，熱心又耿直，和他接觸辦事很順利。由於五十五年首次書法比賽和展覽得到社會良好回響，不但書法界的耆老經本報頻頻報導，他們更顯生氣勃勃，學校同學寫毛筆字也得到鼓勵。這項活動連續舉辦有五年之久，參加的同學也逐年增加。每年從兩百多件的參加，增至六百餘件，最可貴的是國內臺大、政大、師大等大學都有同學參加，儘管大學院校不會有毛筆習作課程和學分。

雖然入選得獎者，多有書法家學淵源，但對多數年輕學子的成長仍是一項鼓勵，我記得很清楚，看到一位父親陪著念初中的女兒參加比賽，一筆一畫的在旁叮嚀，十數年後在報上看到她已為人婦，先生竟是海基會焦仁和秘書長。還有位國立藝專同學，以隸書寫總統嘉言，得到大學組第一名，畢業後到臺視公司任職美工設計，每天八點檔電視劇螢光幕上，看到設計者就是他的大名。

參加評審的委員都是由書法學會邀請來的書法名家，包括王壯為、胡恆、董開章、汪元、李大木、李猶、吳萬谷、楊士瀛等多位。其中多屬六、七十歲老者，有一年評審會時，華主任肝病在家修養，總經理又有事不能參加，會議由我主持。那時我年輕氣盛，對多位在座長者提出意見，我都以報社沒有授權，不敢擅自採納為由，請同意沿襲過去方式辦理。委員們雖微笑接受，但仍竊竊私語不表滿意。我是鐵了心，以比賽和展覽的順利進行為重，唯求少生枝節。活動告一段落後，了無瑕疵，我感到得意。

　　書法學會理事長馬壽華老先生，曾任司法院秘書長，風骨嶙峋，溫文儒雅，道德文章和書法都受士林敬重，他也會前來報社任評審工作，對社會書法家參展作品，他是每件都加檢查，不但要求書法好，且要作品內容一定是總統言論。所以書法展覽是集國內書法名家於一堂，甚有水準，觀眾也有好評。展覽期為五天，中午不休息，我要從頭盯到尾，也滿辛苦的。

　　書法學會會員都不年輕，每年辦一次展覽並不簡單，幾位負責的先生，尤其是該會總幹事李超哉，很為辛苦，每年都要拜託各書法名家會員，以裝裱好的作品參加，就這一項就不知打了多少電話催請，要任勞任怨。終在五年後，他以赴美探親，將書法比賽和展覽停辦。

九、國語演講比賽

　　中上學校為主的活動，另有一項是國語演講比賽，首次在民國五十五年，由中國訓育學會與本報合辦，在五月二十日， 總統就職當天在本報舉行，限各大專院校同學參加，二十六所大專學校都派了代表，講題自定，但內容要以慶祝 總統連任為範圍，參加學生得以發揮個人的思想和觀點，革除一般生硬枯躁演講方式。

　　比賽在本報中正廳舉行，進行三個多小時，大學生表現口若懸河，音色高低有致，內容豐富且多精闢，暢談對 蔣公的景仰和認識。本報邀請的評審委員五位，都是名重一時的學者專家，可說都是公認的最佳演講者，所以演講和評審可說都是一時之選，五位評審是趙友培、張希文、李荊蓀、沈宗琳、王洪鈞。張希文女士是國語實小校長，身為國大代表，先生張清源是立法委員，兩人都是河北政壇重要人士，和我家的長輩熟稔。比賽頒獎時，由張希文致詞，聲音高昂，簡潔有力，她勉勵同學演講要訓練，要多參加比賽。

　　到民國六十年青年節，電信局與本報合辦國語演講比賽，籌劃工作由報社的社會服務組盧郁斐主任和我負責，我這時已在去年八月一日被擢升為服務組的副主任，年齡和社會經驗與日俱增，做起事來更為穩重，思考方向每以報社信譽和現實作考量，同時會兼顧媒體對國家的責任和更長遠的理想為目標。盧主任長年居住北平，雖無老北京捲舌腔調，但國語純正。我也自幼在北平長大，國語標準，所以辦這項比賽應該輕鬆愉快，駕輕就熟。比賽一開始報名就反應不錯，參加者有三百多人，比賽進行所需人力和物力驚人，且要多方面洽商場地和協調評審。

　　當然是投入心力多，比賽更能順暢，也將報社對年輕學子教育的努力或影響訴諸讀者。所幸這次是和電信局合辦，實際是電信黨部主導，不論電信局或電信黨部，兩者都有豐沛的人力和財力資源。但是演講比賽，對承辦者真是一種很辛苦的考驗。書法、繪畫、攝影比賽，作品攤在桌面上，可由評審者一眼定勝負，所費時間有限，縱然邀請大師級專業人士，很認真慎重的評審，也只就獨特作品給予多幾句講評而已。

　　演講比賽和歌唱比賽就不一樣，評審要聽講者或歌者，從頭聽到尾，內容又幾近雷同，三、五位比賽者說下來，評審委員就得耐著性子聽下去。難怪許多電視綜藝節目，只聽比賽唱者兩三句，就讓人下台，一點不留情面。報名參加比賽者有三百二十多人，分七個場地進行初賽，初賽的每個場地的參賽者有三十多位，其中包括大專組分五個場地，中學組兩個場地。大專講題是『我國對亞洲和世界的責任』，中學組則是攸關自身的體認，範圍較為狹窄，題目是『現代青年努力方向』，比賽時間每人都是十分鐘，所以比賽就要從上午比賽到天黑，雖然參加同學演說內容、音色、姿態和手式都能得到評審委員一致的佳評，可是評審一整天下來，真是體力耗盡。

　　本報重視讀者互動，本報大樓可提供比賽場地有五樓、八樓大廳和簡報室，但仍不敷比賽要求，結果向建國中學商借八間教

室和一間辦公室，由於我是民國四十三年從該校初中畢業，建中的紅樓已是久違，這次有機會踏入，內心有點喜悅，難得的是很多事務性的問題，因為我是校友，很方便得到協助解決。除比賽場地外，比賽時所需工作人力，要邀請合適人手，評審委員二十七人外，每個場地還要配置計時和書記，幸而合辦單位動員近半百人力的支援。本報社會服務組全部人力投入，尚聘請本報資深同仁毛鳳樓、高永祖、夏紹碩、徐新漢和劉克銘任評審委員，除了毛副總經理外，其他四位是編輯部的記者和編輯，辛苦評審一天後，晚上還得到編輯部發稿上班。報社同仁對報社的活動的投入，非常令人動容。

這次演講為發抒青年對國家的熱愛，所以決賽安排在青年節舉行，可惜限於版面，參賽者演說內容無法見報，但會場安排在本報五樓中正廳，現場聽眾產生共鳴。本報默默在致力提高民心士氣，時時安排契機，結合社會大眾忠愛國家。

十、小市民心聲

我考進中央日報的單位社會服務組，原本是由副業組機能擴大來的，副業組的基本業務就是出版圖書，在曹聖芬社長經營理念下，本報要為黨文宣，還要有營收，能自給自足。所以服務組仍以出版圖書為一項工作，而我進報社時正逢出版兩本兒童圖書，一本圖書是『好榜樣』，另本是漫畫『五位神奇的僕人』，目的在降低本報讀者的年齡層。社長在社務會議上指示，要到書報攤推銷，非常重視兩本書的銷售。環顧整個服務組七個人，主任外有四位年過六十，另位小姐管營銷，所以腳踏車送書到書報攤經銷，很自然的落在我身上，當時內心確實有點掙扎，以我的學經歷，對報社不無怨氣在心。但經過數次走遍重慶南路、衡陽路和成都路書報攤後，發覺和攤販打交道很是順手，先發書後取

錢，賣書給小攤販很簡單，每次去收錢，數數攤上賣了幾本，就收多少本錢回來，幾乎沒有人賴帳。

　　儘管推腳踏車批書給攤販，做得還算任務達成，內心還是掙扎，堂堂大學畢業生要跑馬路，去和走廊下攤販做買賣，仍是心有不甘；還好報社只身手小試，童書僅出這兩本而停止，我確實嘗到直接批書的苦樂。經過多年，我向這些書攤買台視周刊，仍享八折的優待。在這些書販中，多是來台大陸軍隊退下來的老鄉親，他們認定我批書七折，而他們以同行八折賣給我，是天經地義的。所以我和每個有往來的書攤，我都一樣受到優待，也可算是一種回味吧！

　　由於社會服務組成員年長者多，很多出版圖書的重活落在我身上，報社每隔不久就會有上萬本銷量的圖書上市，這種長版圖書是一般圖書出版者無能為力的，因為報社出版書刊有兩大途徑，一是中央副刊的作品，輯印成冊，如中副選輯、我的座右銘。另一種是有關文宣政策性的出版，如蔣總統秘錄、國民生活規範。尤其是前者的主編孫如陵主筆，常將靜態的中副版面內容與大眾生活結合，形成動態的社會共鳴，就像這本「我的座右銘」，在中副上每天刊出一則，投稿者包括士農工商和軍公教各階層，社會反應日漸熱烈。當輯印出版時，零售和機關、學校批售，不斷湧現。不但圖書發售上萬本，甚或十數萬本。就連剪貼簿也被中副倡導，大家剪存報刊資料也風起雲湧，蔚成一種文化風氣，中央日報的剪貼簿也會一版、再版的成搶手貨。

　　後者文宣性的出版更廣受機關和學校的訂購，如「蔣總統秘錄」一連出版十多輯，每輯都有二、三十萬本的銷售，數量也是驚人。但是出書作業分成邀稿、編校、印刷、裝訂和銷售等過程，每個環節都要絲絲相扣，才能端出好的圖書。由於報社的人才濟濟，不管沒有大的編組，只由服務組兩三人總負其責，但有各單位配合和大力支援。中央日報出版圖書近百種，出版和印製過程

都順暢無阻，且常有一版又一版的數萬冊的長版圖書。其中最是驚人之舉，可說是民國六十一年四月出版的「小市民心聲」一書。四月十三日下午發稿，十六日下午開始發售，讀者天天擠爆門市，批售和郵購更是無暇照顧週全，能拖延者就緩幾天。當時的我，渾身是勁，在報社工作幾年所累積的印刷廠和裝訂廠的人脈關係，都派上用場。大的印刷廠，像國防部印刷廠，有印刷和裝訂華視周刊的一貫的作業生產線，有多天在夜裡為本報加班，頭天向副廠長說定，第二天一早就可提貨一萬本。小的九如印刷廠的幾台印刷機，也是日夜不停的印，再送到東亞裝訂廠出書，每天有多少本，就送報社多少本，應付報社如潮水般的爭購人潮，就連本報手動的圓盤機房的龐家順，也都強力加班趕印封面，能趕多少是多少。服務組的同仁個個忙得人仰馬翻。在這段時間，我則日夜奔波，白天往返報社和各印刷廠，夜間仍要到印刷廠和裝訂房給工人加油打氣，半個月下來，竟趕印出來二十五萬本。

這本書一下子發行了三十餘萬本，造成出版界的奇蹟，也造就社會的轟動。由於報社的信譽是個金字招牌，萬無一失，還有是服務組同仁，個個正規正舉，又廉潔，廠商對本報從無懷疑，幾十萬本書都銷售一空，本報尚未支付任何費用。其中最大項目是紙張的錢，至於印工和裝訂，也無人催討。中央日報對這項區區數百萬元收益看不上眼，每月的廣告和發行收入才是控管目標。但苦難出身的我，總是認為圖書出版是報社很有可為的一塊天地。後來雖有出版部的成立，但仍脫不了老的窠臼經營，未見大規模的成效。在報社二、三十年期間，在我心中老是一塊不能釋懷的事情，感到可惜。

有兩件大事要提，一是這本書的作者筆名孤影，就我所知，他本名敏洪奎，有新疆地域血統，台大畢業，作貿易工作。在本報副刊四月四日至九日，一連六天刊出他的「一個小市民的心聲」，他下筆如行雲流水，以事證配合論證，對當下時弊，不溫

不火的娓娓道來，吐盡沈默大眾心中積愫，很快的引起普遍社會快速反應，影響深遠。但是作者本人並不願意出名，要執著的做一個無聲無聞的小市民，報社曾花了很大的力量，要識盧山真面目。但作者對版稅和稿費也都捨棄，就是避不見面，函請本報代捐給台灣大學作獎學金，二十多萬元是經我手送交給該校訓導長。

可能報社和中央都求才若渴，結果有位蒙古籍的本報同仁，筆名姓唐，竟冒名頂替，見了社長和董事長，報告他就是孤影。還好不久假的就被拆穿，這位同仁雖有才氣，後來仍舊被請走，很是可惜。事過一年多，我才知道孤影是我的熟人，他也和我同在復興中學任教過，並常和我一起搭公路局班車自臺北回家，他和我都住在北投。他自己告訴我，他是孤影時，我還不相信。直到他應邀到報社，參加研討會，經楚社長在會中介紹，我才相信。

另一件事是這本書頁數不多，很容易盜印，由於我整天跑印刷廠和裝訂房，這些工廠又都集中在萬華區一帶，主要是這老社區人口多、交通便捷，適合這行業。有天在一家熟的裝訂房，老闆告知我，隔條街有家印刷廠在盜印，報社處理這件事太方便了，易家駛總經理拿起電話請大華晚報的兼差的陳一敏兄協助，他常在大華寫有關警察的社會小專欄，很方便的找到北市警刑大隊的偵七隊王棟隊長，派兩個刑警陪著我和報社幾位支援同仁，包括張體炎、劉必逢、王明禮和劉準，到現場就一舉人贓俱獲，並由搭乘的報社廂型車，將盜印的印刷鉛版和印好的紙張都搬回報社，放在會議室。並將盜印事件在報紙上披露，以戢止效尤，同時對警方協助給予肯定。

但是盜印書的內頁不能在會議室堆放太久，會議室要常開會，幾經考慮就送到裝訂房，配上封面，就正式製成一萬多本書，也為報社增加一點收入。但事情還未了，這件事屬刑事案件，我

是生平第一次站在法庭上，審訊全程都是站在法官面前，接受法官詢問，或者聽被告申訴。我在法官面前站立很久，心理上總感到不是味，自己彆扭很久。還有一點小不舒服，這件事從始到終，都是我主導，因為向我密報盜印者，是我最熟的裝訂房老板，我不但直搗盜印者的老巢，連隔了幾家另一家盜印者，也誤打誤撞被我抓到了。我承受危險和壓力自然很大，但發獎金和記功時，都屬多位協辦同仁，我這主辦者可能是因屬本身業務，就在獎勵名單外，心理些許有失落感。我從未有不悅的臉色表現，這時我會找許多理由安慰自己，我歸責為長官的考慮，獎懲乃是報社的名器，不能氾濫過多。

十一、全心投入工作

　　社會服務組的工作很容易發揮，但要有成果表現，則有賴採訪同仁和編輯部的配合，要由本報的報導，才能發揮效果。所以推動業務時，我務必謙恭，將協調配合的作業做得好。有人參訪時，要請採訪組派員訪問和照相，辦活動的宣傳和報名，尤其活動的進行，和其對社會影響的擴大，更要在報紙的版面上報導來顯現。雖然這些工作都是報社本身工作，理應報導，但是編採部門，面對國內外眾多新聞的取捨，仍是有充分裁量權，相較之下，報社本身活動並無一般新聞的緊迫性。所以對編採同仁的聯繫和溝通，我是不敢怠慢。

　　在服務組有九年多的時間，很多特案多是我辦理，或是我投入很大的心力辦理，舉下列幾件事來說。

　　第一件　總統華誕特刊，是要隨報贈送讀者，每年都是件大工程，我從開始就參與，先向為　總統照相的胡崇賢先生，索取封面照片用稿，再往返北新公路，到新店中華彩印公司，完成　總統照片分色定稿。還有　蔣公生活照片內頁，用銅版紙印的。每張　總統蔣公的照片都馬虎不得，要打樣、修版、看藍圖，經過

主編、總經理和社長都要層層點頭才行。往返舟車不可計數，再將本報印就的文字內頁送到該公司。封面、內文和照片插頁等三者，都送交中華彩印公司，合訂為八開的彩色特刊。

為爭取特刊在　總統華誕當天送到中南部讀者手中，三、兩天前，常要求自己隨卡車到該公司，搬運回報社。十數萬冊如時發出，真如木蘭從軍一樣，要東拚西湊，城這邊買馬鞍，那邊買馬鞭，然後才能成事。主其事的薛心鎔總編輯，是在其任資料室任主任時，不但要發稿編審，還要協調廣告和印製流程管控，薛老不苟言笑，有其威嚴，常化複雜為簡單，令人敬佩。

但有時華主任為了給報社省錢，或是中華彩印的裝訂工作線上，要定期製作台視周刊，所有的裝訂工作就要委由萬華的多家裝訂房，用手工裝訂。這時真要花工夫，且要有經驗和體力，東一家、西一家的跑，不停的調度內頁和封面，增減各家裝訂冊數。為搶時間，卡車和小貨車忙個不停。看著紙張和成品堆在那裡，要我不幫著搬也難。這時我雖年輕，但事後腰痠背痛，我還是會唉唉的叫。

第二件事是　總統文告，對我也是辛苦差事，每年的青年節、雙十國慶和元旦，　總統都要發表文告，當天都會在各大報刊出。可是當天總統府內的中樞紀念會，參加的有五院院長、黨政要員、中央民代首要、三軍將領，所手持的一份文告，是由中央日報負責提供，在頭天午夜趕印出來的。作業程序分兩部分，先是圖案設計，完成用紙的花邊印刷；其次是在文告發表的前一天下午或晚上，等候官邸文字定稿和取稿，然後再由本報排版和校對，在凌晨送報社外面的印刷廠，印刷在有花邊的紙上，這是因為本報沒有小的印刷機。最後是將二千多份精印的文告，在天亮時分，送達士林官邸。

其中圖案設計是要經中央黨部的秦孝儀副秘書長審核，所以本報最早是找最有名的清華廣告公司設計，該公司當時位在民生

西路，有一年的國慶碰上颱風，我去取稿時，那一帶積水及腰，我在風雨中，強將設計稿取回，當時熱血沸騰，對　總統蔣公敬愛無比，做這件事有光榮感，真正無怨無悔。但身中風寒，要經很多時日才能復原，我仍然未對長官有所申述。這項文告工作雖小，但每個環節，都要膽大心細，首先是花邊的圖案設計，看似簡單，可是當年的彩色分色都賴手工作業，很難盡如人意，中間換了多次人手。

最後找到國防部印刷廠的林抱道副廠長，由他設計、打樣和送審，他一手包辦，省了報社很多事。一方面是因國防部印刷廠，承作有很多總統府和官邸的文書印刷，他可直通秦副秘書長，另方面國防部印刷廠有人力和車輛，調度起來方便。文告的用紙和彩色花邊印刷，本報委他全責辦理，本報只付他設計稿費，免去許多不便。可是文告的內文等稿、發排和校對，仍要本報作業，通常是午夜時分，再將完成的鉛字版搬運到國防部印刷廠付印，過程必須小心翼翼，不容有任何差錯。

每當國慶、元旦和青年節的凌晨，我都抱著銅版紙精印的二千多份的總統文告，送到士林的總統官邸。臺北的星晨，格外清新，走在官邸的兩排高大的椰樹中間，長約百尺的路，特別冗長。值班室的人，早就等著我的到來，他也要趕在中樞紀念會前，呈奉秘書作業人員作最後審查。我則在送交完成後直接回家，但要守著電視，直到電視新聞播出中樞紀念會，看到會中文武百官手持我經辦的文告，我才能安然睡覺。現在已事隔多年，對官邸的夜間的崗哨，仍是大圓的布帽，長長的三八步槍，上著刺刀警衛，完全是日本陸軍的味道。在我的腦海中想起，我懷疑是老　總統數十年來對日本軍的裝備，還是懷舊不忘。

第三件事是勞軍報，服務組有位專人負責勞軍報和代收捐款，這位壽洪範老先生，是浙江人，在大陸就管理中央財務。我和他相處很久，他才勉強提起，三十八年政府撤退時，他押運整

架飛機的黃金來臺，感受到他的誠信。他經手的收款單據都每月裝訂成冊，並有報表，十數年前的捐款資料可隨時信手取來。做人和生活也都是有條不紊，人真如其名，壽長且健。退休很久，在百多家同仁所住的天母新村，給他歡度百年大壽後才過世。可是勞軍報的推動，是報社發行的一環，也是本報深入軍營和提高軍中士氣的一大特色。勞軍報要發動各縣市的記者同仁，向各機關、學校和社團勸募，所有文書往來和獎金，以及記功嘉獎作業，我又擔負很多事務。就因為這項工作，我和外縣市記者有接觸的機會。在後來我調任發行主管時，得到外縣市的同仁很多配合。

第四件事是讀者捐款，關於讀者捐款，壽老負責金錢的代收，但是捐款新聞的發布，不但要徵信社會，表示本報確實收到，且保證捐款專用，一定會送達受捐者。同時也會鼓勵社會人士群起仿傚，多做些寒冬送暖有益的事。所以捐款新聞的發佈不能或缺，小額的捐款由我彙集整理，一筆一筆的列出，以新聞方式刊在報紙上。有學校和社團的大項捐款，我會提報，由社長或總經理代表接受，並安排記者同時來採訪和照相，以大的新聞加以報導。臺北市幾個私立小學，有復興小學、靜心小學等和幼稚園，常有全校各類的愛心捐款，送交本報代轉，小朋友的代表捐款照片刊出在報端上，他們是很興奮。每當天然災難發生，颱風過後，或是貧困家庭傳出社會，社會捐助就會增多，經過本報報導有人捐款後，捐款的人會更多。

我服務報社期間，有兩項大的捐款，掀起社會風潮，一是楊傳廣和紀政兩位世運得牌者，發起一人一元捐款，以振興體育；另是民國六十年，我國在中共打壓下，聯合國大會通過二七五八號排我案，舉國上下群情激憤，先是聯合報有讀者捐款購買愛國軍備，但本報公信力強，所代收的愛國軍備捐款，後來居上，遠超過聯合報。我第一次向上解交愛國軍購捐款是一千二百多萬，拿著支票送到台灣銀行，存入財政部特定基金專戶，以當時物價

來看，真不是個小數字，易家馭總經理還特別關照，要我送支票時小心，別出差錯。

十二、最得意之作

　　還有兩件事要說說，一件是大專聯考和北市高中查榜，一是讀者意見調查，前者是要找工讀生二十多位支援，工作包括到聯招會取榜單、貼榜單和接受電話查榜，這是一系列的籌劃分工工作。最要緊的是爭取時間，考生家長心急如焚，在升學壓力比現今更強的時代，因為當時大學和高中的數目，遠不及現今這麼多。有一年跑文教的記者胡有瑞，是位嬌小女性，擔心搶不過他人，採訪組特請人高馬大的李旼記者支援。其次是工讀同學的禮貌，同學面對本報為讀者，服務禮貌和服務熱誠很重要，很多優秀同學後來被報社聘用，像毛嘉彬、劉必逢、蕭海山，成為報社的中堅。周嘉川和林淑蘭政大新聞系畢業，到本報實習時也曾參加查榜服務。我在查榜工作上，又是一切全攬，社內和社外聯繫，工讀同學的率領，榜單的張貼，電話線路的安排，直到放榜第二天早上，才能打道回家。有時還要發一份查榜有關的新聞，表示本報對讀者的認真服務。

　　本報的讀者意見調查，是我個人得意的一件事，本報在六十二年元月中，將意見調查表在報紙上刊出，主要內容是徵詢讀者對本報版面和專刊的喜愛與建議，同時對全省各縣市收報情況作全面了解。問卷的設計是項專業，經過審慎的過程作業，總編輯和總經理都親自參與，當時在新聞同業中少見，是件親近讀者大事。可是數萬件調查表回收後，統計和整理要花費很大的功夫，尤其那時還沒有電腦，全要由原子筆和算盤，每一百份、一百份的核算登記，再相加起來。這件事很自然的落在我頭上，在人手不足的情況下，只有相求自己的太太，內人宋一梅在北市十信商

工職校，任教會計，且兼社團輔導，未行文該校，就派來三十多位成績好的同學支援。

十信同學花了十幾天才整理出各項的數目，其中過程是先拆開整理，經過以一百份為基本計算單位，再一一核算，同學中有心算能力者，又分配為小組長，由六個小組長以心算統計數字，以爭取時間，再交由我親自做總核算。我親自總核算的目的，是因當時的報紙同業競爭激烈，各自吹噓不實的發行數字，我當然不便讓同學知道本報發行數字，讓本報受到傷害。

我得意的事情，這件有關報社未來發展主要參考的依據，都是我個人在經理部同仁全都下班後，自己一個人默默的斟酌本報的對外的發行量，將問卷各項具體的數字，乘以一個系數，沒經過主任過目，也未徵求總經理和任何長官的意見，我就發了新聞稿，第二天在本報大大的刊出。各項問卷題目，得到讀者反應的百分比，讀者對本報各種專刊和言論專欄的權威性和喜愛程度，都有明確的表達。

我得意之作，新聞發表後，事過多天，唯有總編輯薛心鎔先生，就我寫的新聞內容和數據作一分析專論，並配有圖表，算是報社對這件事的肯定。另外，在台北市羅斯福路一家電腦公司，叫中華電腦，千方百計的要想和本報合作，就本報的問卷，作交叉分析。經我委婉回絕。薛總編輯在事隔三十年後，曾將他的退休後的大作「編輯檯上」送我一本，並當面對我曾在經理部的表現給與很大的讚許，我想可能和我膽大心細處事有關。

我在社會服務組工作近九年，是報社和黨國輝煌時代，報社聲譽正隆，國家又逢蔣經國先生任行政院長，推動國家十大建設，我秉持忠黨愛國的心，全心全意的投入工作，報社各種讀者服務，都能得到讀者的正面回響，有客觀的成功條件。我工作一方面要面對才華出類拔萃的同仁，要慎言慎行虛心求教，另方面是同單位多位是老前輩，再碰上前後兩主任在關鍵時刻，又生病

和常請假，事到臨頭我必須要全力以赴，單位內該做的事，我必須策劃和推動，偶有不如上級主管的期望，也都會包容我的缺失。

我就這樣懵懵懂懂的工作，在六十三年十一月調任國際航空版的經理。

十三、興建天母新村

在我被調為國際版經理前，我還為社內同仁做了件大事，興建天母同仁宿舍。楚崧秋先生在六十一年就任本報社長，很關心同仁住的問題，決定改建老舊的天母宿舍，要將原有破爛不堪的平房，改建成四樓公寓，容納更多同仁有房可住，並協助同仁貸款，價購土地和自建房舍，徹底解決同仁住的問題。楚社長對同仁的關愛，在他離職二、三十年後，仍得到同仁的感念。改建宿舍先是疏導原住戶同意參加合建，並讓出土地。由於報社的誠意，二十多戶竟無償的同意搬遷。六十二年四月起，報社辦理同仁參加登記。

同仁登記參建者有一百二十五位，但立即遇到困難，一是要向臺北縣政府購地，再將土地轉售給同仁，因為天母土地是本報向臺北縣政府租的；二是民國六十年代初期，正逢世界能源危機，所有銀行都緊縮銀根，拒絕貸款。結果我又被任命為興建委員會的副總幹事，總幹事是艾越新副總經理。在報社全力支持和編輯部同仁發揮影響力下，我勤跑縣政府和十數家銀行，經過努力多月後，終於在六十二年十二月，本報以每坪三千六百四十元價格，購得用地一千一百多坪土地，並於六十三年一月順利轉讓給同仁，貸款也在同年三月得到土地銀行的同意。

在近一整年，進行全無把握期間，部分同仁陸續退出，結果只剩六十七家。四月舉行參建同仁興建大會，表決通過委由建築師周戀民設計，並由大家公推財務、行政、和工程三組負責同仁，大家齊力要把房舍蓋好。董元生、謝開傑、盧郁斐、劉道生、李

涼諸先生都參與各組工作，費盡心力。還有報社老同事，任職中央考紀會的劉志達，也是政大學長，竟熱心相助，陪同我拜會台北市銀行、臺灣銀行和土地銀行董事長和總經理等相關人員，接洽貸款。臺北縣記者曹超賢，從拜託縣長到地政處長和課長，將用地合法售與本報，其中還得協調縣議會通過，居功厥偉。六十三年十月二日同仁宿舍終於動工，由曹聖芬董事長主持破土典禮，在同仁經過實際走訪臺北縣市七家營造公司和工地，最後擇定由有財力雄厚的保證人的永固營造公司承建。

七十二家的新村在六十四年八月取得使用執照，在原始參加六十七家選擇房舍後，所餘五棟再由報社公布，請新的同仁參加。我有繁重本身工作，又負擔沈重的興建的任務，真是勞力又勞心，跑銀行一再鍥而不捨，費盡唇舌和心力，雖是報社有很大的影響力，我想各銀行的董事長和總經理，可能對我常常拜會不堪其擾。其中土地銀行的經理、副理和課長，對我的頻頻造訪，加上他們多是政大學長，博得他們的同情，貸款在千辛萬苦中得到解決。

此外，預購鋼筋和水泥，以保證造價不會超過同仁預定負擔。申請建築線曠日廢時，因為本報同仁所購土地和都市計畫圖有部分差距。都在艾越新總幹事的運籌帷幄下，得到妥善的辦理。其中買鋼筋還是打著楚社長名號和經濟部的關係，跑到三重的一家大鋼鐵公司付現款預購的。當然到三重舟車奔波都是副總幹事我的事。至於和北市測量大隊一起在天母量建築線，一測再測，測量的人就是不敢負責，經過一個多月糾纏，風吹日曬和交涉，建築線才核下來。釘建築線跑腿和費心，又是我責無旁貸。

當然也有苦盡甘來的時候，在房屋建築完成，向工務局申請使用執照時，前來審查的人，推開計程車門下來，一腳還踩在車上，瞄了一眼房子，執照就發下來了。事實上新村第一排房屋前面的圍牆，全是建築圖沒有的違建，還有超高的水塔，遠遠一看

就知是大違建。所以來審查的人，乾脆意思一下，人到了就算審過了，真不知那位記者同仁，又和市府先打過招呼。

在我東奔西跑的過程中，建築師和建商是我屬意的，鋼筋和水泥是我接洽採購的，我自許要廉潔自愛，絕不允有任何個人圖利。這麼大的工程下來，我只收到建築師周懋民的一支原字筆，因他是我師大附中高我一屆的學長，還是以他爸爸名義送我的，才勉強收下。做好事有好報，我是在北投區有很好住房，銀行的貸款還在負擔中，就因擔任了興建委員會的副總幹事，自己在猶豫不決的情況下，參加了合建。這第二棟房屋，變成我的強迫儲蓄，不但使我有能力供三個女兒讀書和國外留學，甚至退休後，生活有多一層的保障。

在六十四年一月的社刊，有一篇題目是「報佳音」，對合建進行有很平實的報導，原本有關合建的事，都由我在社刊中執筆，我都是將功勞歸給長官和編輯部同仁，從不提自己的辛苦，甚至文章都用筆名投稿。可是這篇由一位筆名「隻螢」的文章，對我有部分描述，我認為好人還是不寂寞。他是這樣寫的：「艾副理越新及現任航空版王經理福勝，同時被推為總幹事及副總幹事，天母宿舍──說一句絕不過份的話，如果不是總幹事及副總幹事的精明強幹，可能到今天仍然是一件僅有計畫而不能付諸實施的方案。艾總幹事經驗常識均都超人一等。整個工程設計方面的審閱，召開各項協調會議所提出的見解，甚至對工程進度一釘一卯都在其設想籌劃中，王副總幹事真不愧學外交的高材生，折衝樽組無往不利，縣市政府、代書，察看事績，打探造價行情，奔波勞瘁，總幹事及副總幹事對興建工作的貢獻實在是厥功甚偉，同仁莫不額手感慶所選得人，對二位的辛勞我們只有由衷的感戴」。

第三節　爭取中央補助款

六十三年九月國際版的經理何維量先生，私下邀我準備接任他職務，他要移民美國，我還未考慮好時，十一月一日接到人事命令走馬上任。國際航空版的發行是針對海外僑胞，是國家對海外文宣重要媒介，也是團結僑胞和增加海外對祖國向心力的有效利器。讀者遍布世界每個角落，其中以留學生和海外學人佔大部分。讀者身在海外，天天收到一份中央日報，了解國內動向，溫情好比每天收到一封家書。我因為從小流浪，深知這份報紙所傳遞的溫情，對海外讀者的重要，所以格外的努力維護，要盡最大的力量，滿足讀者的需要。

兩萬多份訂戶，只有五分之一是有價報，由讀者自己出資訂閱的。大部份讀者或外國圖書館，則是由本報向中央申請補助款，主要用以貼補龐大郵費的開支。原因是留學生對每年二千餘元郵費多無能為力，這項郵費等於每天寄一件國際航空信的錢。我最大的責任是如何有效的反應留學生的需要，要讓國內黨政人士了解，並說明可以藉由本報國際版的新聞，彰顯海外國人對祖國的向心力。

一、勤跑海工會和僑委會

我勤跑僑委會和中央海外工作會，目的是建立與政府間良好的管道，爭取預算時，有良好的助力。前者有華僑通訊社，與本報國際版有唇齒相依的往來關係。該通訊社的稿件，由本報國際版刊出，才有宣達海外華僑的成果，藉由華僑通訊社的總編輯張徽貞，她是資深記者出身，上通僑委會委員長和各處長，很方便有效。六十五年歸國參加國慶慶典的華僑有三萬多人，盛況空前。十月十日總統府前國慶大典後，僑團移師高雄和臺南，參觀陸軍和空軍的操演，兩梯次各有三百多部遊覽車真是壯觀。為了

接近和了解海外讀者，以及訂戶對國際版的真實反應，我希望隨團觀察，張徽貞拉著我見了三處的徐處長，馬上就將參加證和舟車、食宿安排好。所以在僑委會方面，我聯繫管道很是暢通。

　　至於後者，中央海工會也因爭取海外華僑的向心，與本報國際版目標一致，本報國際版發揮效果和成績越好，或是越有好的表現，也是海工會績效的表現。尤其留學生對國家的嚮往最為重要，所以對本報國際版爭取經費擴大海外發行，中央海工會是全力配合。海工會第六室的總幹事陳德規先生，對本報向教育部爭取國家預算，不但透過政黨機制，照本報請求爭取，還在各項會報中多有美言。陳總幹事福建人，和菲律賓僑界關係匪淺，對當地僑社有極大的影響力。國家慶典菲律賓僑胞反應最為熱烈，他的平日服務僑社與誠信不無關係。我的觀感，他的作風與僑委會給人留下印象是截然不同，僑委會總給人有一種言而不實感覺。所以他對本報國際版的支持，由於他的風骨和擔當，得到許多正面助力。我個人對他的敬重，已非一般公事的交往，在他生病住院時，我曾多次探望，他對我也格外親切，所以海工會常為本報國際版彰言，已是司空見怪不怪。

二、逕向汪錕副局長稟報

　　但是民國六十三年正是蔣經國先生任行政院長，推動十大建設，中鋼、中船、高速公路和中正機場，國家各項建設都需款孔急，若要在其他項下，增加國家的預算，談何容易。可是我對楚社長這位長官的要求，不但了解而且一定要全力以赴。因為我在服務組辦理先總統華誕萬人登山活動時，就知道楚社長對業務推展，很有魄力。他要求祝壽登山活動，第一年增加為兩萬人，第二年增為五萬人。我負責交通和獎品、紀念章的作業，真要有勇往直前的氣魄，才能承擔。我當時很是感受到職務上的重大壓力，因為交通車輛和獎品數量的籌劃，不能空口白話，要立竿見

影，不能虛晃一招。在我一接國際版經理，楚社長就在業務會議中，明示國際版每年要向有關單位要求增加贈報一千份。向中央爭取增加預算，就成為我工作的指標。

僑委會和海工會都是助力單位，真要編列國家預算的主宰大權仍在行政院的主計處。主計處侯門深似海，要經過登記才能拜會，承辦的人員跟本不願見面。我唯一交涉管道，經原任何維量經理介紹，認識的是范課長，但沒多久他就退休了。在無可奈的情況下，只有向上發展，透過多位鄉親長輩，才拜會到副主計長汪錕先生。但走進辦公室，經過承辦人的前面，還被問道來幹什麼，毫不客氣。並說十大建設國家無款可籌，我真是見官小三級。但我仍耐著性子告之，國家不能海內外同心協力，建設何用；甚至表示國家不保，將一無所有。汪錕先生倒是基於大局的考量，接受我的請求。六十五年的增加預算成功了，這是六十四年下半年努力有了結果。至於立法院，因為有河北鄉長的愛護，像是吉佑民、李荷、李曜林和吳延環各委員，分別在法制委員會和教育委員會支持。全院審議預算前，我都請求給予關注。

三、第三年未增加預算調職

六十五年辦理六十六年預算時，我又見了汪錕副主計長，我未開口，他就說還要增加一千份嗎？我又陳述海外歸心，有光輝十月數萬華僑的參與，國際版宣導有很大功效。六十六年的預算又爭取到了。可是汪先生所說「還要增加一千份嗎」，這句話似乎有應適可而止的意味，但我並未認真的思考和確認，所以第三年，六十七年立法院通過預算後，發現國際版的預算仍照上年編列，爭取第三年增加預算未能成功。雖然長官了解我在努力，但我個人深責自己有愧職守。所以六十七年有機會調我任發行組長，我認為應是該換工作時候。在我還在得失考慮未定時，三月初人事命令就定案了，我離開三年半的經理職務。

接我者是國際版的記者李在敬，他到任後大展雄才，不但保持郵費預算，還爭取到紙張和人事費用，在廣告方面也有耳目一新的發展。當然預算和潘煥昆任社長有關，潘社長外文造詣深厚，在日本東京任職遠東生產力中心，就與行政院長孫運璿，當時任經濟部長，時有往來接觸，深受信賴，孫部長在國外會議英語致詞多出自潘社長手筆。李在敬竟能建議潘社長直接電請孫運璿院長協助，他在風雲際會中掌握了時機。他的才氣確是高人一等，以後做過廣告組長、主任秘書，還兼任研考室主任，是我退休前數年的頂頭上司。他退休後為楚社長幫忙，楚先生任專欄作家協會的理事長，他任秘書。還安排我隨團到金門訪問，也隨團到北京參加座談和到陝西拜黃帝陵。在北京的座談會上，我特別和人民日報的海外版的總編輯握手。內心多有感觸，竟和昔日的競爭對手有若好友。

四、矢力推廣國際版發行

我任國際版經理三年半，負責廣告和發行兩種重要業務，很有經營小型報紙的模式，當時我就以臺北的英文中國郵報為依據。該報的規模和性質，很類似國際版，我參考該報的做法，在自己的報紙上刊出「訂閱中央日報咫尺天涯」、「訂閱中央日報家書抵萬金」、「中央日報化天涯若毗鄰」各種小欄的廣告，都刊在新聞版面上。我親自參加觀光協會大會，並發送訂閱單。各縣市留學生家長座談會，我也不顧舟車勞頓前往參加。我還聯絡各駐國外使領館的政大同學支持，因為政大外交系的同班和前後期的同學，遍佈在世界五大洲各國，都是各使館的中堅。像外交部紐約代表處的朱建一代表，已經收到我寄送的報紙，吉隆坡副總領事蕭萬長，南非的杜稜和其他同學，也在逐步加強聯繫。我總是要設法突破國際版現有的發行現況，一步一腳印的努力。我

將行政院新聞局在世界各國重要城市的光華書局，一一在本報刊出，包括電話和地址，華僑和留學生都可委託代訂本報。

有中國人的地方就有中央日報，甚至莫斯科的俄羅斯外交部都訂有一份，宣傳的力量無遠弗屆。但是發行推廣因應時空的阻隔，總有耕耘成效不能立竿見影的感慨，要想增加發行真不容易。留學生贈報是最有效的辦法，教育部國際文教處提供各國留學生名單給本報，費用由中央海工會透過黨政協商，由教育部編列政府預算，再撥給中央日報。當時教育部國際文教處長是李鍾桂，是政大前一屆的外交系同學，對這項預算全力支持，承辦的周鑫炎委員更是熱心，不僅專案呈報，還帶著我到教育部相關處室拜會，目標是請求教育部的會計長如數編列。

在國家財政緊縮的情況，儘管我使出渾身解數，政府預算對本報國際版能夠逐年增加，成功的基本因素，仍是本報品質和格調真能符合海外讀者的需要。本報的內容，不但言論能為國家和讀者的喉舌，中副更受得到海外讀者喜愛。在返國的僑胞和留學生，或是來信，或是他們在報章雜誌上的文章，無不讚許本報是他們在海外最大的精神和生活的依靠。我認為本報能爭取到中央預算，應歸功報社大家的努力。

事實上，中央日報國際版在民國五十一年的檔案中，我看到曹聖芬社長親筆函財政部李國鼎先生，曹社長非常誠懇的以晚輩自居，請求李先生安排所屬各國營事業單位出資，為各事業所屬員工在海外求學子弟訂閱本報，後來變成各國營事業每年固定的預算，等到有了中央預算後，本報才謝絕了各單位的挹注。所以本報國際版開辦之初，也是經過一段艱辛的路程。

五、國內外形勢影響業績

至於廣告業務，因為版面篇幅有限，在政策上不能刊大幅商業廣告，每天只刊出四批高全欄廣告，以旅行社機票廣告為主，

偶而也有徵才和結婚廣告刊出，平常都由課長王錫金處理，她帳目清楚，無任何呆帳，不需費神策劃。但有臺灣水泥和嘉新水泥兩公司，每年都編有全年廣告預算給本報國際版，我每年都要禮貌拜會和書信請求。

國際版在青年節、雙十節和元旦都會出慶祝特刊，增加發行一大張，這時我就比較辛苦，因為經理要負責拉兩整版的廣告。去求人要廣告，我真沒經驗，也不好意思開口，最懶惰的辦法是找到過去特刊，凡是刊登過廣告的公司，再去拜訪一次，結果是經理出面，很少碰壁。有時候也會開發新的客戶，目的在將整版廣告填滿。廣告不好作，但是有兩成佣金，所以任國際版經理也不無好處。廣告佣金讓我有錢，辦一些同仁聯誼活動，諸如郊遊、烤肉、舞會，使上班的情緒高升一些，同仁別只緊繃在辦公室。

任職國際版經理期間，遇有幾件大事，國家十大建設、先總統 蔣公病逝、越南淪陷、文革十年結束，國際版的發行和預算都得小心因應。十大建設成效卓著，大為提昇國力，但會壓縮預算的爭取空間。 蔣公的過世，海內外同悲，顯現國人的團結和同仇敵愾的強大意志，對國際版有正面的影響。文革十年結束，大陸立即擴大人民日報的海外版發行，分別在香港、東京、巴黎、舊金山和紐約成立發行中心，並在海外直接印刷，氣勢凌人。當時感受壓力無窮，還好其內容多生產數字的宣導八股，未能對我留學生和僑胞產生離心離德效果。至於越戰結束，國際版在西貢和越南全境的報份全部流失，為數近千份，有實質的損失。

六、趙廷俊主任惠我良多

大眾媒體是智慧的結晶，優質的媒體一定有一等的人才，中央日報的一級主管，真是才智超人一等，我在服務組時，總經理易家駬出身掃蕩報，任記者和採訪主任，行事雖有點霸道，但才氣橫溢，在他領導下，我經辦的各項活動，都得到讀者熱烈的反

應和回饋，他對我也是愛護有加，幾年就從助理員，將我提升為副主任，是報社最年輕的副主任。將我調升國際版經理，是國際版主任趙廷俊先生，趙廷老任報社總編輯八年之久，後任副總主筆，又任總經理和出版部主任，身兼三職，又任副社長和中華日報社長，廷老總是無怨無悔的付出，但他真是有獨到領導才氣。

我到任的第一年，審計部第三廳派員來報社，檢查國際版的預算使用情況，當天徐壽崧課長有事請假，我初來乍到，真有點手足無措，幸虧趙主任將留學生對本報的反應，本報海外發行困難的克服，四海歸心光輝十月的報導，以及僑委會等單位對國際版的感謝，作成數千字的簡報，交我照本宣科。審計部憑此簡報，對本報預算的使用給予很好的評鑑。我是感謝他，在我無助時，給我最佳的支持和指導。人貴得到知己，三十年後，他退休在國史館編考二十四孝時，河北鄉長吳廷環立法委員與他共事，廷老竟為我謀求升任研考室的主任，親自擬信以吳委員簽名，並由他任職在中視夫人王美華代為打印，寫信中央文工會簡漢生主任。雖事未成，但我的感謝永記在心。

第四節　發行組日夜操勞

民國六十七年三月一日，我被發表為報社的發行組長，出掌報社的最前線的單位，日夜要和三百多個分銷處所為伍，負責報社整個發行網。這時趙廷老任總經理，他特別將何維量先生從美國請回來，有意讓他任廣告組長。廷老是想我任他的發行組長，在結構上成為他的另一隻手，在發行方面能有所突破。可是六十七年三月報社組織有了變化，吳俊才先生接任本報社長，他很快就請吳士民先生接任廣告組長，因此這個結構就破了局。可是發行組長我還是幹定了，我這種埋頭苦幹型的風範，新社長尚能接受。在我尚未對發行組的內部稍有了解和有所調整，馬上承受很

大的任務交付，發行要大幅成長。還好當時組內人才濟濟，組內分直營和分銷兩個課，直營課張體炎和劉必逢，分銷課的孫繼遜、王勁軍、劉冠民、斯普理、康少麟，個個是發行能手，在經驗和人脈上都有推廣發行的潛力。

一、增加發行攻勢頻頻出擊

　　當時報業競爭白熱化，本報對政府和黨仍以發言人地位自居，在言論、新聞都走社會清流路線，對商業廣告和分類廣告都要審核，不能有色情和欺詐。但就發行來講，本報曲高和寡，要求品質，發行與其他報紙競爭時，往往要事倍功半。面對兩家民營大報都自稱已破百萬份，所以報社上下要急急振作。在我還根本沒有思考空間，就全身投入發行的戰場。各種推廣計畫，相繼啟動。獎勵外埠營業處所增加報份、獎勵同仁推動發行，招募推銷員組隊全島推廣，組織大專同學暑假推廣隊全島服務，一波接一波。發行組全員動員，直營課的人力也要投入全省督導。

　　我和同仁在熱線上打拼時，我心內要核算報社的負擔，同時考慮推廣的成果。因為發行競爭劇烈，每份推廣報紙的花費，報社的支出都超過每月訂報報費。換言之，每增加一份報紙的發行，報社就要多賠一份。還好這年報社的廣告收入出奇的好。孫繼遜曾和我說，每當報社主管更換，都會在發行方面大力推廣，但就像一瓶水，搖晃一陣動盪高漲，過一段時就會回歸平靜，恢復原狀。我也認為報紙正常的成長，才是真實的成長，所以我仍重視各分銷單位逐年成長，要求本報在各縣市和鄉鎮的營業處所，依照與本報所簽代理合約，在承諾每月銷售報份上，全年必須增加一定的百分比的報份。當然會就不同城區發展，有不同的百分比，達成者有獎勵，不佳者則本報保留續約權。我的要求是發行要腳踏實地的成長。

二、分銷單位內外一體共存榮

在發行組我有一個概念，就是外埠分銷單位要加強輔導，年老的應由新手接棒，培養所有發行分銷單位有推廣的能力，還能有承攬廣告的技巧和傳遞稿件設備。要做到分銷單位和報社化為一體，基本觀念是報社要發展成長，一定要每個分銷單位都賺錢。但這方面我並未能有效的使報社採取配合措施。我曾要給各分銷單位裝電話，樹立中央日報營業處的大招牌，甚至解決分銷單位房舍問題，都不了了之。談到花錢總感到不能和其他兩報相比，如在夏天給送報生兩件汗衫，印有中央日報字樣的圓領汗衫，或是給送報生送報袋，還有暑期同學推廣結束後的聚餐，都不能得到款項配合，我只得體念報社財力有限。

像聯合報每年的社慶，就會發給分銷單位獎金，主要是成長獎金，中型鄉鎮單位會有四十多萬，中時也有類似大額獎勵，中時還有一項超友報獎金，超過聯合報就給獎金。在很多地方的分銷單位，有同時兼辦兩報或三報，在本報獎助稍遜的情況下，成長自然受到負面影響。但我仍盡我的力量，視分銷單位為伙伴和好友，給與援手和支持，像南投營業處的房舍，我就請當地記者向縣府洽請配售；彰化田中辦事處有司法訟訴，我就找法務部與本報合辦法律常識測驗的書記官研商對策。

三、吳社長七大專刊帶動發行

吳俊才任社長，在版面上推出七大專刊，包括「文史」、「主流」、「讀書」、「健康」、「旅遊」、「法紀」和「生活」，每日一刊。吳社長指示，專刊要廣告和發行配合，其中主流專刊是在闡述三民主義和國民黨對黨員的提示，具體的目的是報社要推動辦理國民黨小組長報，增加發行，吳社長自己邀請各專業黨部書記長，請自籌經費提供所屬小組長訂閱本報。公路、鐵路、

郵政和航海黨部都有口頭的承諾，配合最好的是公路黨部，本報照單送報。至於臺灣省黨部所屬各縣市黨部和黃復興黨部，本報則花很長的時間交涉，黃復興黨部由張體炎全省走透透，到各縣市的分部，也取到上千份小組長的名單。

地方黨部在經費無著的清況下，本報只好要求各縣市黨部先提供各小組長名單。本報動員各縣市記者，向各黨部索取小組長名單。但進行的並不順利。結果只有臺中市黃癸淼主委和南投縣蔡鐘雄主委提供了名單，這兩位都是廷老和當地記者出面勉強要索才給的，後來高雄市的鄧根實記者也取得該市黨部的小組長名單。但三縣市和黃復興黨部的小組長的報紙，一直沒有發送。

在臺北方面，有五個固定推銷員，我將全省的二十多位推銷員，都集中臺北市推廣，有如逆水行舟，成果相對的和外縣市推銷相比，不符理想。推銷員來臺北的食宿費的開支也比較大，所以不能常在臺北辦理推銷員集中推銷。在吳社長的七大專刊提出後，有旅遊專刊可向各大觀光飯店推廣，我自認有推銷的本領，親自到北市林森南路的亞士都觀光飯店，直接向總經理洽談，拿到三十幾份訂單，也由王勁軍和孫繼遜伴同到富都觀光大飯店和希爾頓觀光大飯店，去拜會和推廣。

四、高速公路重組各報競爭網

民國六十七年，高速公路通車，各報在高速公路上競相奔馳，誰早到高雄，誰就掌握生存的制高點，大家捨棄數十年鐵路運報。發報課長蔡惠坤必須聯合新生、中華、青年日報和國語日報等報聯合租車，並重組運輸網。運報車速影響報紙的成長，本報又面臨一次考驗。我一連在辦公室椅子上，睡了很多個夜晚。每天清晨兩點前看著臺中和高雄的汽車開出，才可安心睡一睡。

發行組日夜辛苦，還要有很好的抗壓性，任何讀者或營業處電話進來，對本報有所指謫，或是要求減報，每天接兩通我還能

容忍，但若超過三通，我則會整日心情不佳。尤其我是每月有半數的日子，在外縣市到各處訪問和推廣，報社並無類似獎勵廣告佣金的貼補，開支增加很多，使我每有捉襟見肘的窘狀。一年過後，我檢討這個單位不適合我的個性。六十八年一月，吳社長調升為中央副秘書長，我面見他，表明我求去的心意。很快我就調到印務部任製印組長。一年的發行組長任期內，參與和了解報社大半運作，使我真感到是中央日報的一分子。

第六章　我愛大夜班

第一節　人員調整

在中央日報工作的第一階段，我是在社會服務組、國際版和發行組，自認無我無私，全心投入，將我個性和個人的長處，充分表現在工作上，感到驕傲，對報社也感到不無貢獻。六十八年我調任製印組長後，開始全屬專業性、技術性的工作。管理照相、分色、製版和印刷的工廠作業。工作重點，首要把握報紙的特性，要求快速並爭取時間，並重視提升報紙的印刷水準；隨著國際紙價大幅上漲，節約用料也成為工作上另一項要求。在印務部工作沒有業績的壓力，但是在夜間上班，日夜顛倒。每天早晨，我要等國際版印刷正常後，才能下班。是報社最後一個下班的主管。所以體力支出比較多，在寒流來襲的夜晚更為難過。但是我仍愛大夜班，不但少了業績的壓力，還可以在白天進修讀書，得到了碩士學位。

但初調印務部，就面臨人事的考驗，因為報社要淘汰鉛印印報機，原有機器上和周邊設備的人員都要離職。當然要先疏導年長和請假較多的員工退休，其中有數位早幾年在報社，就和我熟稔。讓人家沒有飯吃，是件很為難棘手的事。我首先宣達一項不成文的規定，全年請假過多者，一定考績丙等。沒想到這一宣布，竟讓幾位有請假習慣，年老同仁自動要求榮退。有人自動申請退休的例子一開，隨著就有其他同仁跟進。只兩位年紀較輕，可培養新技術者，轉調平版彩印機任職，十幾位鉛印技工退休問題迎

刃而解。其中最使我過意不去的是孫國璋和孫訓中兩人，他兩位是社會服務組副主任孫國裕的弟弟和侄兒，都是報社從南京一起撤退來臺報社的老人。我在服務組工作近十年，幾乎每年的農曆年前，都和他兩位，到孫府吃春酒。我將熟人親屬陷於困境，於心何忍。當然這件人事困擾能平安落幕，謝開傑主任主動約談和開導，是成功的很大關鍵。

製印組擁有能幹的技術的幹部，所以我把握流程，負起督導的責任，做到公允賞罰，就算善盡職責。技術方面的操作都交由幹部負責。但機器實際運作時，常有偶發狀況，我不但要努力防範未然，尤其要使機器不在出報生產過程中，發生故障。因此我要求定期保養檢查，但龐大的印報機和電子精密的照相製版設備，仍會狀況頻頻。在機器運轉中，遇有突發故障，我必須在現場作果決的處理，使出報不要延誤太久。有時報社的設備全部無法操作，如分色機只有一台，晒版設備也有限，若真不能運作時，我只有在深夜跑到社外求援。

最讓我不能釋懷和震驚的，即每隔一段時間，就會發生印報機房重傷害事件。工人的手多次被壓進機器裡，一次又一次的發生。每年我都會在夜晚跑醫院的急診室。高速印報機每小時出報五萬份以上，馬力強大，技工在調墨和裝版作業中，一不小心，手就會捲入滾筒中。受傷者多是皮肉撕開見骨，慘不忍睹。像天水路的徐外科，台大醫院和仁愛醫院的急診室，我都多次去看過不同的同仁。

印刷設備改善，版面美化要不斷提升，所以照相雷射分色和標題打字，機器要新購，技工要招聘或自行培養，是製印組長職責所在。報社添了新機器，我就要有人員操作，而且要立竿見影，馬上要有美好效果呈現。但技術的提升，絕不可能一蹴可及，唯有在不可能的情況尋求可行辦法來解決。報社花了一千多萬購買雷射分色機，就透過私下，不足為外人道的請託，請中時的蔡仲

榮在做完該報廣告分色，再趕來本報上第二個班，明知這樣用人於法不合。可是本報的彩色照片效果，立即提升，不遜任何同業；至於標題打字，也是從中華日報挖角莊耀祥，由熟手來操作新機器。

技工的管理和技術的提升很重要，印報機房安全也不容稍有差錯，我多是思考細節要求，至於如何有效執行和法令貫徹，則是有賴劉德勳主任的威嚴和明確指令。劉主任曾服務軍旅，從國安單位轉業本報，身高體健，思考細膩，講話條理分明。最令人佩服者，他能綜觀全局，對遷建機房大事能廣詢意見，求教專業，預籌多種版本計畫，對付未來可能的狀況。他都先預謀防範未然，長時間投下心力。所以在七十六年底，報紙解禁，本報原先只準備增張為四大張。可是面對同業競爭，一夕之間要增張為六大張，報社長官認為印務部從排字技工、拼版師父到印刷機器，都無能承擔，可是劉主任能邀到友報的廣告班員工，請他們在下班後，趕來支援本報的新聞班，從容不迫的達成不可能的任務。

在印務部服務十多年，天天與時間競賽，分秒必爭，每天都要站在拼版桌、晒版機和印報機旁，緊盯著作業，看著一份一份的報紙，嘎嘎的印送出去。但這十多年，正是報紙同業的戰國春秋時代，彼此競爭激烈，殺得滿眼血絲。各報相繼添購高速多張的印報機，並購買高效率的分色機。最後採用電腦排版和拼版，印報的科技和版面的美化，大幅快速提升。還好本報在火車站前的舊址，不敷報社擴展需要，由姚朋社長在中央常會中簡報，並由主席蔣經國先生親自核定，撥款四億新台幣供本報在八德路購地建新廈，增購一架可印四大張的海力士印報機。

我常想姚社長能基於社長職責，向中央提出搬遷計畫，而經國先生日理萬機，竟能明確的批准撥款，兩位真能洞察先機，預見國家和報業幾年後的走向。不愧天縱英才，具有真知卓見，我私下竊認為真是偉大。中央日報建廈和購機同時進行，新廈的地

下二層和三層中層挑空，是印報機房，地下一層是排字房和照相
製版房。對機器的置放和空間設計，以及紙張自動化上機的安排，
劉主任和我，參觀他報已有的設施，參考各國資訊，提出各種構
思，並和工程師一再推敲。行政室的周汝為主任，並到日本東京
考察各報現代化建築，終使本報新廈有最現代和自動化的機房。

第二節　赴美訓練

　　建新廈的同時，報社標購新的印報機，本來事情單純。怎料
到商人消息靈通，竟有七家國外代理印報機的廠商，透過各種關
係要來兜售，包括外交部轉來外國政府關切壓力，造成報社很多
困擾。為公平起見，報社邀中央考績會和文工會派員，共同公開
開標和議價，最後由美國海力士公司雀屏中選。我在七十五年五
月，帶著四位技術人員到美國的俄亥俄州芬雷市快訊報，接受新
機的技術轉移訓練，其中包括課長，及印刷和維修人員，為期一
個月。訓練期間每逢星期六、日，廠商都安排外埠旅遊。在訓練
期中，為了落實效果，我會一再把握時機，對四人要求反覆操練
和口頭考驗，並和廠商代表，以及指導的外籍老師，研究如何確
實將技術和操作更能熟練，期收事半功倍，乃因報社對新的印報
機寄與很大厚望。

　　結束在美國訓練，我曾在七十五年七月的社刊中，寫一篇報
告式的文章，抄錄在後：

迎接海力士·再添生力軍

印務部五位同仁赴美受訓

　　因應本報發展需要，在八德新廈工程進行的同時，本報印刷設
備更新也逐步進行，其中最重一項是採購新印報機。不但要能一次

印三大張有兩張彩色，甚至四大張有一張彩色，均不必套報，且要印刷水準有高層次的提升。報社於七十五年開標採購美國海力士八○○型一台，這種印刷機是屬於高精密商業印刷機，同業中時和聯合最近也相繼作同廠牌的採購。新機使用和保養技術轉移最為重要，本報於上月派我們印務部五人，到美國接受技術訓練。

由於新機技術訓練是件大事，攸關全局，我們五人深感責任重大，於五月十日踏上征途，行前承社長和兩位副社長賜宴，教我們如何使用西餐的刀叉和應注意的禮節，在座並有行政、人事主管和印務部劉德勳主任，「如何把握學習重點」成為當晚的重點話題，對我們在國外受訓真是獲益良多。

在美國受訓分兩階段，前者十三天，後者三天，由於中間安排一次拉斯維加斯旅遊，三地相距甚遠，都要搭飛機，往返花費很多時間，前者受訓加上往返時間為十五天，後者為五天，所以我們離開臺北前後廿五天中，有很多時間花費在搭飛機上。

受訓的第一站是芝加哥東方兩小時航程芬雷市（Find Lay）一家報社，名為快訊報（The Courier），該報在一九八○年買進海力士新機。我們在那兒受訓，就是白天拆他們的機器，晚上之前再裝回去，從壓力調整、滾筒拆裝、氣壓系統、油墨系統、給水系統、潤滑系統、到簡單維修，及調整版口、對色、切刀安裝，甚至於還學收工前如何清理，真是時不我予，短短十幾天要把整台機弄熟真不容易。尤其是環境逼人，這家報社只有一台印報機，天天要印報，好幾個晚上我們都擔心得不能安睡，萬一我們裝機裝回去，出個小差錯，他們印不了報，則真是吃不完兜著走。

我們五個人，我這製印組長外，尚有印刷課長楊廉昌、保養課長羅正雄、印刷副領班藍占炯、保養副領班邱垂興，大家行前都有默契和充分的準備，一定分秒不失，盡最大力量，多學習多吸收，所以我們第一站是滿載而歸。教我們的美國老師狄克，年齡和我們差不多，四十多歲，大家亦師亦友，非常融洽，沒有一點語言上的障礙，有時課堂似乎是技術交流，我們常將我們使用已久高斯機技

術提出來，相互比較研究。

　　受訓的第二站是芝加哥西邊兩小時車程的洛克福特（Rock Ford）恩克公司，第一天研究自動接紙器的機械構造，第二天研究機器上的電器和電子設置，重點在故障的排除，第三天則是實際機器操作。由於該公司已將本報自動接紙機裝船啟運，上課多重教材的說理，沒有本報所購相同機器供我們操作，是美中不足。但他們一再保證，他們會派員來國內加強技術指導。

　　我們在美國極得人緣，在快訊報時，我們每個人嘴都甜得很，見人就打招呼，從社長到工人大家都對我們很好，我們到他們員工家做客，上他們教堂，都表現我們決決大國之風。不過我們五人相許，半年之內再也不吃西餐，不搭飛機。

受訓大夥在美國快訊報的同仁家中作客

第三節 遷廠作業

　　新的印報機在新廈未落成就運到臺北。我們五人從美國受訓回來不久，新機就進廠。樓上土木建築仍在施工，印報機就開始在地下室安裝。大廈施工同時，工作同仁在地下室，與時間賽跑，在無水無電惡劣環境下，不但沒有空調，又有蚊蟲叮咬。咬緊牙關，務期使機器在遷廠時趕上用處。中間有一段插曲，文工會宋楚瑜主任來機房巡視，摸到機器都是塵土。後來他在公開的場合數落同仁的不是，認為同仁對黨所投資的機器不知愛護。我真對他不敢恭維，他講的是事實，他真不知道，同仁正在塵土飛揚的工地上奮鬥不懈。但他官大，隨他講吧。有關遷廠作業艱鉅，我曾在七十六年十月社刊，有所著墨：

艱鉅的遷廠作業

　　本報新廈落成酒會，冠蓋雲集，黨政要員和社會名流齊來致賀。矗立的新廈，每個部門都任人參觀，唯獨地下三樓印報機房——報社的心臟地區，只有在社長、副社長陪同，供中央首長和新聞同業先進參觀。當時中央委員會馬秘書長、宋副秘書長和中央文工會戴主任都蒞臨機房，看到寬廣的整潔環境，五條生產線龐大的機器，排列井然有序，周邊設備自動化完整無缺，進紙有輸送帶，出報有升降機。曬版房又近在咫尺，上千噸的捲筒紙也羅列在機房的另一端，中央日報在他們心中，已深植有更為茁壯、成長的觀感。三位對本報嘉許不已。

　　機房有今日的宏規，報社八德工作小組諸公貢獻殊多，但是印務部同仁能群獻心力，在劉主任領導下，大家責無旁貸，積極參與，使參加者都有成就感。從廠房設計，到海力士機進廠，不久新廠和舊報社兩邊印報，再五部舊機器拼裝成三部機，以至新高斯機啟用，這一段甘苦歷程，扼要說明。

（一）三年前計建新廠伊始，尚不知土地在何方。印務部列出前瞻性的計畫，新廠房應以七個半單位的印報機為標準，來考量新機房的長度和高度。當新廈土地塵埃落定時，印務部開始忙碌起來，人人樂意參與，提供技術和專業知識給建築師。紛紛到友報參觀和參閱國外資料，每件事都請劉主任綜合、歸納，就土木、機器、水電、油墨等各單元作成書面計畫，又一再照客觀情況發展而不斷加以修正。姚前社長曾提示，印務部各種有關遷廠計畫和圖說，足可輯印成書，作為報社文獻。大家殫精竭慮，籌劃新廠的努力，受到肯定，深感欣慰。

（二）從七十五年六月到七十六年五月，約一年的日子，機房同仁都在維持正常工作，重大壓力下奮鬥，可分幾個階段說明：

第一階段：七十五年六月新購海力士機提前進廠，報社決定新廈工程和裝機同時進行，印務部每天抽調五至八人，在昏暗和潮濕工地上工作，終日要與蚊蟲為伍，天天在沒電、沒水、沒廁所環境中搏鬥。大家都練會吃檳榔，檳榔成為提神解毒唯一「聖品」。最後又增派十三人，接受全機操作技術訓練。

皇天不負苦心人，這部新機的啟用，雖然配合大廈建築工程一再延後，在維修和操作投下更多人力；但本報從忠孝西路舊址搬機至新廈的日子裡，這部海力士機發揮很高的印報效能。

第二階段：七十五年十一月十二日開始拆遷舊機，從此兩邊印報，行政室每天先派三趟車，跑送印報版子，機房一定要派技工隨行押送，保證送到機器上。遇到正刊遲印，或重大新聞挖版，另得派人僱計程車送版。剛開始時從機房先調三個技工送版，逐漸加五個、八個、十二個，有時課長都得臨時跑送一趟。最後，大家拿到版子便趕著下樓找計程車。深恐不能掌握工作流程，天天提心吊膽過日子。

第三階段：舊機在三月重組完成，五部舊機變成三部，另加一部海力士，共四部，仍不足應付本報發行，重組機器難免發生小故障，自動化出報輸送帶也頻頻發生毛病，大家天天盼望運轉順利。

事實上，有很多天是開三部機，每天機房技工急急忙忙地抱著版子和報紙到處跑來跑去，為的是爭取時間。這個狀況，到七十六年五月一日，又新購一部高斯機開印，才天下太平。

（三）每個報社搬遷都以印刷設備為中心，差錯不得，本報除印報機外，尚有照相、打字和鑄字大小機器七十餘部，要在五至八小時內拆遷裝好，還要接妥水電、拉水平，以應付當天國際版白天作業。真是自助天助，沒有一天延誤出報；但看北市一家同業，只搬過一條馬路，就延誤出報兩天，我們辛勞的成果是豐碩的。

印務部每項搬遷設備都預先有編號、負責人、搬送順序和新廠位置圖，每人分工清楚，責任分明，有條不紊。事前縝密計畫，對作業最為注重，舉個例說，報社照相打字機只有一部，是全電腦螢光幕顯示，嬌貴異常，震動不得。凌晨拆遷，在太陽一照面時，就要用它打國際版的標題。因此，要特別照顧，運送路線不得不有所選擇，規定這部車子繞道中山北路復興橋行駛，避開八德路火車平交道的顛簸，這樣電腦才不會被震動而輸出凌亂，因此才沒遭到可能的困擾。

印報機和其他印刷設備，現已各就各位，發揮印報效能，回顧過去兩三年前煎熬的日子，要大大的抒口氣。但是印務部同仁馬上又面臨新的挑戰。報紙登記開放後，報紙將增至六大張，印務部又要首當其衝，退縮不得。

記得新廈落成酒會當天，到機房參觀的同業，包括新生報的沈社長、中國郵報余社長，和中華、聯合高階層人士，其中以中時余董事長和儲負責人，觀察、詢問都特別仔細，可能和該報即將完工新廠作一比較，現在事實已證明，本報印報工廠對未來更具發展潛力，我們的努力是有價值的。

第四節　技術提昇

在新廈和機房、新機都落成和安裝完畢後，慶幸大功告成，可是民國七十六年底，政府宣布報禁開放。同業競相增加發行張數，本報量力而為，每份報要六大張。但是本報機器更新設計是四大張，所以應變的辦法是分兩次印刷，每天是先開印兩大張，在夜晚十二時前要先將副刊、專刊和分類廣告的兩大張印好；有新聞和時效性的四大張在一點半開印，這是臨時應變的做法。送報生在送報之前，先要將兩份報套在一起，時間浪費外，有時會少送先印的兩大張，讀者時有不良的反應。報社不得已，為搶時間，先是增購一架新的高斯機，但仍非長久之計。

還好在新廠房的空間高度，可以在原有的兩層機器，再高架一層，這是在設計新廠房時，就考慮到未來有這樣需要。但我個人因為職責所在，向廠商提出三項質疑，最主要是機器高架三層，運轉時震動必大，會影響彩色的效果；其次機器太高，不能用手工加墨；第三是人員操作的安全，三層機器操作危險性高。由於本報使用高斯機三十多年，其品質得到信賴，廠商也提出保證和配套設施。本報乃不惜巨資，又擴增了印報機的單位和能量，使六大張報紙可以一次印刷出報。

可是機器的操作上，六大張比四大張要更為繁複，裝版、開墨和紙架調整都要精確，最擔心的是單位增加的結果，機器上的紙路過長，且彩印原理，用水來調整墨色深淺，六大張的紙路稍有碰水，或有不妥，就會斷紙，延誤很長的出報時間。換言之，報社在硬體的採購上，比較容易，但印刷工人的技術提升，就是軟體的方面，要有一段時間來培養和適應。面對五條生產線，時有斷紙和故障狀況的發生，真會神經緊繃，不能消受。

七十七年一月　總統蔣經國先生去世，政壇和報社人事都大幅更動，四月份石永貴先生從台視調來本報，接替黃天才為本報

社長，這時的董事長是楚崧秋先生，也是前一年的八月從中視董事長調來報社。董事長和社長都是在報紙開放前後調來本報，面對嚴峻的同業競爭和挑戰，在不能積極開源的情況，力圖節約。印務部必須提高技術，減少耗損。技術提昇不但減少廢報，同時彩印效果更會得到讀者喜愛。

　　我自己先行自修，買一套楊修先生所寫的，「平版印刷術」厚重的兩大本，又買一本有關油墨的書，雖不能全收為己用，但遇有難題就有開解之道。後來文化大學印刷研究所，舉辦平版印刷研討會，邀請美國羅徹斯特工學院一位鍾姓印刷博士，以最新的科技數位化，研究彩色的複製，我主動的到劍潭青年活動中心參加研習，使我一窺彩印世界廟堂之奧妙。除了自我提升外，印務部曾組隊拜會裕台中華彩印公司，商討電腦雷射分色和拼版技術，也邀請該公司廠長、課長和線上操作技工，到本報工廠和製版房參觀指教，並和本報技工交換技術心得。我在七十八年八月份社刊中，寫過文章，對有關技術提高，有很多說明：

提昇彩印水準，國外技師頻頻來訪

　　本報彩色印報水準，較一、兩年前提昇很多，有目共睹，但是新聞報紙同業無不在進步，所以楚董事長、石社長到各級長官，不斷的要求彩色印刷要超前再超前。秉承社內外期待和競爭的壓力，印務部同仁無不挺起胸腔，接受時代的重責大任。在一連串的增添設備、研討會、辦理保養檢查和國外技術轉移等等措施中，使本報印務部門在硬體設備和軟體技術雙雙得到擴充和發展；同時，近兩三年和老外打交道最多的單位，一定是印務部，不但有電、機械和電子的外國技師、工程師，更有廠商高層特殊經驗的技術人員，到印務部作技術轉移。

　　七月十日美國高斯公司派一位技師來本報，作打孔作業系統（Pin System）技術指導，這位薩庫（Saku）先生有馬來西亞的東方

血液，也會講馬來語，是以往老外，最容易溝通的一位，他雖樂意機房同仁稱他為 SaKuRa（櫻花牌照相底片），但是做事一絲不苟，吃苦耐勞，比純老外更令我們佩服。所謂打孔作業就是從底片拼版即開始打孔，曬版打孔，PS 版打孔、拗版打孔，等版子到機上時，只要將版子上的「孔」套在滾筒上的針就行了。一開印，四色一定對得很準，薩庫的本領就是在機器開印一定準，省時又省事。

薩庫的技術轉移，機房同仁非常熱衷，不但犧牲白天的睡眠和部份同仁的兼差，有如對其他外國技師陌生技術一樣，很多同仁主動而又誠懇的挖空心思來套取。所以對薩庫作息配合非常密切。雖然劉主任也有事前安排和指示，但是同仁認真、虛心，使薩庫感受到東方人尊師重道，原本只能在四號機一張彩色示範，花了近一星期時間。他行程預定要到高雄某報解決技術上問題，但在本報同仁盛情感動下，他在登機離開臺灣前，又抽出兩天時間，趕到本報，在一號機做一張彩色針孔調整示範，雖然時間匆促，四張彩色版左右還差一點，但同仁自己已有調整的本領。

根據薩庫自己對劉主任說，他的本領已傳給小賀（用中文發音，小賀賀了半天，始知道是保養課的賀立章），他再說一個饒忠甫，是四號機長。據了解機房封昌華、李其殷、張健華、邱垂興、羅正雄等人不但長時間參與，而且都各有所得。其實薩庫調整彩色版套得準，其步驟簡單得很，共有四個單元，一是曬八塊有格子的 PS版，裝在四個顏色的滾筒上各兩塊，由印出來的四種顏色格子線條，來看四個顏色是否套準，何況他用的是五十倍的放大鏡看的。二是調整一個滾筒的兩塊版中心線。三是用圓周率計算並調整兩版左右高低的誤差，四是機器要標準化，彈簧片和掛版夾均要更換，一定要完整無損。

薩庫技術已引進報社，他所播的種子有待萌芽和成長，機房同仁舉目所望都是年輕的第二代，無不勇於嘗試和面對挑戰，會在很短的時間內，使這項技術成熟，本報彩色印刷水準更進步。

第五節　報社的動力

　　報社的收入來源以廣告為主，我曾服務過發行組，知道發行的推廣成本太高，每多推廣一份報紙，報社就會多虧一點，但是為了廣告，每個報社必須增加發行，原因為廣告是報社收入來源。印務部人手有限，很難抽調人手製作廣告，但有時迫在眉睫，必須爭取出報時間，全力製作突然來的廣告稿，才可完成出報任務。在七十八年三項公職選舉，選舉廣告突然在開印前大量湧到。我在這年十二月的社刊中，曾為文說明，鼓勵嘉許辛苦的同仁：

印務部提早投入選舉大戰

　　十二月二日三項公職選舉前第二日，就是十一月卅日，對報社同仁言，是選舉倒數計時的前一日，這一天工作都是十二月一日見報的新聞版面全部內容。所有候選人都卯足了勁，要在這天報紙版面上作最大的衝刺。若再等一天，依選罷法，投票當日一切競選活動都要停止，刊登「告急」、「哀求」廣告和造勢新聞都屬違法。

　　這一天，（十一月卅日）下午五時，平靜的印務部，事前毫無一點緊張的徵兆和跡象，忽然進入扣人心弦的緊張時刻。開始時是報社各一級主管正在七樓開會，廣告組陳建隆課長跑來，手裡拿著廣告發稿單，他說今天廣告太多，要分 ABCD 四個版，又說他早幾天就預料到這情況，曾要求報社考慮增加出報一大張，但是預定廣告老是不能安排好，到現在還未決定是分四個版，還是增一大張。

　　建隆兄提的這兩項可能的情況，對印務部來講都要事前的安排和準備，印刷機調整和人力調派都要考慮到，若增加一大張，則本報所有印報機單位都要滿載，每個印報機六個自動紙架都要使用，原本只印五大張報紙的空轉印刷單位，也都要裝上墨滾和水滾，事非小可；若是分四種版子，承印各地不同的廣告，則考慮到製版人

手，在還不到幾小時內完成，擔心影響出報時間。

　　正在徘徊何去何從猶豫不決的時候，桌上的電話鈴陣陣響起，賴總經理很有大將之風，只問一句話，能不能今夜加印一大張，真是霸王硬上弓。客觀理論上，報社已投資在印刷設備現代化龐大費用，機器設備是有印四大張彩色、兩大張黑白能力。在賴總強勢逼人等候回答情況下，只能在電話中像小媳婦一樣，戰戰兢兢回答，可以加印一大張黑白。但我想賴總心裡明白，這不是簡單的事，因為賴總在世界新聞專校印刷科做過教授，對報紙印刷過程很瞭解。

　　等到五點四十分，已過下班時間，熊主任伯敬開會回來，他已經了解增一大張情況，當時立即表示一定要全力做好的決心，並向辦公室同仁宣布兩原則，一是報社難得有一次破記錄廣告收入，較平日多一倍，要全力配合；二是把握出報時間，機器和人員都要調整和安排妥當。有了熊主任的決定，馬上進入調配階段，拿起電話聯絡負責印報機房楊廉昌副組長和保養課羅正雄課長，立即調整機器和檢查紙架，並一一詢問印報機機長和主要幹部出報六大張各種問題，作萬全準備；又電話找來在家休假的照相製版課謝旭堂副組長，安排作一大張廣告製版的人手。

　　廣告組求好心切，熊主任在辦公室椅子還沒坐熱，又被電話請到五樓編輯部，原來廣告組一不作二不休，腦筋又動到編輯部，要求編輯部讓版並換版，將預作好的青春樂版和家庭版，這兩版原是彩色版固定在十五和二十版，都改在增加一大張的黑白版上，彩色版面則刊候選人彩色照片廣告。可能都是在為報社求好的同一理念下，報社的一級主管包括總編輯、總經理和熊主任都同意廣告組的要求。

　　增加一大張又抽換彩色版，一波未平又來一波，急忙再拿起電話各方聯絡，正好聯絡上編輯部李文光兄和美編孫蓓連小姐，在兩位協助下，另趕出一張家庭版，這時已過晚餐時刻，又在製版房拉住作「財星日報」林國富和李雲翔兩同仁，請他們作完這塊家庭版再下班，這塊家庭版改採黑白版，原來預作好的彩色版挪到第二天

再用，解決換版一半問題。著急的時候也有順境，李雲翔聽到很忙，主動說不要回家吃晚飯，繼續做下去，這時候感到中央日報同仁真可愛，有了李雲翔，連晚上再作一大張彩色廣告都有了基本隊伍。又得文光兄再度幫忙，提供增張各版配置表，這件事雖小，但能根據這張表，找有經驗同仁協助，作成工作分配表，公告在製版房，同仁簽到時，就曉得自己增加些什麼工作，使晚上工作有條不紊，發揮很大效用。

　　但是，真正的緊張是晚上十點鐘製版房開動時刻，一個原因是送到廣良和水泉兩家公司的廣告陽片完稿，晚了一個小時才到；另有一個無法承受的原因是，一版廣告要分A、B、C、D四個版，十三版廣告要分A、B、C三個版。廣告稿遲，我看到臨時安排的高手到齊，包括領班黃明徹、副領班李光治，大家七手八腳趕趕，大概還可以解決正常的彩色版，開印時間不會受影響。但是彩色廣告原有兩塊加為七塊，則是誰也辦不到，不但製版人手不足，影響開印時間，機房裝版都會亂成一團。

　　廣告一定要見報，問題一定得解決，熊主任又找來廣告編校課長建隆兄研討，希望高雄不要換版，決定高雄版與省版同一種版，臺北市另外換一種版，結果是外埠包括高雄縣市一版和十三版分成A、B版，臺北市一版廣告另換A、B版，十三版另換為一種A版，雖然版子仍然七種，但外埠從高雄可直印到臺北縣，這種安排不會延誤彩色版換版時間，而這項決定先遭總經理的質疑，又遭廣告組陳正毅組長電話的訴苦，但都經熊主任反覆解說，得到充分的了解。

　　忙的時候光陰過得特別快，一切決定好了已近晚上十一時卅分，距開印只有一個多小時，製版同仁已到每天最忙時刻，原本五大張報紙版子都要開始忙了，額外廣告又壓下來，大家一起東抓西搶，好在是先將外埠十六塊版廣告版搶出來。臺北市的十二塊先擺一旁。時間雖然不夠，搶一塊仍然是一塊，先是增加一大張的彩色版在十二時二十分下到機房。繼而一版在四十五分也一塊一塊下去，但離開印間已愈來愈近，緊迫的氣氛壓得人已喘不過氣來，這

時看看十三版兩種彩色版還一塊都沒下機房，原來是技工陳文隆年休，經副領班陳水溪用電話把他催來，耽誤一點時間，在一聲呼叫下，大家又趕來幫忙，結果是在一時零五分，十三版八塊彩色版一骨腦下到機房。

　　一點鐘前後，平常正是曬版房版子滿天飛的時候，曬好的一塊版印刷技工就抱著跑去裝版。這時曬版房增加兩倍的彩色版，更是忙得人仰馬翻。在一點十分全部版子已落到機房，依正常情況應該再過十分鐘就可開印，這時熊主任親到機器旁督軍，看到四號機一版的彩色版已裝好，就等十三版了，機器是一聲鈴響裝上一塊版，要裝八塊版，再要等八個另一聲鈴響。心裡不知急成什麼樣，但是也急不得，因為Ａ、Ｂ版在一個滾筒，上下錯不得，要一對再對。站在機器旁邊的人都想伸手幫忙，也幫不上忙，急得不知所措。終於在一時卅五分正式開機，恰和熊主任向賴總經理解說的，要延誤廿五分鐘的預估相近。

　　印報機房也配合天衣無縫，開印以後六大張出報正常。非但不常用的單位一說用，馬上就可以在最短時間調整上陣，技工同仁也能馬上調動，對付突來的狀況，可見本報印報機房在硬體和軟體兩方面均有莫大的工作潛力，雖然開印時三號機右邊最底層紙架跳動不良，紙滾失靈，連連斷紙不能開印，但這個紙架在下午印「財星日報」時還好好的，這小意外也急壞了人，並非保養之過，經過保養課三、五同仁一起動手，不到十分鐘也立即修復。

　　這場對印務部提早到來選舉熱戰，印務部大家都盡了心力，報社同仁之可愛，在這最需要的時候表現出來。現在選戰已過，印務部已先為報社打勝這場硬戰，也是本報六十一年來，創造廣告收入最高的一天紀錄一百八十五萬，盼廣告組同仁再接再厲，以這天「創下的記錄」做為起點，往前衝刺。印務部全體同仁願接受挑戰勇往直前，共同為報社創造更輝煌的佳績。

第六節　提高士氣

　　我在印務部很辛苦，夜晚是全報社最後一個下班的組長，每天都是體力耗盡。下午還要來報社辦公，參加報社的會議和辦理一般人事、物料供補。但是我還是喜愛這份工作，一方面是天天接受時間的挑戰，其次是報社在這段報業春秋戰國時期，不斷提高印刷效能，常常要接受新的科技和設備，印務部可說日新月異進步很快的單位。尤其率隊到國外訓練和配合外國技師來做技術轉移，都由我參與，更感到工作有意義。

　　重要的是長官和同僚有如家人，十數年同甘共苦，事無鉅細都能研商解決，偶有疏失也能得到諒解。我在印務部度過四十歲好年華，將最好的體力、學識和經驗都貢獻出來，感到有這種際遇，人生何其有幸。這段期間我也有自己的成長，自六十八年三月調印務部，四月份參加文化大學的大陸問題研究所入學考試，僥倖被錄取，七十年就取得學位，畢業後我利用每個星期，我在報社有一天的休假日，到臺北師院、中國海專和臺南師院兼課，並獲教育部核發講師證書，專授大陸問題課程，在教學相長的研習下，累積很多大陸政經方面的認識。

　　在印務部我遇有好長官，先後三位主任都讓我心存感謝，謝開傑主任老成持重，坐鎮指揮若定。劉德勳主任面對報社搬遷、增張和同業挑戰，能紀律嚴明，運籌縝密，苦心經營。熊伯敬主任聰明幹練，勇敢任事。都給我很大成長空間，也都能包涵我的缺失，還能體諒我一心一意要把事情做好的決心和能力。我的同僚更是讓我念念難忘，對印刷我只是皮毛了解和管理，開始時都和課長、領班共處中學習，董元生、賀生財、謝旭堂和楊廉昌諸位，都將技術的訣竅重點傾囊相授，印刷、照相、分色和製版的流程，日日進行順暢。同時還有劉必逢，開始時任我副手輔佐我，後來他調升排鑄組長，更升任電腦中心主任，和我相輔相成，助我良多。

機房五條生產線，就是五台印報機，每部機有機長和副機長，加上保養課五位同仁，機房共七十五人；製版房成員較年輕，大半由本報從台北市立工業職校印刷科的畢業生培訓養成，約三十人。我因個性隨和，對工作同仁，多以朋友兄弟相待，很難有生氣面孔，多賴主任和課長有嚴格管理。說也奇怪，我這部分同仁儘管與機器為伍，但大都溫良理性，很少有違紀和衝突事件，大家和樂融融。我對每位同事誠懇交往，最高興的事，有同仁自己或子女婚嫁，有時是拜拜或新居搬遷，甚至過生日或吃春酒，我都會應邀參加盛宴，而且我會帶動高潮。有幾次喝得酩酊大醉。有一次還夜晚醉臥營業大廳，有勞多位同仁抬我上車回家。大家的知心交往，我幾乎了解每個人的家裡狀況，對同仁全家老小、夫妻相處和子女求學，幾乎我都可以一一道來。

七十八年十月熊主任到印務部任職，領導風格比較靈活，他也是關心基層，所以到任半年後，他有筆廣告佣金，就慷慨解囊，要給製印組同仁做制服，在報社的各單位中是創舉，對整潔的機房來講，更顯然表現管理井然有序，對提振工作情緒也有加分。我在製裝的過程，因為到美國帶隊訓練，有做制服的經驗，電話訪價和比較，都是我的事，我親訪曾為聯合報做過工作服的廠家，熊主任信任我，他同意由這家高價者來承包，我在七十九年二月份的社刊中報導：

印報機房和樂融融

印務部熊主任替同仁添新裝

一月一日元旦清晨，印報機房臺中版開印時，石社長蒞臨巡視，由於事前毫不知情，同仁見到社長稍有錯愕，隨即和社長握手問好，社長也頻頻向同仁說：「辛苦，辛苦！」社長從一號機尾繞到三號印報機的中間出報機頭，在隆隆的機聲中，看到一份份報紙，排列整齊地輸出到頂層，機頭翻刀卡喳、卡喳，很節奏的地將報紙一份

份切下，正表現全社同仁辛苦耕耘後，不停地收成，社長綻出欣慰的微笑。

當社長在三號機旁，看到同仁穿著繡有「中央日報」藍色制服時，一向細心的石社長，立即發出詢問，因為報社沒給技工同仁做過工作服，同仁穿著嶄新制服，工作起來突顯團隊精神，個個身手矯健，在三層機器攀上攀下，從這頭跳到那頭，每個人都如生龍活虎，精神抖擻投入工作。因此，社長格外的注意，問這制服怎麼做的？又問一個人做幾套？一套多少錢？仔細的問個清楚。

提起機房工作服，事情是這樣，熊主任從去年十月十九日接任印務部後，就多方面提高同仁士氣，抒解大家壓力，尤其最近報紙印刷一再提早，同仁承受的壓力愈來愈大。在印報機房開印前的一刹那，發報課王茂己課長和電腦中心廖俊傑兼主任會同時出現機房，機上同仁更有在籃球場上被包夾的感受。面對同仁所最需要的是鼓勵，抒解大家的壓力，熊主任去年十月廿八日，在本報十二樓餐廳，邀請印報全體同仁早餐會，除了米粉、稀飯外，酒菜齊全。大家在星期日凌晨印報後，毫無任何事情待作，輕鬆盡興享受一頓。有的同仁閒談，提起做工作服意見，熊主任竟滿口答應送每人一套，但換洗的另一套則要求同仁自己解決。經在場的楊副組長廉昌和倪世琦課長商量結果，是同仁自己支付第二套工作服。當所有與宴的同仁聽到這項決定的宣布，大家又進入情感交融高潮，鼓掌歡呼不已。

工作服訂做不是件容易事，要物美價廉，又要人人滿意，還要馬上做，熊主任真是牛刀小試，當張慶國機長、章耀庭同志和我各找一家公司來承包時，請熊主任決定那家公司承做，他竟捨棄四百元一套的廠家，而就價高的五百元一套的公司，當「旬拓」公司老闆安可明議價時，熊主任乾淨俐落，言明十一月十四日量身，十二月十四日交貨，交貨時立即銀貨兩訖。這棘手的事，四、五天就決定。

　　事情就這麼簡單，這位安老闆也感有難得知遇之情，為每個同仁一尺一寸仔細的量製，而且如期交貨，除了三位小姐裙子情形不明瞭外，所有同仁穿上工作服，個個都滿意。工作上衣寬鬆適合任何機器操作姿勢，而工作褲又非常秀氣，可媲美定製的西裝褲。大家穿在身上交相稱讚不已；個個顯得英姿煥發，工作精神提振百倍。熊主任後來又發現製版房同仁，要輪流到印報機房曬版，為整齊劃一，又給製版同仁各作一套。

　　據了解，社長後來在主管會談上，對熊主任從沒向報社報告作制服事，不但未有責備，尚有一番嘉勉。

機房同仁著新裝，我在新購美國海力士機前與同仁合影。

左為封必洪，右為關嘉聯。

第七節　物料節約

報社經營主要是賴廣告和發行的收入，最大開支是印報用紙和人事費用，在報禁開放後，各報競相增加發行張數和彩色印報，本報原來每份是三大張，限於機器單位，印兩張彩色時，就要分兩次印刷。現在機器一次可印六大張，其中印四大張彩色，兩張黑白。但兩民營報社每天出報十大張，大部分為彩印。彩色印報要靠真技術，首要是套色準，其次要有柔軟的色調，可是彩色報要印準，勢必產生許多廢報。每天第一次開印廢報最多，以後每因地區不同換版，換版開印也有廢報。六大張同時要都將彩色印準，廢報相對的比印三大張時大幅增加，而且不僅是倍增。

熊主任從行政室主任調來印務部，深深了解國際紙價直線上漲，每噸約在五百到六百美元之間。以本報石社長經營理念，節約開支第一，所以大宗物料的管控，最為重要。熊主任銜命到印務部，自當重視這項問題，他在節約物料上作了努力，而且有了明顯的收穫，我在七十九年五月的社刊有記載：

節約物料涓滴歸公

節約物料涓滴歸公──印務部達成減少廢報的要求。

滾筒紙佔出報成本很大比重，本報每三個月或半年就要花上大把鈔票訂購進口或省產中興公司滾筒紙。記得四年前一次社務會議中，行政室主管報告，我聽到向進口商削減價錢，就是每噸進口滾筒紙從六百多美金，殺價到五百多美元的差價，足夠本報同仁發放全部年終獎金，由此可見滾筒紙採購、儲運和使用，一系列運轉作業，對本報言，是很重要關鍵性管理工作。

談到滾筒紙的使用，就是提高每磅滾筒紙的出報份數，計算單位越小，就越能算得越精確，因此採取以磅為單位。本報原來出報三大張，分兩次印刷時，每磅出報率是六點九份，不到七份。這是

在火車站舊報社老機器生產情況，自從三年前搬到新社址後，新的機器一開就是五大張或六大張，包括四大張彩色，飽和時滿到八個彩色版，只要其中一個版彩色套不準，就要丟掉六大張報紙，因此每磅單位出報率，受很大衝擊。如何減少廢報，成為重點工作，攸關報社財務負擔，是印務部同仁努力方向。

自去年十月下旬，熊伯敬主任由行政室調掌印務部後，即積極多方面努力減少廢報，他辦事穩紮穩打，雖然他為報社的這件事很是著急，仍是一步步有計劃推進，到目前每月廢報約兩千四百磅，較原來三千九百磅，壓低到百分之卅八有餘，已經達到本報目標管制辦法的要求。

印務部減少廢報步驟有：

1、調整機器：要求美國高斯公司代理，臺北雍偉公司再派外國技師兩度來本報調整印報機，這位加拿大籍薩庫是馬來西亞後裔，服務態度深獲機房同仁喜愛，不但認真而又肯教授，有關壓力和打孔設置，都作了徹底的技術轉移。

2、提高士氣：熊主任甫到任，就向同仁宣布，報社財務情況好轉有望，首先就會考慮同仁福利，不但應允為同仁交通費努力協調，且邀宴機房同仁在本報十一樓餐廳早餐，給印報同仁打足士氣，並在餐會現場答應給每位同仁製做工作服，同仁感受到報社有如一家人，備受關注。

3、慎選品牌：中興紙最差，差到未開機就斷紙，就是從機尾拉到機頭，拉紙時就會斷好幾次，所以遷就本報機器紙路過長，多方協調報社，購紙時慎選品牌，目前本報採購日本王子、美國布耶和少部分中興紙，使用情況已兼顧品質和價購成本。

4、分工督導：要減少廢報，又要提早開印，分秒必爭，熊主任身先士卒，每天在報紙開印前，先到四號機親臨督導，另指定楊副組長廉昌督導一號機，指派我督導三號機，在印報同仁全體精誠合作，共同勉勵，終使廢報逐日減少，達到合理的標準。

現在機房同仁，在開機前先套色，是四大張彩色一起套，稍有偏差就行調版，且在裝版時，即儘可能爭取時間，照版面圖文位置開好油墨，這兩項辦法，在各機長領導下，已建立同仁操作機器共識，減少開印後彩色套不準的廢報。調整機器性能，選擇合適紙質，提高士氣和養成操作程序，同仁在這些各項主、客觀情況配合下，使本報每月減少廢報，所省費用近四十萬元，這也可說是熊主任調掌印務部，到四月十九日整剛好屆滿半年，日夜勞心勞力部分收穫。

第八節　作業的挑戰

七十七年四月石永貴接任本報社長，銳意經營，致力財務收支平衡，他的執著，幾近六親不認。為維持報社長久經營，全力爭取火車站舊址開發權益，長年累月的向市政府交涉請領舊址建物的拆遷費。在人事和行政方面，以及物料管理也錙銖必較。唯有石社長這樣的堅持，報社財務運作上，才能勉強年年難過年年過。這一點也獲得大多同仁的諒解和支持。可是當時社會初行勞基法，工會運作氣勢高漲，保障勞工權益聲音特別大。要想改變或增加技工的工作量，沒有相對的費用給付很是難為，我面對工作同仁，在執行上有很大困擾；偏偏這時候，報社撿排作業要電腦化，排字房面臨裁撤，排字同仁常有情緒不穩定的動作，我就在排字房旁上班，更感受到同仁堅持勞基法的壓力。

我最大的困擾，是彩色廣告製版，因為新聞版面或是專刊的彩色都有專人負責，有條不紊。彩色廣告原本由廣告公司提供完整稿件，不需本報彩色拼版程序。有時候廣告同仁拉到廣告，需要設計和分色、拼版時，會在下午委託社外的製版公司，將廣告稿件製好，報社因此會增加製版費用的開支。於是發生由本報製

版房作業，還是由社外製版公司承作的矛盾現象。熊主任對工會和同仁的情況當然了解，可是他又得石社長的信賴，必須要同仁承擔增加的工作。我就處在彩色廣告作和不作的夾縫中，有時候必須要作，我又沒人手，又急又為難。我在八十年四月社刊中，就寫過這樣的情況：

遲來的廣告稿

　　四月四日是個不尋常的日子，兒童節、清明節，和　先總統　蔣公逝世紀念日都是這幾天，尤其是　　蔣公離我們遠去的日子前後，對大多數人講，憂傷的陰影和緬懷的思念都會情不自禁，所以這幾天上班，格外小心；重要國家節日，不能有任何差錯，尤其是要提高警覺，集中精神應付特殊狀況。

　　突發狀況竟然來了，四月四日晚上十時，一進印務部的門，就看到廣告組林鴻祥心事沉重的樣子，從熊主任房間走了出來，我還未及坐到辦公桌，熊主任過來下達緊急指示，叫我趕快到製版房找人手趕作一個半版大彩色廣告，但是廣告稿還在臺中到臺北高速公路上。廣告製作內容，是繁雜、是簡單，有多少張分色片，都是未知數。請什麼人來製作，更是為難。因為四月一日起實施改版，彩色版增加很多塊，每位同仁適應新工作，正在摸索中。情急之下，實在找不出空閒的人來。

　　熊主任跟著進一步指示，這個廣告只發三家，本報、中時和聯合，要今晚同時上報，明晨一起與讀者見面。看樣子沒有任何伸縮餘地，只有到製版房先瞭解一下情況，這時距晚班同仁十時半到班，還有段時間，但太多同仁均已在位子上準備工作，而早班同仁作青春樂版、影視版、電的世界版等彩色版面，不論預發稿和立即見報稿，或是要接連廣告，都已忙得空不下手來；再看兩位製作廣告小姐，正在埋首今日見報十批廣告，能趕上報紙正常開印已是阿彌陀佛。

　　這個廣告如猜謎一樣，到底是什麼樣，仍不得而知，如何開口向同仁說明也是難事，若找到人也說不清，不如靜下心來等；只好

轉到掃瞄分色房，向蔡仲榮領班說明這廣告情況，預估至少有三張彩色片要分色，希望在新聞彩色照片製作途中，能勉強擠進來，且要廣告稿一到，就先製作。蔡仲榮和暗房同仁知道後，竟異口同聲拍胸脯答應下來。同仁愛報之情，在急迫時刻自然流露出來，事情就這樣解決一半。

　　廣告稿終於在十一時十分送到製版房，是省稅務局在臺中發稿，廣告有近兩百級大字兩行，「索取發票小動作，推動國家大建設」，附有三張國家建設彩色照片，和一隻手、一張發票彩色插圖，重要內容則是中獎名單，難怪不能延後刊出。看看手錶，此時距送高雄、屏東運報專車，正常開車時間一點十分，已不及兩小時，再看看晚班同仁手上都有工作，眼見十二個地方版一塊塊送來，五版、八版、九版和文教版也會照作業程序很快到達，正在遲疑難決時，發現這廣告登在五版下面半版，製作五版是輪代副領班潘適存，他的技術精堪，彩色、黑白、暗房、照相無所不精，在同仁中也屬手腳快者。

　　但是時間這樣急，誰都不敢答應，我雖初步要求潘適存放下手上的五版、十一版的準備工作，趕快接下這塊廣告，他正猶豫為難時，熊主任適時前來鼓勵，以他是最佳人選。於是整個製版房同仁都以這塊廣告版為焦點，大家動員起來，廣告照相陰片、五張分色片準時配合，覆片機和沖片機以他為優先使用者，大家退避遠遠的。修片、貼版不待吩咐，均有同仁代勞，尤其是他份內輪代工作，也由李光治幾位同仁利用複片、等稿空檔分擔趕製。

　　雖然製作進行順利，這張看似簡單廣告，做起來很花時間。三張彩色照片沒有一張獨立的，都是彼此重疊，要一刀一刀切割分開，兩張插圖又都是去背景，參差不齊的插在幾個大字中。看著潘適存俐落刀法，但是每張圖片是四張不同彩色片，一張切好、貼好，再切另一張，時間也一分一秒的過去。再抬頭看時，壁上的鐘已快十二點，只有再催快些，隔一張桌子賴露恩馬上將食指豎在嘴唇上。使我領受到噤若寒蟬的味道。但我內心盤算著，發行組送報車，這

時應該已經進場，停靠發報台，準備待發了。關鍵時刻十二時十七分，潘適存吸了一大口氣，放下美工刀，在大家同心協力下，廣告趕製完成，雖然沒歡呼，確是無聲勝有聲，每個人如釋重擔。我們完成做不到的事，做好我們從未做過的事，無比的輕鬆舒暢。

　　看著運報專車，一輛輛和平常一樣時間，搶著裝報。第二天中時和聯合兩報也都如期刊出同樣廣告，愈是感到照相製版同仁可親可愛。

第九節　美日科技可借鏡

　　電腦科技在二次戰後，美國開始應用，日本在韓戰即急起直追，當時美國已有五家報社使用電腦，可惜日本文字筆畫太多，報紙未能使用，但仍繼續努力研發。本報在民國五十四年，就從日本購進研發的成品，電腦鑄字機，稱為 Monotype，以紙帶打孔方式，鑄字和撿排可一氣呵成。可惜只能撿鑄一欄高的新聞稿，且缺字甚多，所以在本報並未發揮使用功能。二十年後，民國七十五年六月，我到東京的朝日新聞參觀時，朝日特別安排，表演電腦拼版給我看，二十分鐘內可以拼完一個整版的報紙，報社可以無需鉛字撿排。當我再到朝日的印報機房時，看到印刷技工在有空調、封閉的控制室操作，遠離機器的噪音和廠房悶熱，乃是拜電腦自動化之賜。我了解日本的印刷水準，知道可以學習和借鏡的地方很多。

　　國內報業並未對電腦化排斥，仍不斷下功夫。日本的電腦鑄字機不好用，國內就開始研究適合中文的電腦輸入法。民國七十年國內的電腦展中，四十多家廠商參加，有七種中文輸入法在展覽場內競相推廣招徠。這種快又方便的科技，應該很快的為報界所引用。早在六十八年九月，我奉派代表報社，參加世界中文報協在高雄圓山大飯店開會。包括臺灣本地、東南亞和歐美、非洲

的中文報紙的經營者和代表齊集一堂。大會討論主題就中文報業電腦化，會議中有深入的分析，同時也表達採用的決心。我將資料帶回報社，在印務部和有關同仁開會研議，同仁非常關心。

七十五年我率隊到美國，接受新印報機海力士技術移轉，在俄亥俄州的一個四萬人口的芬雷市，快訊報的工廠中訓練，因為該報社規模小，經營單純，人員配置也少，對前來觀摩學習者來講，是千載難逢的見習好機會。這家報社的設備是麻雀雖小，五臟俱全，所有廣告、新聞的撿排、拼版作業和彩色照片的分色都是桌面作業，所以雇用人手極少，工作環境清潔，工作效率快速。甚至機房的週邊設備，抱括吸塵、空調，都很齊全，印報工人操作輕鬆，且可吸煙。最可貴的是用炭粉燒版，成本只有國內報紙同業所用 PS 版的二分之一。

由於到日本和美國報社參觀，我深感國內報紙印刷有無限的進步空間。我常看到的國外報章上這類的訊息，所以翻譯在社刊上，介紹給同仁。八十年二月社刊，我發表過下面一篇，就是在 1991 年 2 月，我的翻譯是預測 2000 年報紙未來的發展，文章的內容：

拉斯維加斯展覽會報導

公元二〇〇〇年報紙

　　這個報業同業聯盟所思考的一條大道，計畫今後十至十五年將要走的路，誰將受到影響？每一個人。　　　　——愛德華・歐文

　　你如果要深入瞭解未來的報紙如何生產，你必須到美國賭城——拉斯維加斯。美國報紙印刷人聯盟科技展覽所在地，展覽由該聯盟舉辦，使會員印刷技術日新月異。

　　到了公元二〇〇〇，報紙印刷美景之揣測，不是件賭博，將是參與作業各層次人士，面對挑戰者的最大決心。

　　未來美好遠景，由喬治・加紹提出，他是聯盟科技副會長。

　　據加紹所說：「未來印報機是多層高架，有多個折報機頭，或許是每三個印報單位就有一個折報機頭。印報機由電腦控制，有印刷高品質彩色廣告和特刊功能，用的是八五──一百線的網屏。」報紙將採用含有再生纖維的紙張，使用大豆油為基的油墨，不是石油的一類。

　　「我們今日的照相和製版部門，將由電子暗房和電腦製版技術所取代。要登廣告的人很容易找到他們的顧客，僅將名單交給報社，廣告就會出現在對那些顧客有重要性版面上。廣告刊登在報紙位置完全自動化。」

　　加紹興高采烈的描述，聯盟正在進行研發項目，其中之一就是廢料管理，「很快的，」他說：「所有的報紙將用第二次再生纖維紙張。」加紹預期「品質會稍有瑕疵」，但很快就可提升到現在的品質。

　　處理贈刊，一種全自動系統是另外一個計畫。加紹也指出了作法：「送來的隨報贈刊，由自動控制車子從卡車搬下，排列在緩衝地帶，這些有電腦條碼堆存刊物，然後會自動被提到複雜的軌道上。配合報紙需要，複雜軌道是必須的，包括一些直達軌道或是一些跨越軌道。這些軌道（在空中）使用報社的空間，從地板到天花板。」

電子照相

　　加紹所說的大部分未來美景，由威廉・林赫所確認。林赫多年來是聯盟科技方面發言人。

　　林赫預言：「在這個國家，每個報社很快會有電子照片處理設備。照相記者在偏遠地區，將能以電話直接傳送照片到採訪組的電子照片接受器。」

　　分類廣告方面，他相信，可用平面掃描機來處理，這些廣告可轉換為數據加以儲存，以備稍後在螢光幕組版時，再叫出來。

　　林赫對可抹性雷射碟片儲存潛力，是位極熱衷的人，碟片提供

巨量的儲存能力，價格非常便宜。他說一個直徑七英吋的單碟，就可儲存自哥登堡時代印過的每一個字。（註：哥登堡，日耳曼人，一四五三年用活字印刷第一部聖經，歐洲活字印刷發明人。）

下一步印報機的改進，林赫表示，則是平版印報機，將採顯像印刷滾筒，由雷射在印刷版在滾筒上，寫出整版的顯像。

「一個小的中央電腦，可視需要，使多部或獨立一部印報機的滾筒，在同時間顯像，」他說的。（這樣機器目前已經由德國羅蘭公司和日本東京機械製作所提出。）

底片和印刷版子將被淘汰，印報機轉動更高的速度，發生故障的情況幾近沒有。

現在已有的平版印報機，林赫說，可以改裝為雷射顯像平印機，更換版子滾筒就行，而「價格遠較整部印報機的更換便宜。」他繼續說到，很多家報社仍將維持重要部分（彩色）單位為傳統印刷版，將線條（黑白）版部分單位改裝為雷射顯像。

這位發言人談到另外一種發展科技，「隨報贈刊將由電腦控制，與每家報社遞送連線，送到訂戶，將贈刊加到每家的報紙中。」他這樣說。

林赫宣稱：「報紙經營的厄運和陰霾將可煙消雲散，但須拋棄目前的管理，遠離維持現狀。」

多用再生紙

聯盟主席勞德・舒梅呼籲加倍使用再生紙印報，他曾要求在一九九二年前，製紙工業的再生紙要達到百分之二十。（在歐洲百分之五十的造紙已是再生紙。）

舒梅是愛阿華州李氏企業負責人，也暗示將大力推動貫徹計畫，增加市場，使報紙到達不同人種的區域。他說報紙生產目標，是要以消費者為主的，來瞄準市場。

無鍵平印機

　　無鍵平印機的好處,則由安德魯・哈特威爾列舉,他是紐澤西州一家報紙印刷主管。

　　無鍵平印機,哈特威爾說:減少百分之五十各類膠滾和鋼滾,不再需要保養空壓泵浦、軌跡和控制電路。

　　機器作業人員也將是現在的一半,一台八個捲筒紙印報機,正式有十八人的隊伍,但無鍵印報機將只須九人。

　　「我們預估可減少印刷廢報,比現在的平印機少百分之二以上,」他這樣說。

　　「我們假設每個印報機運轉滾筒,減少很多操作工作時間,則有助我們擴增機器上滾筒數目,而用不著增加操作人,」他這樣陳述。

樹脂凸版印刷報告

　　丹佛市一家報紙有關樹脂凸版印刷報告,它是四開報紙,發行量每日卅六萬二千份(星期日四十一萬七千份),由辛辛那堤市信託報工廠主任蘿・耶瑞提出。

　　丹佛報紙目前用三種方式印報,廢報比較,平版印刷平均百分之五,鉛版印刷百分之三・七五,而樹脂凸版印刷在百分之二以下。據耶瑞所說:「樹脂凸版印刷品質比平版印刷好,丹佛的樹脂凸版印刷,有關彩色部分品質超過他們平版印刷,黑白版印刷則和平版印刷相當。」

　　另一方面,耶瑞說到:「版子油墨糊掉仍然是問題,雖然不是件大難題。黑白版油墨似乎比彩色先將版子糊掉。版子糊掉首先發生在中間色調位置。(多過十二家義大利報社,採用樹脂凸版印刷成功,但並無這方面參考資料。)」

桌面印刷

海鳥報的艾力克‧烏夫曼列出應做那些工作，使桌面印刷成為報社成功的選擇。

這位生產部門主任說：「配合報社整個版面生產的特別需要，新的軟體必須建立；資料庫的管理和網路設計必須加以改進，以適應更多用途要求；資料輸出一定是要更快；小樣及其組合要更為機動靈活；賣主定要提供整體服務和專業技術；革新抒困措施更是需要，使我們前端系統交互流通。」

綜上所述日常生產方面主題外，參加這次科技會議一萬二千人，均給一份事務手冊。大家所想到的，最多的是報紙紙張的再製和從業人員的管理，兩主要議題皆經確實解說。

美國報紙印刷人聯盟科技展所表現的，未從困難問題退卻，且積極面對問題。

報紙用品採購

美國報紙印刷人聯盟科技展是參觀者採購報紙用品的所在地，這個好玩的城市在一九九一年六月八日至十二日，仍將是同樣的採購地。該聯盟將報紙生產所需用品集聚一起，打包機或是前端設備，展覽將提供市場上一切用品的選購。

一九九〇年展覽會包括新產品的分析，但重要的是報紙應注意未來發展。在印報機方面，焦點集中在無鈕墨斗，一位製造商說，他已賣給美國和歐洲八百對無鈕墨斗，這項科技在印報機設計上，已成一項流行趨勢。

還有一項掃描自動供墨設備，工作人員再不必調整油墨刻度即可應印。

顯像輸入技工每分鐘可顯像六百卅釐米，解析度已可達二千四百條。

再可看到一台三十五釐米桌上型底片掃描機，有電腦室連線功能。另家公司有多種產品：一台超音波斷紙偵測機，一台可換水質

水槽處理機,和一架橡皮滾筒真空清潔機。

　　發報房新發展,包括一條贈刊插頁機和一台捆報機;一條打包
輸送帶,每當發生搶位情況,就會停下來。

(取材自印刷人雜誌)

第十節　調研考室工作

　　在八十一年的二月,熊主任推介我到研考室任職,並暗示有
調升主任的可能性,結果報升公文報到中央文工會,並未核准。
因為人事、會計和研考三類主管人員係由文工會控管,我則任專
門委員。但我在印務部服務已有十五個年頭,年歲也非壯年,深
夜下班時已感體力不濟。我是內心感到調職白天工作,是很好的
工作。

第七章　研考室新挑戰

第一節　社刊

民國八十一年四月十六日，我奉派到研考室上班，經過業務和印務兩個階段的辛苦歲月，很慶幸調個清閒的單位，我的主管仍由主任秘書李在敬兼任主任。在辦公室，我這專門委員資歷最深，旁邊還有兩位專員。一位是國際版老同事胡坤英小姐，另位是年輕人許瑞庭。這和我以前的單位比較，天天要面對上百的人，真是出奇的單純，可說由轟轟烈烈的忙碌世界，走入一個靜態的環境。對我來講就像久經戰場老兵，正需要一段修養和整補時間。

研考室沒有業績壓力，沒有讀者抱怨的困擾，要做的是追蹤待辦事項和年度計畫之類的文書性工作，單位內的胡小姐心細，許專員又是電腦和文書快手，事無鉅細都屬例行工作，沒有我也運作如常。我在辦公室悠哉游哉，清閒自得，大事有主任頂著，我真像客人一樣，在辦公室看些報紙和資料。

可是我個人總是有未雨綢繆的個性，做什麼就要像什麼。先是到正中書局找到政府公報的書類，其中有行政院研考會出版的研考月刊，也有省政研考彙編資料，我都買來翻閱，讓我對研考室應做些什麼事，有所認識。由於行政院研考會的主任委員魏鏞是政大同系的學長，從國外得了政治學博士，學有專精返國服務，他主持出版的刊物，讀起來更有收穫，我對研考工作很快就信心滿滿，備妥能力迎接工作上的要求。

　　事情來的很快，有天晚上搭石社長便車，參加同仁的餐聚，在車上他希望本報的社刊每月出版。社刊怎麼會由研考室負責，我是不知道，我是知道以往的社刊都是由採訪組的資深記者或副主任負責，一是筆下有功夫，不愁無米之炊；二是編輯部為報社運作重心，採訪組同仁負責編寫，內容不會偏頗。可是多年來出版時間，都不能固定，有時幾個月才出一期。不管如何，在車上，我唯有回答社長遵照辦理。沒想到社刊變成我在研考室一項工作。

　　研考室工作原本就由胡、許兩員運作，可是我承諾社長社刊的事，我唯有積極的參與。我承諾社長後，我都使社刊在每月的五日出版，就是再來不及，我也會讓印刷廠先裝訂好幾本，在五日的晚上，擺在社長和副社長的桌上。這件事一直到石社長調任中視公司總經理，有兩年兩個月的時間，我都盡力達成，讓社刊出版從未延期。在報社上下同仁，甚至辦公室的胡、許兩人，都不會注意到這件事，但我個人則感到有一種成就的滿足。因為我成功做到了，我喜歡默默的耕耘，社刊看似簡單，但實際上是一項繁瑣的工作。

　　社刊出版和出版一本圖書或雜誌一樣，約稿、發排、校對、美編、配圖、作封面、製版、印刷和裝訂，每一個程序少不得，要一切進行順利，才能出版像樣的書，或者直接的說，要投下心力才能出版社刊。每月來一次，都要按時出版，可說是天天有這件事牽扯著你，你走到那裡都會跟著你。二十五期不辱使命，我想有客觀的幾個因素，一是石社長大力籌謀經營之道，邀請多位成功企業家到報社演講，或是組成經營顧問委員會，或是舉辦活力營，或是品管研討會，或是年度計畫目標追蹤檢討會，還有動員月會，使社刊才有報導素材。其次是參與社刊製作有關同仁，從美編到電腦排版，甚至校對，都因我在報社服務時間太久，彼此熟識，對我非常友善，在我誠懇拜託下，使社刊編校不能分秒耽誤。

社刊不會延誤，另外兩個因素也很重要，首要的是我對印刷廠的作業了解，對製版和照相技術更是如數家珍，有時這家報社外面印刷工廠的負責人不在，我可帶著他的工人作業，第二天就可取件。這對我有十多年任職製印組長言，真是輕而易舉。還有一點不為人知的事，我會用不同筆名寫稿，對多位退休技工，我會在社刊上，寫點人情味的表揚文章，這樣做也可表達報社對同仁的關懷。為了填版面，有一期社刊十五篇文章，我用了五個筆名，寫了七件稿子，現在想起來仍是很得意。

負責社刊有甘也有苦，都能按期出版很高興，有一期社長說美編很好，也感同身受，很為高興。可是有一期我翻譯一篇譯自德語的英文稿，照字句譯下來，看起來像似一句一句堆起來的，不能一目了然的看清意思，當然受到長官的批評，其實我也不滿意這篇譯稿，但為補白，我還是用了。社刊有校對組負責校對，可是上機前的第三校，還是重要，胡坤英小姐的心細貢獻很多。至於社長在每期社刊的首頁都有一篇與同仁共勉的文章，內容有如暮鼓晨鐘，發人深省，很為珍貴，可能是社長太忙，透過秘書要稿兩次、三次，是常有的事，也不無不便。

第二節　經營顧問委員會

經營顧問委員會也是石社長驚人之作，不知他從國外那本書上學來的企業再造理論。石社長以往常對同仁引述，美、日企業經營和主事者的成功典範，這回可是他自己別出心裁，不定期的邀請學者、專家和黨營事業的主管齊聚一堂，集合產、官、學者於一堂，研討並提供本報管理改良和再創高峰之道。先前的四、五次開會，各委員正常出席，對本報多有建言，開會時本報各一級主管在坐聆聽，在觀念溝通和執行上，進行頗為暢順。研考室

的許瑞庭負責記錄，委員發言若與某部門有關者，研考室都追蹤列管，在下次會中提出報告。所以石社長辦這項會議對本報大有助益。

各委員在會中所言的本報興革之道，理論和實務兼顧，攸關本報發展和永續經營，本是研考室的本業和職責所在。我在會中深感收穫良多。能在學校畢業多年後，有機會再聽到享譽最隆的教授、專家的指教和啟示，真是何其有幸。委員們的學海無涯，有關當今的企業扁平化，垂直分工和經濟規模，還有電腦資訊和顧客導向等理論，不管報社能否執行，但都能建立各級主管對企管觀念的認同。

委員們的建言要落實到報社同仁，如舉辦活力營，推動品管研討會，建立利潤中心制度，都要石社長強勢來推動。像編輯部的品管會，石社長自始至終，從報告到討論都親自參與。我冷眼旁觀石社長，他是在督導，使會議的成功，品管能在編輯部落實。又如活力營的組成和會議，都是各單位推派諤諤之士，對報社肆無忌憚的批評和建議，如何因勢利導，化為報社變革中的助力，社長處理都要寬鬆拿捏恰到好處。所以石社長要報社向前推進，不是簡單的事。

兩年中間，委員會約召開十餘次，會中發言和建議較多者是企管學者，如政大企研所司徒達賢教授、臺大國企系邊裕淵教授、政大新聞研究所賴國洲教授，中正大學校長劉維琪和中原大學校長張光正，其次是外商公司管理者，如 IBM 的人事經理李聖潔小姐和菲利普公司的前任人事經理石銳先生，國內企業如震旦公司的常務董事郭進財、美吾髮公司董事長李成家和世華銀行研發處長周君銓，和中小企銀總經理陳再來，都將他們企業理念和成功的制度，推薦給本報。IBM 對業績優異者的年度表揚，聲光撼動的場面，菲利普公司的目標管理和售後服務，以及世華銀行對員工禮貌的硬性規定，都是本報借鏡和參考的示範。

此外，委員中還有梁金城會計師、中投公司董事長殷文俊和華夏公司總經理周康美。梁會計師強調經營成本和成本績效，而後兩位是本報的主管單位負責人，也在會中表達對本報財務的關心和提出意見。由於委員會的各位學者專家，在會中對本報的建言很為珍貴，石社長希望各委員的高見都能落實，他邀請石銳先生常駐本報。請他對本報廣告和發行業務，做開發和發展方面企業化指導。石銳先生的具體成效雖有限，但提出很多可行的方案，對廣告和發行建議具體開展措施。他對同仁活力營活動，更給予有效的輔導。石先生就在研考室主任的辦公桌辦公，我在旁邊耳濡目染受益最多。

石銳先生駐社指導時間僅三個月，到八十三年四月唐盼盼先生接任社長，石銳先生依約定三個月的期限，到時間就未來報社。在我看石先生貢獻很大，最重要是重視數據，本報記者發稿量，建立登錄制度。對容易寫的稿件，像影劇新聞，多為電影公司來稿，就以加權系數方式處理。記者稿量登錄多寡是績效好壞的評審標準。對編輯同仁的標題，每周都有新聞比較。所以本報同仁的年終考績，數字就可以說話，公平又客觀。

石銳先生外，經營顧問還有兩位也應一提，一位是震旦國際常董郭進財先生，他將利潤中心制度引進本報，我和會計室吳民善主任兩人，在他家裡接受他的真傳，講授這項制度的架構和精髓。利潤中心乃企業一種再生的的靈丹，是要脫掉老的經營窠臼。利潤中心制度，簡言之，在企業的成本和預定的盈餘以外的收益，大部分歸同仁所有，而利潤中心的領導人取得這部分的一半。結果是石社長勇敢接受實行這項制度，只是將報社應得部分標準提高，在本報成立的七個利潤中心，其中出版部、公共服務組和星期天雜誌三個中心，曾營利利潤超過標準，分得過利潤。不論得失如何，石社長敢於嚐試，就令人佩服。

另外一位是世華銀行的周君銓處長，他說世華銀行的盈餘是全國銀行之冠，他認為他對行員的教育訓練的成功，行員面對顧客行禮、送茶的方式和鞠躬角度都要按制式規定，尤其是要遵守電話禮貌。石社長還因此在本報規章上增加了一章，名稱為「中央日報同仁的禮儀」篇。這篇的內容大部分由我執筆起草。

經營顧問委員會的業務，都由研考室辦理和配合推動，對委員建議各項研討會的召開，如活力營、品管會、利潤中心會議，我要推動；我要縝密思考和作業，研擬辦法和法規。在長官、同仁的支持和配合下，進行尚稱順利。最大的困擾是各委員太忙，要能找個時間，每位委員都能配合參加與會，真是難為。為了邀請各委員開會，我將十四位委員固定行程都登錄清楚，甚至各委員的機要秘書電話聯絡不曾間斷；為了表示報社對各委員的誠意，我曾親自拜訪每位委員。有時委員的時間都敲定好，社長突然中央開會有事。所以這項工作最大的難事，是如何使每位委員來開會。但我還是能很禮貌的請到各委員，也是我的工作表現。

第三節　企業識別系統

經營顧問委員會要進行本報企業再造，要將現代企業經營知識引進本報，最要緊的是從企業文化層面，改造同仁服務精神和觀念著手。顧問委員會中，有委員提議，報社派我去參加生產力中心的一個研習會，這個研討會專題是「企業識別系統」，名為CI管理師培養班。在每星期六下午和星期日的全天上課，共一百二十個小時，九個星期才能完成，這班在八十二年五月一日開班，至同年七月三日結業。企業識別系統就是坊間所稱的CIS。六〇年代中期，味全公司推出象徵產品，五味雜陳的五個圈圈，

臺塑集團推出一組波浪狀圖形標誌，大同公司也不後人，有標誌，有大同寶寶和大家都能朗朗上口廣告歌曲。

但企業識別系統的發展和演進，到具有文化的內涵，七〇年代中期始由美國傳入日本，八〇年代再傳入臺灣。經由專業人士的推動，公營事業如中油、台糖、郵政局、電信局，私營企業如震旦國際、小林眼鏡、曼都髮型、都導入 CIS，不但有彩色圖形標誌，像合作金庫還有「使您財源滾滾，與您共創未來」簡明文字，佐丹奴公司則有"Giordanno means service"。企業形象識別系統的實行，是經由員工全體的參與，改變和確立企業新文化。先由全員的品管，導至提升顧客的滿意度和市場的佔有率，逐漸達成企業的再造。質而言之，企業識別系統，品質管理和企業再造，三者不僅息息相關，而是企業經營必備之道。

九個星期的研習，炎炎夏日，對我是超體力的負擔。星期六中午下班，要空腹趕去上課，星期日要從家轉很遠的公車才到達。僅是顧問委員在會議中的一句話，我就相繼兩個月沒有星期假日，接受這項辛苦安排，我內心稍感不平。二十多位的研習會的成員，來自不同的公私企業，對我來自中央日報，有名的大眾媒體，且我年齡最長，大家都很尊重。包括生產力中心的主講者，也是主持人陳木村先生，都稱我王大哥。所以研習的心情和心得都可謂相當滿意和豐富。幾位名重士林的專家、學者為師，如石磁宜、黃光國都使受教者如沐春風。

企業識別系統研習會後，我參加中華民國形象研究發展學會為會員，且當選兩屆理事，在陳木村先生的熱情指導和邀請，我參加很多學會的活動，有時要寫企業形象和企業再生的文章，有時參加座談和演講，像到桃園的復興鄉，去觀摩復興鄉推動全鄉形象識別系統的情況，將原住民的特色和產業結合，還設計有識別的標誌，這是受經濟部委託辦理的。我曾在學會的研討會發表過研究報告，有下述論點，可算說是一點心得。

企業再生

83.08.27.

一、前言

企業再生是很流行、風潮、時尚的企業經營理論，但有外來的味道，希望容納國內企業真實情況來探討。

企業再生、企業形象和全面品管三者，基礎都是全員參與，改變企業文化，設立推動組織。因此，也從這方面和各位共同研討、就教。

今年初，美國經濟學者葛蘭畢耶斯基來到台灣，發表兩次企業再生專題講座，其內容將是今天介紹的五項重點。

（一）震旦國際、宏碁電腦及東榮纖維的再生

I、震旦國際的再生：

震旦國際於民國六十二年，發現公司組織不斷擴充，利潤未因業務成長而增加，乃籌劃改造。但六十三年發生全球石油危機，時機不佳，未敢實施。到了六十四年虧損更加惡化，始進行全面引用責任利潤中心制度。結果六十五年就反虧為盈。負責人是常董郭進財。

II、宏碁電腦的再生：

宏碁電腦董事長施振榮重品牌，愛形象，是大家所熟知。但民國八十年，因國內外擴張和併購發生虧損，裁員多達五百人。但經過組織變革、改變生產流程，八十一年盈餘一百九十餘億，八十二年盈餘四百億，八十三年五月盈餘已近四百億，到年底一定超過六百億。該公司未來展望是公元兩千年盈餘二千億。

III、東榮纖維的再生：

東榮纖維工業公司由布商同業公會理事長蔡耿榮所經營，民國五十八年氣候反常，夏天到五月才熱，冬天到十一月才涼，所經營公司庫存堆積如山，資金積壓不勝負擔，經調整市場區隔，直銷被服工廠和利用別家的業務員行銷。至民國五十九年才轉危

為安，後來才開設工廠。到民國七十四年，公司使用的老舊紡織機，速度慢，生產力低，又造成嚴重虧損，乃採用第三代紡織機，使公司轉虧為盈。

　　說明：

　　這三個國內企業再生案例，可歸納以下原則：

1、全員有危機意識。

2、有卓越領導人。

3、改變工作流程。

4、變更組織結構。

5、重視員工教育與成長。

6、引進科技。

7、回饋。

（二）企業再生、企業形象及全面品管的相關性

1、是永續經營理論與實際。

2、是全員參與，先行溝通，達成共識，重塑企業文化和價值觀。

3、成立推動委員會，發表正式通告。

4、結果表現在顧客滿意度和市場佔有率。

5、三者實踐順序應是先全面品管，再作企業形象，最後再進行企業再生。

　　但企業面對外界多變壓力，從任何一項切入都是可行的。

（三）企業再生一般理論

1、分工論已過時，企業與顧客之間的主、客關係已調位。

2、服務、附加價值、顧客滿意度為企業所努力目標。

3、企業再生以組織變革、新工具和人的作為為基點，以團隊合作和創新為基礎，向上提升，作階段性再生。一個階段完成後，可再進行另一階段。

4、組織變革即組織扁平化。減少組織層級，裁減專職性單

位和行政人員。

5、改變工作流程。縮短流程時間及增加附加價值。

6、企業再生精意有四項：根本、徹底、出人意外和工作流程。

7、資訊科技的重要。

8、領導者開創作為，同仁的團隊精神。

舉例說明：

日本 NICHII（可譯為泰一公司）超商連鎖企業捨棄量販策略，不再走大量進貨低價賣出，從基礎上改變。走向配合高消費能力青年人，針對青年人追求健康和朋友的兩項訴求，結合百貨公司和超市兩者的優點，使顧客享受到百貨業的裝潢和服務品質，同時享有超市購物自我選擇性高的權利，以吸引青年人。

日本 NICHII 超商企業開辦法國式情調，名之為〔生活〕的公司，使超市生活化。為能深入配合青年人的喜好，各分公司有權裝飾、進貨、和決定作息時間。為滿足青年人的知性的需要，進而推出「找自己喜愛的時間」促銷宣傳。

日本 NICHII 十二家分公司在 1992 年業績是九百六十餘億，一掃以往陰霾。

（四）葛蘭畢耶斯基理論

葛蘭畢耶斯基教授在中國生產力中心，所闡述的企業再生理論，前題是以世界資源合理共享。高開發國家的資金很自然的流向低開發國家，增加低開發國家就業機會。低開發國家繁榮後，始有可能成為高開發國家採購者。在這種雙贏策略下，追求國際化是一種大勢所趨。同時將發生短期利益損失、產品週期縮短、許多行業的消失，都將導致產業結構和勞資關係的改變。

EMPOWERMENT 是順應和掌握這項改變的利器，使容入組織良性互動和組織學習中；再用之改變工作流程，終至導致組織結構的變革。這個字是貫穿葛氏整個理論。

　　葛氏再生理論有兩基點：一是參與，一是 EMPOWERMENT，關於後者中文找不到適切字翻譯，有人說是「授權」，立即被生產力中心講座主持人在現場所否定；工商時報譯為「授以權責」；長江人力協會資料譯為「授能」，但都不能表達葛氏原意，所以生產力中心的同步翻譯和會後資料，都將這字原封不動的搬出來，未給予中文辭字。EMPOWERMENT 是參與的現代發展。

　　照葛氏解釋，EMPOWERMENT 這個字有四項意義：

　　1、個人受到肯定，有表現才能的機會。

　　2、個人有充滿希望的人生觀，不再過呆板的工作生活。

　　3、個人與企業共同成長，組織不再僵化。

　　4、創造活力和能源的動力，使眾人享受雙贏。

　　就此四條內容分析，授權或授以權能，或是課以經營責任，倒底到什麼程度？幾經思考，還是回歸到組織扁平化的原點，應是授權者和被授權者之間，沒有其他層級，被授權者有絕對自主權，對產銷、研發、人事、財務有充分的經營和決定權。

　　由此四條的精義，個人和組織都要成長，組織要有良性互動。因此，個人要由組織來教育和成長，不但提供產品和服務，且使組織和個人不斷創新，迎合瞬息萬變的挑戰。公開、認同、低風險、信任是組織良性互動要件，組織再生不可或缺。

　　葛氏以組織教育成長和良性互動為改變工作流程的基礎。他以美國電話公司為例。對客戶不滿的回信，原來的工作流程是：

　　承辦人→ 審核單位→ 主管→ 收發。

　　改變後工作流程是：

　　有經驗承辦人90％回信逕交收發，10％經審核，再逕交收發。

　　無經驗承辦人則是 100％要經審核才交收發，且有主題相關專職人員，在現場提供意見。

　　至於主管僅在現場直接輔導，不再做核發工作。因此員工自主、教育和良性互動表露無遺。

　　依葛氏理論，工作流程改變後，組織結構必然相應變革。即組織扁平化。企業在行政部門下，不是依據產、銷、人、發、財分工設置部門；而是依據不同業務設備部門，如藥品部、火藥部、電子部、航運部等，部門內有產銷、有研發人員，便於相互學習和成長，部門之間，也不再隔閡，不再有門戶之見，有助人力資源交流。

（五）結論

　　1、企業與員工共同成長至為重要。

　　2、企業再生理論是以改變工作流程為起點，隨即組織結構相應變革。

　　3、國際化、科技化的結果，使產品週期縮短，企業再生理論有重要性和發展空間。

　　4、國內企業導入再生理論應從文化層面配合著手。

第四節　策略聯盟

　　八十三年四月唐盼盼先生接任社長，又給報社注入新的活力，改版、增張、放大字體，繼而發行小組長報，小組長報竟高達十四萬份。因此電腦化必須加速推動，編採資訊電腦化外，發行業務要直接管控小組長報的地址和變異，也一定要推動電腦化。唐社長為了凝聚同仁共識並在一樓設意見箱，廣納同仁對報社興革意見。石社長曾在報社召開的經營顧問委員會，推行活力營和品管會等新的企業文化措施，唐社長繼而引進新的科技電腦化，加上中央華夏投資公司，規定每年提報年度業務計畫，實施目標管理。本報確實朝向企業再造目標前進。

　　企業再造簡而言之，就是同仁共識的全員參與，有企業的鮮明標誌，進行品管，引進科技，結構扁平化，顧客導向，實行目

標管理，增加市場佔有率。這些再造的作為，或步驟，本報都逐步落實推動。我在研究室躬逢其盛，參加大小會議和追蹤列管，親臨其境，有若一場奮戰。我曾自豪在公開場合講過，對企業再造，從組織活力營開始，我有實際參加經驗，這種天賜良機是他人所難逢。

目標管理是華夏投資的規定，研考室在每年年底，整合各部門的來年新計畫，計畫中列明目標和實施進度。研考室擬定初稿，為求同仁共識，經由擴大會議討論，成為本報來年的業務計畫，再呈報華夏公司。這些作業大多又屬我的操作，我也樂在其中。我明瞭這種由下而上，制定目標計畫過程。因為是由下而上所達成的共識，形同一種同仁自己承諾。所以對目標的達成和貫徹，成功的機率應該為百分之百。

華夏公司企業經營的策略，有一種達成計畫目標的手段。這個手段是名為「策略聯盟」，或稱為「黨營事業策略聯盟」，顧名思義為黨營事業相互支援，創造利潤。策略聯盟的對象是黨營事業管理委員會所督導七家控股公司，同時涵蓋七家控股公司所屬和所投資的一百多家公司。僅就各公司每年召開一次法定股東大會報紙廣告論，廣告中包括資產負債表等文件。本報就有一百多次的廣告收入，為數不可小覷。

八十四年底，徐抗宗先生繼朱宗軻之後，任本報董事長，八十五年二月上旬，就要求研考室就華夏公司的策略聯盟的指示，制定企劃案辦理。實際上，本報與黨營的新聞事業，中廣、中視、中華日報已有許多合作事項的經驗，相互發揮截長補短的效果，所以相互往來並不全然陌生。如舉辦十大傑出女青年選拔表揚，為　蔣公祝壽舉辦的萬人登山大會。但這次策略聯盟是更為具體，促使上百家的黨營公司和黨所投資的公司，在營業收入上給與本報協助，提供直接金錢上的往來。

在二月中旬，有我的參與，而且快速擬妥企劃案，名為實踐黨營事業策略聯盟企劃案。企劃案如下：

實踐黨營事業策略聯盟企劃案

壹、緣起：

八十五年二月六日（星期二）上午十時，徐董事長首度召集本報行政單位主管和副組長以上幹部會議，以了解人事、會計、行政、研考和安全衛生等單位運作概況。徐董事長在聽取研考室李主任在敬報告後，就報告中所提黨營事業策略聯盟，指示研考室提報本企劃案。

貳、宗旨：

一、遵照黨管會暨華夏公司指示，在黨營事業互助合作、相互支援的基礎上，發揮黨營事業策略聯盟力量，使黨營事業互惠互利共謀發展。

二、本黨參與投資的事業上百家，轉投資事業更多，本報努力使本黨參與投資事業單位，編列年度預算專款，用以支援本報廣告。

三、本報廣告績效目標訂為每年新台幣二億元。

四、本案推動不易，困難在所難免，大家一起投入，多多努力。

參、本案內容：

一、名稱：中央日報黨營事業策略聯盟專案。

二、本案對象：黨營事業管理委員會所督導七家控股公司之所屬及投資的一百多家公司。

三、分配額度：依據各公司投資額、從業人數、黨政關係和業務需要，將本案對象分甲類、乙類和丙類三種。
甲類公司每年刊登本報廣告，本年度預算三百萬元以上；

乙類公司二百萬元；

丙類公司一百萬元。

四、推動編組：成立中央日報黨營事業策略聯盟專案小組，負責專案設計和執行。董事長為榮譽召集人，社長為召集人，總稽核為副召集人。另設執行長、副執行長及委員多人，皆由社長指定適當人選擔任之。

　　　廣告組和國際版廣告組為本案執行單位；採訪組和地方組為配合支援單位。

五、分組推動：一百多家黨營投資事業，依營業性質可分為八類，本報成立二個工作組，以利績效目標之推動；二組各設專人負責達成任務。

　　1、分組：

　　　　第一組：包括黨營投資事業文化傳播類、貿易流通類、工商服務類、金融服務類等五十二家公司。

　　　　第二組：包括黨營投資事業營建服務類、科技發展類、石化工業類、民生服務類等五十二家公司。

　　2、二組負責人選：

　　　　由執行長和副執行長分別擔任。

　　3、績效目標：總目標為每年二億元，由會計主任參與訂定本案各公司歸屬甲類、乙類、或丙類，及二組的績效目標。

　　　　廣告項目：面對多元社會和本黨投資事業不同需求，本案所提供廣告服務亦應多元化。

六、廣告服務分三類：

　　1、商品、公益、啟事等一般性廣告。

　　2、專輯。

　　3、活動分銷廣告（Event Marketing）：各企業舉辦發表會、商展，以及文化性、公益活動，廣告效果和投下

資金，近年凌駕廣電和報刊廣告之上。本報可承包黨
營事業類似活動，或是參與協辦。

七、廣告價格優惠：照本報廣告定價八折收費。

八、佣金辦法：衡諸目前報社財務狀況，所有差旅費用照規
定從寬報銷，佣金另詳訂辦法支給，並考慮給予獎金。

肆、推動步驟：

一、先成立本報黨營事業策略聯盟專案小組。

二、以矩陣方式成立二個工作組，由小組提出企劃分案。

三、敬請黨管會及華夏公司，就本報所提策略聯盟企劃案，
召集有關單位主管研議，大力支持，並通函至各單位配
合。

四、由本報任務編組之負責人分別拜訪有關單位，提出說
明，期企劃案獲得認同，付諸實施。

伍、績效評估：

一、一分耕耘一分收穫，本案不論執行成效程度如何，均對
本報有益。

二、本案須報社同仁多投入，大家參與，但初期仍會感到人
力不足。

三、本案目標額，預計三年達成。
第一年六千萬。
第二年一億二千萬元。
第三年起二億元。

陸、本案奉核定後實施，修正亦同。

本報黨營事業策略聯盟的企劃案，研考室曾向華夏公司呈
報，請再明確告知黨營事業和本黨所投資的公司支持。華夏公司
對本案有積極的配合作為，已函知各有關事業，要求每半年將實

施成果和具體的金額呈報，對本案的推動很有助益。華夏公司規定的這件呈報工作，尚包括發行和編採部門的成果，成為研考室的一項列管事項。我要定期彙整各單位成果資料，每年兩次呈報華夏公司，這工作的辦理一直延續到八十八年的六月，到我退休方休。

實施黨營事業策略聯盟方案係全面性的，本報在編採方面，對中央政策的宣導和執行，由文工會整體規劃，各黨營報紙和電視、廣播媒體共同加以宣傳。本報對黨營和投資事業則多作正面報導，作廣告性公關服務。本報發行方面，對黨員和小組長實施優惠和贈送的辦法外，尚與黨營事業的中央產物保險公司合作，雙方在業務上相互支援，辦理百萬保險訂報專案。訂本報者由本報贈送中央產物保險公司的百萬保險；在中央保險公司投保者，由該公司訂閱本報贈送。發行組經由此項合作專案，獲得訂報戶超過一千多份。在報業競爭激烈的情況下，檢討黨營事業策略聯盟實施績效，雖不如預期，但也是一項助力。我個人認為本報黨營事業策略聯盟的努力空間仍很大，應該會有更大的發揮。

第五節　業務通報

唐社長在八十三年四月到職，對報社編採和經理部門有很大的興革，舉凡報紙加張、字體放大和改版，都在年底前就畢其功於一役，一次都做好。電腦化撿排和拼版作業也逐步完成。在經理方面則鼓勵每位同仁大家參與，每個同仁都要拉廣告。並發起一人三報運動，每個人介紹三份訂報，同仁壓力不大，輕而易舉可以達成。到第二年的元月，國際版開始在美國印刷，中央日報充滿發展活力。

　　唐社長對原有的社刊，每月僅出刊一次，有一種力有不逮的感覺。為了即時反應報社作為，加強同仁的溝通和共識，唐社長將社刊改為每周發行一期業務通報。業務通報設計和籌畫，都是由蔣震副社長主持。蔣副社長曾任職中央通訊社副社長，以該社的業務通報為範本，要我到中央通訊社去求教。由於本報有營業業績的要求，績效量化層面涵括編經兩部，本報的業務通報與中央社相較，本報的規畫更為周延。

　　業務通報每周出版，涵蓋報社每一單位工作績效，內中包括各單位報告，地方記者和採訪組記者發稿量，校對遺漏字數，新聞比較，以及廣告、發行增減統計。社務會議決議事項及其追蹤，列為首項。業務通報人手一冊，使報社同仁快速了解報社的運作動態，能上情下達，團結共識。並使每位同仁的努力和成果，一目了然，給予肯定，有激勵的效果。業務通報的作業程序，是記錄、追蹤、檢排、校對、印刷、裝訂和分發，很是繁瑣。由於我長時間編過社刊，做起來是輕而易舉。且所有作業，包括編校、電腦輸出，由報社專職單位負責，甚至桌上印刷和裝訂，都由文書組承做。全部工作都在報社進行，比原來的社刊委交社外工廠印製，順利和方便許多。

　　業務通報的特色有三，一是社務會議中，對各單位所研議事項的追蹤，辦理成效一目了然；二是記者發稿字數，詳列在姓名之後，可使獎懲客觀，廣告、發行增減也有數據登錄；三是資深記者王宗蓉的新聞比較，對社內編採同仁的良窳、勤惰和優劣都有入木三分的剖析。王宗蓉副總編輯以她的新聞專業，分析和比較他報，指出本報新聞可再加強和改善之處。她對編輯所下標題批評和褒貶，也常見她神來之筆。三個特色中，以第一項業務追蹤是有時效性，我要在每個星期一完成十幾項的追蹤，並印在星期二發送出去的通報中。

業務通報自八十四年元旦發行，每星期的星期二發出，每個星期三下午社務會議要確認和討論通報中的追蹤事項。業務通報從未間斷，就是農曆新年春節，也未曾間斷過。這是我個人的堅持，我想做了五年多的業務通報，對報社也算是盡了心力。業務通報貴在達到同仁的共識，報社的興革、業績、獎懲和中央的指示，都在通報中清楚記載。最重要者是檢討改進事項，和績效統計，業務通報人手一冊，人人因此收到相互砥礪之效。

業務通報中，有研考室工作一欄，我在欄中寫過許多文章，找到幾篇文稿，刊載如後：

一、摘自民國八十四年二月十四日業務通報

李總統參加本報舉辦全國作家新春茶會

二月十一日，星期六下午，本報在北市中山北路晶華飯店三樓宴會廳，舉辦全國作家新春聯誼茶會，邀請中副作家八百餘位參加一年一度盛會。男女老少作家齊聚一堂，來一次藝文界情感交流和薪火相傳聚會。常言道請客容易，邀客難。每年這個時節，章益新副總編輯兼中副主編，都要與中副年輕伙伴一起打拼，為作家的聚會安排有新鮮內涵的場地佈置，年年推陳出新，使藝文界朋友每年都期待本報這項安排。

今年作家新春茶會特色是李總統要來參加，李總統在致辭第一段就說明，他是實踐他的諾言。李總統說去年十月接見十多位國內作家時，就答應本報章益新先生的邀請，參加全國作家新春茶會。李總統是下午三時卅分，由朱董事長宗軻和唐社長從大門口迎入會場，在全場作家起立鼓掌聲中，李總統直接登上講台發表對全國作家致辭，總統致辭一開始，竟先肯定本報數十年堅守社會清流角色，從不報導對社會有傷害的新聞，他認為本報對社會貢獻，超過金錢利益。總統這段話對在場本報同仁有莫大的鼓舞。

　　總統當天講話非常高興，本報同仁原本以為十多分鐘就可結束，總統對作家們講話很有感性，而且期以厚望，從中國古聖先賢到歐美、日本作家作品，侃侃而談，到了四時廿分才結束。總統表達內心深處的希望，希望作家在現在自由的環境中，有宏觀的不朽稀世之作，並委婉的說作家不是坐家，不是坐在家裡，要走入社會，作品要被社會肯定和接受。

　　章益新副總編輯三度被李總統在致辭中提到，第一次是致辭開始時，李總統先向茶會主人本報朱董事長、唐社長和章益新先生致意，第二次提到是李總統說，他是實踐答應章副總編輯的要求，第三次是李總統說台灣未來的基礎是在地方，不是台北市，章益新先生可安排作家與總統作環島之旅，章副總何有如此之榮幸。但文人騷客都有個性，自古而然，如何安排又要使章副總編輯煞費苦心。

　　中副舉辦作家茶會，是二月十一日，唐社長在二月七日本報編經會議中，聽取章副總編輯報告，立即裁示，茶會適逢星期六、日，新聞版面要調整配合，多派攝影記者。並以這是本報盛事，行政室和安全衛生室全力支援，報社各單位主管參加。在社長要求下，使籌劃均已妥當的茶會，更為豐盛和活絡。中副同仁在茶會當天，上午十時到達現場，行政室重要幹部在十一時也到達，中央文工會新上任四室總幹事毛祚仁這時也來到會場，展開會場佈置和餐點桌椅安排，同時要向有關方面聯絡，安排總統蒞臨會場各種細節，再加強一些要注意和準備事情。

　　準備工作時，還是看到章益新副總編輯忙上忙下的，會場內外事必躬親，下午一時報社大軍陸續開到，服務同仁一一進入定位，社長先到，董事長也相繼到達，向每位前來作家親切握手寒暄。唐社長且在現場作有關接待總統事誼安排明確決定，胡有瑞、蔡文怡、鄭佩芬等多位與藝文界作家熟識的同仁，招呼每位來賓。蔣副社長、李主任秘書在敬、魏瀚總編輯、劉必逢主任、

項紀台主任、徐清景主任都站在會場進門處,與社長、董事長歡迎嘉賓,或是在會場中與作家招呼。

茶會在二時卅分正式開鑼,章副總致歡迎辭、餘興節目、中央日報文學獎頒獎、董事長致辭,就在一切活動進行剛好完成時,總統三時卅分步入會場,節目進行和時間安排真是絲絲入扣。總統致辭時,採訪組樊祥麟組長則不時督導多位採訪同仁手握紙筆,站在會場後面振筆急書,並指揮攝影同仁如何配合。

總統參加中副作者新春茶會,是本報報導焦點,印務部熊主任說,當晚新聞是由唐社長披褂上陣,親自處理。第二天,二月十二日本報,一至三版新聞和照片都以茶會和總統講話為中心,包括總統致辭全文,再加上章益新自己分析稿、劉本炎主筆深入報導、政大歷史系教授閻沁恆的學者專欄,以及許志鼎副總主筆執筆的社論,使整個報導完整深入,且淋漓盡緻。

李總統講話,重視文化,他以社會有了「和諧感」認知後,才能會有「生命共同體」的境界,因此對作家期以厚望,願提供協助。總統對本報善盡社會責任,堅守原則,也給予肯定,對本報同仁有很大鼓勵。本報珍惜這項契機,已相繼三天刊出有關茶會新聞、特寫和專欄。副刊在新聞版面之後,也整理參加茶會作家反應,詮釋總統談話,在第四和第五天有大作刊出。未來仍會有後續發展,有更好的發揮。

茶會難免有照顧不週,章副總編輯真是做到殫精竭慮,體力、精力透支的地步,看到他曾多次到報社對面小店喝杯咖啡提神。事實上,本報若能發揮「生命共同體」力量,投入更多黨政記者和專刊同仁,對總統文學修養和以文化宏觀治國理念,作綜合性分析報導,則可能會更好,會一鳴驚人。

茶會還送參加者兩本書,一本是「經營大台灣」是敘述李總統治國大作,另一本是「智慧的薪傳」彙編藝文界大師級人物對社會之影響,都是上上之選,也是章副總編輯另一精心之作,

是向文工會和新聞局要求支援來的，使人樂於讀閱，對茶會念念不忘。

二、摘自民國八十四年二月八日業務通報

產業工會辦理菲律賓四日遊令人難忘

　　產業工會舉辦的菲律賓四日遊，共三個梯次，在一月十九日參加最後一梯次同仁回到報社後，圓滿的結束。產業工會能在同仁承擔工作壓力沈重，報社力求突破、創新的氣氛高漲時刻，舉辦這次休閒活動，可謂適得其時。對參加同仁當然會在休息後，走更遠的路的效益；對未參加同仁，若能分享參加同仁所帶回來的喜悅，也會增加工作的活力。

　　適逢政府舉辦國發會，經由電視、報紙新聞報導，許多同仁都知道，必須提昇國家總體的競爭力，若不在體制上改革，政治生態會影響經濟，進而波及社會層面。任由一再惡性循環，將會耗盡國家前所累積的資源，就好比二十年前的菲律賓，由經濟強國衰退到一蹶不振。多位同仁參加這次活動，也是要親自體認一下，菲律賓經濟落後的實際情況。報社同意並贊助工會這項活動，有使同仁要更堅定落實國發會結論的效果。

　　菲律賓比臺灣熱很多，早上五時從報社出發正是寒流來襲，八點多起飛後，兩小時飛機航程中，穿厚衣的人就一件件的脫下來。一下飛機就感受到熱帶的風情，六、七位穿著白紗襯衫男士，在出口走道上拉著大小提琴，列隊歡迎每位旅客的到來，走出機場就看到椰林夾道，熱浪襲人。隨隊導遊小姐透過有點神秘的口語和動作，很快地讓大家都知道，大家若集中在一個海關入境出口，就能很快出關。出關後又有警車在前面開道，使我們大遊覽車直駛馬尼拉，表示「該花的錢」都花到了。

　　在菲律賓四天，玩了馬尼拉南部三個觀光勝地，第一天是馬可仕的加勒比灣海邊渡假中心，游泳在清澈大海，並享受得到西

班牙國家評審，金牌獎餐廳的美食和音樂。第二天是騎馬觀光大亞台火山，同仁在馬背上各顯神通，一個小時下來，腰痠背痛點滴在心，第三天是坐船遊百勝灘，其實幾近是一半在水中，一半是陸上行舟，驚險萬分。第四天則是遊市區。所以四日的行程安排，舟車和餐飲都令人感到新鮮滿意。

菲律賓的落後和政治不安關係最大，馬尼拉海邊的日落大道，每換個總統就改個名字，馬可仕大道、柯拉蓉大道、羅慕斯大道都叫過，誰當權誰就權大不可一世，很清楚顯示，菲國尚未落實民主法治，官箴難修。其次是財富不均，像百勝灘每人船費三百五十元，船夫每人只得五十元，其幣值和台幣相近，但平均兩天才能出船一次，這樣就要養活四口或五口之家，而公司大老闆則是日進斗金。

菲律賓四日遊，說來仍未盡興，譬如菲律賓小提琴和民謠歌唱，椰林下婆娑起舞，該享受到熱帶風情，尚未能嘗試，但願還有下次。產業工會安排這次旅遊和去年辦的金門之旅都令同仁念念不忘，尤其邀請退休同仁參加，搭起退休同仁對報社情誼的橋樑，最值得肯定。

參加菲律賓四日遊同仁，第一梯次是卅一位，由關建霞常務理事帶隊；第二梯次參加同仁最多，由梁寶明常務理事帶隊，有五十七人參加；第三梯次由郭京生常務理事帶隊，有廿二位參加。

遊菲律賓加勒比灣

三、摘自民國八十五年六月四日業務通報

本報籌辦一項全球性中國文學學術研討會

　　最近又多次見到中副主編章益新副總編輯，到一樓中副書屋巡視，並到咖啡屋喝杯咖啡，就彷彿去年中副籌辦全國作家新春茶會時，常看到章副總到報社對面喝咖啡運籌帷幄一樣。中副這次要為報社舉辦一項規模更大、更具意義活動。

　　中副籌辦「百年來中國文學學術研討會」，大多數報社同仁沒有參與，並不了解，但從兩件事可見端倪。一是電腦中心在業務通報寫過，中心的白天班同仁要打印這項文學學術研討會論文，兩星期來每天要增加工作量四萬餘字。二是在中副版面上，同仁看到中副訪問蘇雪林教授。蘇教授年近一百，百年來中國文學學術研討會，有百歲國寶級大師參加，最具實質意義。籌辦者投入心力，可從這項安排見微知著。

電腦中心最早參與作業，交給白天班同仁打印研討會論文，可以不影響新聞出報作業。但本報編採電腦化，白天專職輸入員已是愈來愈少，忙得大家來不及準時回家吃晚飯。就連出版部梅淑娜小姐也不得不前去支援電腦組版，每天看她連吃午餐時間都沒有。

蘇雪林教授年齡大，又臥病在床，難耐舟車勞頓，她不可能從臺南成大宿舍，趕來臺北參與盛會。但中副已將訪問蘇教授全程錄音錄影，將在大會播放。以現代科技彌補人力做不到事，確信以現代高科技音響效果，臨場感將超過蘇教授光臨現場。

社長在五月廿八日編採會議中，指示編輯和採訪單位全力配合，開會前一天應發研討會預告新聞，在一版頭條見報，由副刊組提供資料，活動新聞則在三版見報。總統書面致辭也要放在一版頭條。社長對這項活動極為重視。

社長在會議中，還有兩項指示，一是行政室與相關單位支援配合，一定把事情做好；另是報社組長以上同仁都參加，由中副發出邀請卡，共襄盛舉。

近百年中國文學學術研討會，受邀參加者分量最為重要，章副總在編採會中報告，邀請海內外和大陸作家二百八十人與會，其中以中年作家為多，包括六十餘位各大學博士和碩士同學。至報告時止，已有北京大學和復旦大學各三位教授參加，其中有兩位是重量級人物，享譽海內外。

另邀請到來自英國二位、法國三位、美國六位、加拿大三位。受邀人士中仍以大陸方面教授最難邀請。受兩岸關係影響，大陸方面對來臺灣開會所提論文題目，都表示關心，要求事先提報。

與本報文學研討會召開時間相近，國內有家大報也召開性質相似會議，對本報能邀請到大陸知名作家很是關注。總希望能搭個便車，讓本報邀請來的大陸人士，也能參加他們研討會。

「苦戀」一書作者白樺，本報同仁最為熟悉。他曾寫過，當同志笑臉擁抱你的時候，手中一把刀已刺向你的背後。道盡中共本質。章副總聯絡白樺時，他家人在電話中答覆人不知去向。白樺是大陸方面目標人物，他家人是基於政治考量，很自然的迴避。白樺終不能參與這項會議。

近百年中國文學研討會，於六月一日起，在國立中央圖書館舉行三天，原邀請李總統親臨開幕式，因適逢總統公忙，吳秘書長代讀書面賀辭。本報這項研討會，有論文四十五種，討論時達五十餘萬發言，內容豐富，受到各界高度重視。教育部長、新聞局長和中華文化復興總會，將在會議期中，三個晚上分別在有名大飯店，邀宴全體與會人士。臺灣省政府也將在會後，在中興新村簡報，並安排日月潭、阿里山二日遊。

本報在總統大選後，兩岸關係膠著狀態下，全國激情過後，靜心舉辦兩岸人士有關文化交流研討，對國家是有貢獻的。聯合與中時在去年和前年，各自辦過中國五十年和四十年文學研討會。本報這次辦一百年研討會，同仁樂見會議成功。

四、摘自民國八十六年三月十一日業務通報

企業識別體的內涵

實施企業識別體，最簡單的切入方式，是請位美工的熟手，設計一個企業標幟，在大門上一掛，或是高掛在企業的大樓面牆上。進而將標幟印在公司的車上、制服上、信封上，甚至茶杯、紙巾上。使過往行人看到這項標幟，就直覺會想到這個企業。

但如此作，並不能發揮企業識別體的價值，也可能一無是處，反而貽笑天下。因為企業識別體是講求內涵的。定要有企業文化、員工共同價值觀和企業理念，這種企業識別體的內涵的形成、推廣，是要經過很長的時間和步驟，以及專家的設計與指導。

　　日本企業實行企業識別體很多，在實務和理論方面，都已凌駕企業識別體的發源地美國。企業識別體的內涵可由一則小故事說明，在日本東京地鐵上，一位小姐很禮貌的讓位子給站在車門旁的一位太太，一面鞠躬，一面說請。一旁站的中國人好生奇怪，老的不讓，小的不讓，為什麼就讓位這位太太。相詢之下，原來這位太太手上提著一家百貨公司的袋子，正是這位小姐上班的公司。

　　這則故事說明企業識別體有三個基本內涵，一是理念的認同，這位小姐認為應該服務顧客，很自然的讓位顧客；二是行動的認同，行動的認同有兩項，第一是立即行動，馬上讓位，第二是讓位的禮貌有一定的制式，鞠躬多少度，口中說謝謝，還要有一定的笑容，這項禮貌動作是經過養成訓練的；三是視覺的認同，對公司標幟、色彩認同，一看到印有自己公司標幟的袋子，就認同是本公司的顧客。

　　這裡討論到的企業識別體的內涵，就是 CIS 中的 MI、BI、VI。是缺一不可的。需要設計、時間和很多的金錢投入。

　　中油、三陽機車、ACER、統一超商實行企業識別體，對一般消費者產生很大的共鳴效果，主要是重視企業識別體的內涵。他們成功之處，可資本報參考。

五、摘自民國八十七年三月十日業務通報

北京五日之旅

　　本報產業工會在過去兩年辦過「金門之旅」和「菲律賓快樂行」之後，在今年二月十六日起，又有服務會員和本報同仁及眷屬的驚人佳作，舉辦三個梯次「北京五日之旅」，第一梯次卅二人，由朱常務理事元成任領隊，於二月十六日出發，二十日返回臺北；第二梯次卅六人，由梁常務理事實明任領隊，於廿二日出發，廿六日返回臺北；第三梯次卅四人，由關常務理事建霞任領

隊，於三月一日出發，五日返回臺北。除兩位第三梯次同仁順便在北京辦事，要多停留幾天外，參加同仁及眷屬都安全回來臺北。又是工會舉辦一項成功的旅遊，非常圓滿。

　　誠如負責這次旅行的富安旅行社的導遊所言，這是「物超所值」的旅行，參加者對旅行中吃的和住的安排都感到滿意。涮羊肉、烤鴨，餐餐八菜一湯，另加二鍋頭燒酒和水果，所以吃的雖不是一流的大館子，但都安全衛生，常看到老外，美國人、日本人，還有很多歐洲人，在同一飯館和我們一起用餐，同仁從未感到吃的不舒服；至於住的「北京飯店」則是赫赫有名，在我們同仁住的舊樓牆上常看某某名人曾住過此間房的牌子，如我們住的五樓就看到「張學良先生於一九三一年曾住此房」的牌子。「北京飯店」不僅令人懷舊，設備也是一流的，服務人員的親切與禮貌也是值得稱道，多位同仁每天放在桌上的小費都未見收去。

　　行前，大家都擔心北京的天氣，禦寒的衣物一件件的添購，雖在臺北電視氣象報告上看到北京氣溫都是零下和零上四度之間，但除了第一梯次看到下點雪外，卻都是豔陽高照，遊覽名勝或是爬萬里長城，舒泰極了。古都的名勝故宮、北海公園、景山公園、天壇、雍和宮，以及郊外的十三陵和萬里長城等遊玩重點，都在導遊精心安排下，玩得很輕鬆，即使年長者也不感太累，當然爬萬里長城則要依個人體力，自行決定爬多高。

　　雍和宮是比較值得介紹的古都名勝，介紹理由很多，一是雍和宮沒有其他名勝名氣大，鮮為一般人所熟知，另是在共產唯物理論對宗教極端排斥下，雍和宮在文化大革命時，卻能在紅衛兵亂燒、亂砸下，保存安然無恙。據稱是周恩來動用軍力，架起機關槍嚇住紅衛兵，才能倖免於難。最重要的是雍和宮確實有一件件的寶物值得一看。雍和宮是乾隆皇帝追念父皇雍正的廟宇，當然有母皇太后念經拜佛，求佛保祐雍正的專用佛堂，這佛堂的佛龕高大雄偉，用上等木料，一體雕刻成形，是該宮的一寶。雍和

宮是喇嘛廟，在一個廟殿，佛像的背後面上，不到一坪的位置，
用金、銀、銅、鐵、錫五種金屬，鑄有五百尊形狀不一的佛像，
是該宮的第二寶。至於第三寶則是高達二十七尺的大佛，佛面祥
和，令人很自然感到佛的法力無邊，這尊佛的原木料是尼泊爾的
國寶，用一棵大樹所雕成，不知乾隆用了多少心力，得到尼泊爾
的割愛，花了三年多的時間才運到北京。多位同仁曾追問，是先
雕建這尊大佛，還是先建這個大佛殿。雍和宮的建物庭院雄偉寬
廣一如清廷其他宮殿，只是仍有喇嘛唸經禮佛，是個活的古蹟名
勝，有很深遠的文化內涵，應該慢慢品嘗。

　　小吃和血拼也是同仁兩大樂事，領隊的工會常務理事一再告
誡，不能亂吃東西，小心腸胃；但是第一天晚上，大家就趕到長
安小吃街，什麼告誡都忘了，豌豆黃、驢打滾、炸蠍子、炸蝗蟲
什麼都吃，自己吃飽了，還帶回來給未去吃的同仁，吃得高興極
了。至於血拼（SHOPPING）可真不得了，據稱同仁回程的行李
重量比去的時候超過一倍，還要更多一點，女同仁樂此不疲，每
天旅遊回到飯店，再累也結伴去王府井大街血拼一番；夫妻檔的
同仁更不得了，兒子的、孫兒的、媳婦的禮物天天買不完，反正
便宜嘛，表現親情的機會難得，只是回程的路途上，大包、小包
的背著、抱著，真夠辛苦的。

　　三、兩天下來，膽量夠的開始乘坐計程車，想去那兒方便極
了，一上車十塊錢，合台幣四十元，可跑十公里，可從北京城南
跑到城北。膽子小一點的，就可搭公車，五角錢可一票到底。據
了解北京到天津的對號火車，單程只要二十元。至於北京的地
鐵，票價是兩塊錢，可以繞北京的舊城一圈，四十分鐘又可回到
原站，不是上、下班時段也不是很擠，清潔狀況則是比紐約的地
鐵好太多了。行在北京，大眾化交通工具可稱方便，又便宜。二
環道、三環道已建好，現在正建四環道。道路和高樓雖是不斷的
興建，但是舊市區的窄小胡同，北京大部分人所居住的環境是難

以改善的，尤其是大多數家庭沒有洗手間，要到街上的公廁方便，實在不便。總體看，北京的東西和車費都便宜，台幣雖貶百分之十二，但在北京仍是很好用。

　　中共在三月三日召開政協和人大兩會，在二月二十三日舉行籌備會，迫使第二梯次改變參觀行程，因為天安門廣場停滿了開會車輛，根本無法停車參觀。所以本報這次行程的時間正是大陸方面政治敏感時刻，大家都很小心，報社的長官也一再表示關心之意，如今是大家愉快的旅遊歸來，一切都好。

報社同仁遊北京頤和園

六、摘自民國八十七年十月二十七日業務通報

射鵰之旅

本報革命實踐研究院結業同仁，由新聞研究組第二組召集人，徐董事長抗宗安排在十月十五日，到桃園龜山鄉警察大學參觀、打靶。通知由董事會車秘書發給同仁後，反應是空前熱烈，大家無不摩拳擦掌，要打靶打個好成績。尤其是巾幗不讓鬚眉，女同事是更躍躍欲試。但好事多磨，警大的靶場受到連日大雨的沖刷，又勞車秘書二度通知，警大延至十月二十三日才能整理好場地，歡迎本報同仁參觀。

十月二十三日同仁齊集本報大樓門口，等候大巴士一同前往，預定九時出發，但全員在十幾分鐘前，就提早到齊。為掌控精確時間，大巴士仍準九時，徐徐從報社開出。車行忠孝東路右轉建國高架路，直上中山高速公路，一路上清風拂面，舒服極了，也許是芭比絲颱風，也許是東北高壓帶來絲絲小雨，難得有清淨的大地，遠山、田野、小橋、流水都是搭配得美好如畫，未多久車已駛到林口的橫跨高速公路的陸橋上，長庚醫院在望，車再南行，不到五分鐘，則看到林口兵團的營區，美景未能久看，龜山鄉警察大學就已在眼前。

上午十時整，警大校長謝瑞智在陪同中東外賓參觀中途，就先行抽身來接待本報同仁，親自作簡報。他認為警察大學應培養精英階層高級警官，人數不必太多，每年二十位就可以了，是學士後高考錄取者，再予半年訓練，然後分別在行政、刑事、消防不同的警察部門各工作一段時間，應是每個部門兩年，這第一階段完成後，則授予分局長職位，到一定年資則一定升遷。若是不出差錯，一定會升到最高警察首長。他認為警大應該培養高階警官，至於另一類的警察，是基層警察，是要專業培養，則要另設學校。基層警察在工作十年、二十年後，仍應屬執行階

層員警，雖不能高升精英階層警官，仍一生享有專業榮譽，也是甘之如飴。

　　謝瑞智校長的構想，是以日本警察人員培養為範例，但目前警大仍是每年招生兩百人，且辦理研究所招生，培訓高級警官。即使如此，他仍是信誓旦旦，滿懷信心，警大會成為一流大學。本報蔣副社長則代表報社感謝謝校長熱情接待，同時讚許謝校長是由學術界轉任警大校長，在處理入學考試弊案明快果決，對謝校長處理危機，舉重若輕的能力更欽佩。

　　打靶是重頭戲，本報同仁早就蓄勢待發，只經過一分鐘教導、一分鐘安全講習，第一批打靶，由報數一到十五，前十五人立即就打靶位置，在教官的口令下，關保險、裝子彈、開保險、扣板機、射擊，接著是槍聲大作，砰！砰！砰！此起彼落。然後是收靶、驗靶，同仁表現出驚喜和沮喪，都落在臉上，有的落點全在孫山外，有的幾乎全中靶心，尤其總稽核杜建國，都打中靶心附近，真不能讓人相信，結果又再打一次，成績雖稍差一點，但仍是神射高手非他莫屬。

　　這次射鵰之旅，本報編、經兩部，以及人事、會計和行政單位同仁有二十四人參加，尚有中華日報劉經理尚信等四位參加，原因是他們是研究院結業者，也編在新聞研究組第二組。射鵰之旅有助同仁之間溝通，會提高工作效率，也是知性之旅，最後參觀警大博物館，真是收穫豐富。

七、摘自民國八十七年十一月十七日業務通報

本報同仁為小馬哥健行造勢

　　上個星期六（八十七年十一月十四日）報社同仁，上午八時前就在內湖路劍潭公車站集合，再移向中央投管會在登山口設置服務台報到，雖是人聲鼎沸，參加人員眾多，中投所屬各大公司參與的員工和眷屬，將登山口附近擠得黑壓壓的到處是人潮，所

幸主事者反應很快，不核對任何證件，只要排隊報到，就發帽子、夾克、和礦泉水，主事者且一再勸導快速通關，所以人潮流通速度順暢。

「臺灣第一、臺北第一」是小馬哥競選標誌，帽子和夾克上都印著「馬英九」和他的標誌，在大家從自強隧道這頭，在隧道上頭健行，有點像爬山，又是走的柏油大馬路，看看前後頭，滿山遍野都是穿著馬英九競選夾克的隊伍，誰能小看本黨動員力量。自強隧道的另一頭，遠遠在望時，看到一隊馬隊緩緩的走過來，人和馬都經過主辦單位挑選，氣勢很壯盛，馬上的人，人手各執大旗一面，旗面迎風飄逸，上面也是寫的「臺灣第一、臺北第一」。這一路行來雖只有七公里，人潮鼎盛，小馬哥勝選味道已是讓人信心滿滿。

本報大部分同仁在清晨才下班未久，編輯部和印務部同仁才上床，發行和派報同仁正是最忙著發報，廣告同仁早上準備一天的奮戰，所以這次動員，唯行政部門是賴。主任秘書室星期六最忙，因為在這一天正是每周業務通報的發稿的日子。在人事室主任徐清景鼓勵下，主任秘書室的文書組，乃改以鐵將軍把門，全室動員。其他行政單位也不落人後，都誓為本黨這次選舉勝仗打拼。

平常大家久坐辦公室，也難得在風和日麗郊外踏青，同仁在途中見面格外親切，行政室邱創南主任和杜建國總稽核、李主任秘書在敬在登山口到得最早，迎接每位同仁，轉過頭又看到安全室項紀台主任。同仁兵分兩路，大部分同仁移向報到處，排隊領帽子、夾克，部分同仁仍留登山口等後來同仁。本報同仁很有默契，都能在人群混亂中自動自理，每個人很自然的、輕鬆的參加這項活動。

程正、陳耀琴、黃玉琴和幾位同仁開始搶先一步，早在同仁報到排隊時，他們已是搶排在隊伍最前頭，隊伍中又看到會計室

的吳安嫺和董麗君。等到大部分同仁開始登山時，行不久就發現有人更是捷足先登，總務組李日成副組長已撐著報社大旗，悠哉游哉故意放緩腳步，等待同仁逐漸趕上。真是人上有人，天外有天，再往前走，又看到會計室吳民善兄全家，已在一架小貨車旁休息，喝著飲料，全家和樂融融，好是令人羨慕。人事室劉冠民兄是由太座相陪，腳程快的驚人，不知不覺中超越很多同仁。

健行終點遊園所在地，是聞名已久的中影文化城，在報上常有詳細介紹，雖有多次前往開會的經驗，但從未好好觀賞過，這次真有點劉姥姥進「大觀園」的味道，首先是動感電影院，第一次開洋葷，僅短短十分鐘，椅子大動作的搖晃，加上震撼的聲光效果，對年齡大者已到健康安全點的極限。其次是三百六十度電影院，上映的是「大陸風光」，電影院中無坐位，是三百六十度圓型電視牆，每人可隨意看任何方位，影片中的大陸風光要比實體更是風光，是另一種電影饗宴，事後一直在想這種電影，鏡頭畫面到底是從那個方位放映出來的。模擬電影院、三度空間電影院雖是音效不及前兩者動人心弦，但小朋友仍歡樂得手舞足蹈。觀賞完中影文化城影院後，真覺得是不虛此行。

觀賞電影中看到更多同仁，文書組的黃素玲、曹仲雲、人事室林琪，公服組的廖佳盈，以及行政室周菊妹組長、賴銘義和小君。報社重量級主管則是要代表報社，多集中在演講台前方，參加免費聽講，並要熱烈鼓掌，營造現場歡樂的氣氛。坐在椅子上的杜建國總稽核，最為奉公不二，站在後方的蔣副社長最辛苦，不但自己辛苦，還由夫人一起陪著罰站，會計室林明元主任和文書組蔡昭弘組長亦在講台左邊，不斷招呼過往同仁。

會場內同仁最大集中點，是本報專設的服務台，凡來簽名遊園者，都可獲贈家常菜和銀髮族兩本好書。開始時，只看到張常潤一人獨撐大局，謝副總經理則是一襲輕裝，在周邊打點，等到九時後，發行組同仁在報社忙完必要的工作，大軍逐漸開到，只

看到林樹木等人，忙裡忙外，人越多越忙，看著中央日報的旗幟在會場四周飄揚，同仁都是很高興。

遠遠的廣播聲，傳來杜總稽核被抽獎抽中，得了一個大獎，更是令同仁興奮，使這次同仁為小馬哥健行與遊園，更加難以忘懷。

八、摘自民國八十七年十二月一日業務通報

人心沸騰的「逗陣行」

星期一（八十七年十一月卅日）同仁上班相見時，仍難忘記昨天（星期天）下午為馬英九勝選大遊行「逗陣行」的興奮，興高采烈的談論昨天大家的熱情參加的盛況和感人的事蹟。雖是兩腿不太聽使喚，舉步維艱，但是同仁還是難掩心中的快樂，高興看到本黨這樣龐大的動員陣容。出乎黨中央的估計，也超過一般的預料。有很多群眾自動自發的參加，本報和中時都報導遊行有十萬人眾，聯合報計算有六萬多人，但關鍵重點這些人都是在地的臺北人，大多都擁有投票權；不像中山足球場，前幾天民進黨的晚會，雖號稱十萬人參加，僅高雄縣余政憲就租了數十部遊覽車拉人來助陣，對選情雖有造勢的效果，但對選情實質的影響，則與本黨辦的這次遊行不可等量視之。

年底的三合一選舉，是攸關本黨和國家的未來發展，報社與同仁都已深深體會，可說早有共識，所以這次「逗陣行」大遊行，雖在社內只有四、五天發動的時間，參加情況卻熱烈異常。本報同仁在中正紀念堂會場報到處，簽名報到就有九十多人，加上來不及報到，陸續加入行列，以及攜家帶眷，本報遊行隊伍少說也有兩百多人。社長、副社長、總稽核、李主秘和很多同仁都是和夫人一起參加，徐清景主任則是一兒、一女，左右相伴，周菊妹組長是全家福，吳民善和楊廉昌也是太太陪著，潘適存有太太陪著外，還帶著國外歸來一位友人，廖佳盈是帶著先生來，胡坤英

則是把小學同學也帶來相聚，田玉川則背著娃娃參加，還看到同仁帶著老爸、老媽。後來在報社同仁閒談，發現更多的同仁自動跑去參加，只是找不到本報的隊伍。最特殊的是印務部同仁和資訊部的報社老同事，像是倪士琦、藍占炯、李光治、林雙明、李稚鴻、王邦民、林國富、蕭玉生、張湘洪等最少有二十多位，其中也有幾位是攜眷參加。

　　出發時由社長親自領軍，前面是新聞界和中央日報的旗幟，後面是黨旗、國旗，都由報社同仁手持著，同仁身著印有中央日報的紅色夾克，夾克上還由行政室黏上「臺灣第一、臺北第一」馬英九競選標語的貼紙。本報隊伍走在新聞界的最前端，自成單元，與前面金融單位保有一定距離，很自然形成有組織的單位，像是一支久經訓練的儀隊，滿有壯盛威武的架式。後面則是中廣、中華日報、中視、華視等單位。本報雖是新聞界第一個單位，但距第一梯隊出發啟程時間晚了一個多小時。等候的時間，正是同仁間聊天拉近距離的好時光，也讓同仁有了演練喊口號的機會，大家跟著新聞黨部一位胖嘟嘟的先生不斷的叫口號，情緒也慢慢燃燒起來，早將熾熱的陽光放在腦後。

　　隊伍綿延拖得太長，行進也慢，等本報隊伍踏上信義路，時針已指向下午四時，同仁搖著手中的旗子，呼著口號，悠哉，悠哉的走，倒是難得有如此清閒的時刻，只是心理不免惦算著，還要經多少大路的路口，才能到光復南路口，左轉才會到國父紀念館。將近杭州南路口，左手邊眷村改建的公寓大廈，有多扇窗子伸出旗子搖晃，立即得到隊伍的「馬英九當選！當選！」口號的呼應。沿途的大廈開窗搖旗每每皆是，都會得到隊伍的回應。在隊伍經過的道路兩旁，隨時會看到感人的場面，不時會有馬英九的支持者，拿著各種小旗子，也附合隊伍高喊「馬英九當選！當選！」

　　每到大路口，如金山南路、新生南路、建國南路、復興南路，那位領著呼口號的先生，就會廣播：這是中國國民黨向臺北市民表示敬意。接著會要求隊伍向群眾搖旗致意。而「馬英九當選！當選！」！「馬英九當選！當選！」！「馬英九當選！當選！」的口號，則一遍又一遍的喊個不停。在新生南路口，看到披掛著「馬英九大姊」彩帶一位女士，向隊伍鞠躬，並聽到「謝謝中央日報同仁」的廣播聲，不免多看幾眼這位馬大姐。行到建國南路時，碰到反核的隊伍，宣傳車的音量很大，高呼「廢核，救臺灣」！但仍是還被「馬英九當選！當選！」「馬英九當選！當選！當選！當選！」的口號聲壓下去了，同仁更欣喜若狂。

　　天已悄悄的暗下來，隊伍也越走越快，遇到紅燈轉綠燈後，還得小跑步才能趕上前面隊伍。已經走了近兩小時，再來幾段小慢跑，真是難得的磨練。五時五十分本報的隊伍終於到了國父紀念館，看到本報默默辛苦另一夥人，發行中心王宗吉、林樹木、張耕道、萬作良、林經堯等七、八位同仁，正摸黑拆本報的服務台，他們從中午開始，已經服務成千的大眾，廣植本報發展種子。

　　星期天「逗陣行」雖是很累，但更興奮，到現在「馬英九當選！當選！」的口號，還會不時的在耳邊響起。

九、摘自民國八十七年十二月二十九日業務通報

桂林行

　　本報產業工會在十一月中旬開始，辦了三個梯次「桂林攬勝」，五天四夜之旅，宿豪華大飯店，會員費用是一萬三千元，同仁反應熱烈，第一梯次僅二十二人參加，這可能是由於時間急迫的關係。第二梯次則是大爆滿，參加者多達五十一人。第三梯次是十二月十八日出發，人數亦高達三十六人。

　　桂林行是趟有深度之旅，包括觀光、文化、歷史、美食和藝術，第一天晚上到達桂林，在飯店用畢飯後，仍把握時程，爭看

一下桂林夜景，有的人則到藥用按摩院嘗試一下腳底按摩，恢復疲勞，並可減胖，治療多種文明病。第二天和第三天，乘船到陽朔，順漓江南下，兩岸一座、一座聳立入雲的陡峭高山，迤邐百里蜿蜒流水，遠離塵囂，清風徐來，此情此景應只有天上有。陽朔是大陸的壯族自治區，區內有十一種少數民族。到達陽朔已很晚，再改乘車，並增加一位美麗壯族女導遊，直奔二十公里外的荔浦。飯後參加磘族的迎賓晚會，會中有來自高雄、豐原、臺北和本報等四個旅遊團，講話都是臺灣國語，「新臺灣人」在這裡表現出彼此最大的認知，主客和樂融融，節目盡歡。

第三天重點是遊覽豐魚岩，全程是陸、海、空的組合，荔浦的豐魚岩號稱是亞洲的第一洞，全長五公里，貫穿九座大山的底部，先是乘玻璃維幕電梯自天而降，再走一大段參觀地下岩各種勝景，最後一段改乘船，陰暗山洞中行船，配上岸上燈光和多個人工恐龍不停的動作，感覺新鮮。

大陸人的口頭禪：北京看牆頭，上海看人頭，桂林看山頭。桂林的風光秀麗，就在山多、水多、洞多。從第三天下午開始，就在桂林山頂和山洞中遊玩和觀賞，幾乎每座山洞中，都有刻在洞壁上碑林，叫做摩崖石刻，包括明末、清初文人騷客的詩句，在洞壁中保留完好，北宋時代蘇、黃、米、蔡四大書法家中米芾的碑文石刻也樹立石洞中。洞中佛、道兩教的石雕刻像並列，又和臺灣廟宇供奉相似。中共的朱德、陳毅兩大元帥也在壁上題詞，且意氣豪放，陳毅書出「願作桂林人，不願作神仙」的感慨。

桂林的漓江源頭，遠在秦始皇年代就修築「靈渠」，北通湖南湘江，兩千多年前桂林已為中華文化所被，有郡的設置，應非蠻荒之地。上一世紀洪秀全在廣西的金田村的起義，五大天王進逼南京，廣西聲勢喧天，遠植辛亥革命種子。近代李宗仁、白崇禧兩位將軍的赫赫戰功，也銳意經營廣西文治，培養文武才俊。看到桂林古物，難免緬懷前人貢獻。事實上，李、白二人在當地

的古宅和行館，雖改建為花園賓館，但桂林人仍記得二人的事蹟，保留部份作為記念館。

中共山野起家，或是經過兩萬五千里流竄，才在陝北生根，可能地緣關係，對少數民族投入更大心力，使少數民族文化水平提高，在荔浦地陪是壯族的小姐，在豐魚岩洞中的導覽是位磘族的姑娘，兩人的口才、歌聲，和沿途解說，高亢音調之優美清脆，都很令人難忘。在桂林博物館中，圖表顯示廣西的十一種少數民族，其中的京族、仫佬族和仡佬族，臺灣比較陌生，仫佬族是母系社會，一妻多夫制。仡佬族則是不與外族通婚，據說族內很多智障，這和近親通婚有關，人口只剩一千九百餘人。中共資料少數民族是五十六種。

本報同仁在桂林有兩天的時間，攀登獨秀、疊彩、伏波三座山，遊了七星公園，看到園中的熊貓，也到象鼻洞前照相留念。在疊彩山頂俯視桂林，只見「青山點點，綠水環流」，家家依山面水，花樹相間，真可說水鄉澤國。

這次桂林行和二月份的北京之旅不一樣，同仁心理上感覺到，桂林與臺灣近得多，氣候、飲食、習俗相距不應太大，不必有過多的疑慮。事實上，桂林幾乎是天天風和日麗，吃的有果子狸、龍鳳湯、馬肉米粉、各類灕江鮮魚，還有很具地方特色的芋薺肉末，再加上桂林三寶：豆腐乳、辣椒醬、三花酒，不葷不膩百吃不厭。其中芋頭是這次旅行最遠景點──荔浦的農產，經過宰相劉羅鍋這齣戲宣揚後，名聲響遍大江南北，價格暴漲，各式芋頭菜也在桂林紛紛出籠，但仍以芋頭蒸肉最爽口。迄今，桂林的野味和招牌菜仍是令人難忘。

地陪孫先生說，桂林有二十八家三星級以上觀光大飯店，一萬三千個床位容納外國觀光客和港、澳、臺胞。桂林山水甲天下，觀光是桂林最大資源，中共投資不少。三年前李鵬來桂林為新機場落成剪綵。新機場是兩江交會處，距李宗仁的祖居較近，是繼

北京和上海之後，中國大陸的第三大機場。李鵬說新機場花了他的總理辦公室最多的一筆錢。但是桂林的街道和房舍建設，看起來就是比北京差很多。

美國總統柯林頓偕夫人希拉蕊在幾個月前，就曾來此作為世界環保會議貴賓，曾在市內的七星公園一座很大的假山前演講，這座假山實在應該說是真山，且真像一頭特大的駱駝。地陪事前曾開玩笑告訴大家，公園有隻大駱駝可坐我們全團三十六人，大家半信半疑，等看到是一座駱駝山，才恍然大悟，只是這座山太像駱駝了，真可說唯肖唯妙，難怪柯林頓會喜歡，本報同仁也在山前，照了多幅團體照。

行程安排太緊，真是很累人，前二個晚上，都弄得十一、二點才睡覺，第三天晚上則是僱了一條遊江大船，看鸕鷀表演抓魚。只剩下最後一天的晚上，留給同仁採購，可說是搶購，而且殺價很過癮，都感到先買的人吃虧，人間美味的柿餅十元一斤，可殺到臺幣七十元十斤。有香味的雕花扇子，十元八把、十把、十二把，最後賣到十五把，且都有盒子包裝。買藥材、刻瑪瑙圖章，更為蜂擁。回程的行李都是滿滿的。

桂林行是文化、觀光、美食、購物之旅，謝謝工會和報社的支持。

第八章　中央日報謝幕

　　唐盼盼社長大力進行報社的興革，改版、增張、擴大字體，且在高雄成立印刷工廠，使南部和東部讀者的報紙提早送達，進而國際版在洛杉磯印刷，節省航空郵費，更迅速服務海外國人。可是報社的收入並未相對的成長，報社的經營未見起色。這都是報禁開放後，報紙和電視媒體增多，爭相分食廣告市場有限大餅所致。惡性循環下，本報在市場閱報率調查，只有個位數。但最讓人詬病的，是唐社長出售火車站舊址的土地開發權利，報社最寶貴資產很快消失不見。唐社長於八十五年十一月辭職離去。

　　接任唐社長者是出身中國時報的黃輝珍先生，他深受李總統，也是黨主席的信任，又大事興革，編採人事大幅更動和增添，在廣告、發行方面亦改弦更張，大有作為，報社滿是欣欣向榮。對政令宣導，尤其社論的撰寫，黃社長可直接聯繫中樞，由他自己執筆，反應快捷，又具權威性。黃社長於八十八年三月高升中央文工會主任，他在中央日報的表現受到肯定，得到李總統、主席的進一步賞識。任文工會主任和行政院新聞局長後，他又任民進黨行政院的政務委員，應是李前總統、前主席一位代表性的人物。

　　可是中央日報這時已到強弩之末，徒具空殼，再也沒有中興再起的契機和本錢。中華日報社長詹天性於八十八年三月開始兼任中央日報社長，由臺南地方性的中華日報社長，兼任中央級的中央日報社長，很明顯的看出，中央日報的經營已到老牛拖破車苟延殘喘的階段。詹社長到報社立即著手瘦身精減作業，報社同仁都能體認報社的情況，在三個月內，辦理退休和退職者多達二

百餘位，第二年又再度縮編，報社僅剩三百二十餘人。可見報社同仁高度的配合，在無怨無悔的付出後，最後被拿掉工作，頓失依靠，仍然了無怨歎，報社同仁真有修養。

我和多數同仁一樣體認報社的困境，於八十八年六月在研考室辦理優惠退休，所謂優惠者，多給三個月的薪水，我共領了三百多萬。今後當然要節省過日子，想想報社從民國七十四年開始入不敷出，已經相繼賠了十五個年頭，退休時還拿到一筆錢，不管是中央的錢，或是報社貸款來的錢，總認為報社和中央都盡了心力，很對得起同仁了。

我的政大同班同學邵玉銘，在民國九十年二月接掌中央日報董事長兼社長，負責印務的老主任熊伯敬，請我回去幫忙，任印刷工廠廠長。我了解天下沒有白吃的午餐，熊主任的意思，希望我有能力說服邵董事長，增加報社對工廠的經費，因為這時的工廠已獨立經營，名為文炳印刷公司，自負盈虧。可是邵董事長做事精明，常以市場價格和印刷水準，對工廠施壓。我在任職前也先和邵董事長溝通，自認對報社經理和印務的業務了解甚深，或有可能助他一臂之力。可是事實不然，報社已無過去和諧相處的氣氛，同仁間和單位間，都有點霸氣凌人的味道，很不適合我的個性。工作兩個月後，我就以身體不堪負荷，請辭赴美休養。

這是退休後的小插曲，確實認清自己已趕不上時代，應該好好過我的退休生活，別再踏入江湖。但是能和邵玉銘同學共事，也是值得回憶的。邵玉銘曾親上火線，率同高階員工，包括副社長兼總編輯江偉碩，到臺北火車站叫賣中央日報，啟動中央日報第四波改造新活力，他力圖振衰起敝，但仍難挽虧損。九十二年元月，詹天性先生重任董事長。於是中央日報再度縮編，全報社僅剩九十人，報紙當然更難發展和維持。在年年虧損下，直到民國九十五年六月一日，中央日報決定停刊。中華民國歷史最久、最正派經營的報紙，從此走入歷史。

　　中央日報停刊當然可惜，但也是民主政治發展，一種良性進步的結果，政黨報紙應該淡出社會。使我有點不捨，我曾參與打拚建立的一個偌大的帝國，一磚一瓦建立起來不易，不堪日月蠶食，轟然一聲倒塌下來，傷感不已。尤其讓我懷念的，是中央日報的光輝歷史，歲月無情，任他衰老和消失。更讓我不捨，我參與添購的五條生產線，現代化龐大印報機，花費何止數億，竟然淪落如敝屣，三兩千萬再賣回美國舊機市場。

　　中央日報還有一點氣息，中央日報的網路報，已經出刊，我誠心祝福她，希望她能在僅有的十數位老同事共同打拚下，能日益茁壯，有待國民黨中興再起。

第九章　探索新生活

第一節　考證照

民國八十八年六月下旬，我在報社辦理優惠退休，距六十五歲法定退休規定，早了三年，但報社已經虧損十多年了，還能有三百多萬退休金可領，也應心存感激。現在想想提早退休好處多多，一是身體健康，有好體力可以旅遊，犒賞自己大半輩子的辛苦；二是做想做的事，看書和玩股票，甚至可盡情的參加演講會聽講，或到博覽會參觀；三是調理自己的身體，早睡早起身體好，散步、游泳任我選擇；四是慢慢摸索未來的人生。所以不後悔提早退休。

退休伊始，確實有一段時間不適應，整日無所事事，不知所措。不管如何，先到美國玩玩，正逢太太學校的暑假，乃一起參加美西的九日遊，在舊金山下機，玩到洛杉磯，九天後在洛杉磯的女兒家住了兩星期，才打道回府。

退休後的一年，我曾要謀一兼任教職，找點事做。三十多年前，我曾在臺北縣的省立瑞芳工校，教過英文，於是我找北縣記者趙仁愉先生說項。可惜現在任教中等學校都要有師大的學分，或曾修讀過教育學分。結果是校長親自來電話解說，我未再勉強而作罷；又想到專校教課，在資格上我有教育部的大學講師證書，應該不是問題。而且研究所的同學在大專院校開中國通史的課程，都被教育部認可。問題是要找間專校來進行，交通、體力和時間搭配都得考量，讓我遲疑不決，也就沒有積極進行。時間就這樣蹉跎過去。於是我在不同領域的技術士證照方面下功夫，有下列證照：

一、園藝與花藝班

園藝與花藝班：八十八年八月，我看到行政院勞委會的新聞，在台北市的職業訓練中心，舉辦園藝與花藝訓練班，畢業後可以參加技術士的檢定。訓練時間是九月二十七日開始，為期四個月，每星期三個晚上課。上課地點離家不遠，就在天母地區大葉高島屋百貨公司的後面，所以報名參加。上課很為廣泛的，教導各種花草樹木的栽培和接枝技術，對蘭花和乾燥花也有長時間介紹；有關花藝方面的製作也有系統的教授。最可貴是戶外教學，陽明山的公園管理處的花圃，桃園縣養植場，還有假日花市都是見習的活教室，校區內的苗圃也由學員實習，栽植不同菜蔬。

可是花卉動輒有上百種的介紹，不同的習性和花形、葉貌，讓我眼花撩亂，我盡最大耐力完成課程，得到結業證書。可是花藝技術士的資格考試，我只有名落孫山外。對我個人言，這項職訓使我對花卉、草木增加很多常識，每到公園散步，我都會將認識花木的名字叫一遍，生活多一層美化。當我到美國、歐洲和新疆、青海，都會拿當地的花木和臺灣的花木比較，其中就發現波斯菊，在我到的所有地方，不論天寒或是溫暖地域，不但都有種植，而且大小高矮都一樣，我為心有一得而很高興。就是我家陽台的蘭花，也比別人家長得又豔又久。

二、取得西點烘焙技術士證書

西點烘焙技術士證書：在園藝和花藝班結訓後，我又心血來潮，決定參加西點烘焙班，我內心有兩個想法：一是，我早就知道一袋麵粉可烘製一百多條吐司麵包，其利潤可說一本萬利；其次是，我在洛杉磯一家日本的蛋糕店，發現日本蛋糕貴得離譜。所以學西點烘焙有一技之長，還有就業賺錢的可能。無論如何，自己做點好吃的，也是件好事。參加烘焙班的報名人數比花藝班

多太多，要經過筆試和口試的甄選。幸而我參加了花藝班，班中有學員曾參加過烘焙班，還保留甄試的題庫，經過一番的研讀和口試，我居然被入選了。

烘焙班的特色是以在料理檯和烤箱旁，動手實際操作。而且有幸，有多位名餐廳的師父，在旁指點不同的產品。由於西點麵包是從歐美所引進，尤其是美國小麥輸出協會，為增加對臺灣輸出，編印有非常詳細的烘焙方法書籍，蛋、油、麵粉和水，還有醱酵粉的分量和各項的百分比，以及烤箱高溫度數，都有詳細的記載和說明。換言之，只要照著書本或老師的秘方來作，都會做成美味的成品。所以上課的晚上，我都會帶著所做的西點麵包回家。上課時候我是生手，自己摸索著秤斤測兩，笨手笨腳的搓揉麵團，在瓦斯爐和烤箱間往返遊走，樂此不疲。我不但修完課程，並且參加技術士的檢定，得到中文和英文的技師執照，很是自豪。

三、保母資格證書取得辛苦

保母資格證書取得辛苦：在同年底，我參加中華民國婦女會舉辦的保母人員訓練班。好像我為了考證照，上課成了生活的一部分。我的想法是體力可支持的情況下，應該盡可能的多學習。其次原因，是大女兒和二女兒都有孕在身，我能學好保母知識和技巧，可以備而不用。若有可能一試身手，我還可大顯本領，照顧我的第三代。

主持人是婦女會的理事長苗素芳，她任省議員期間，我就常在報上注意她。現在和她談起話來，像老朋友一樣，很感舒服。雖然婦女會遠在中和鄉，要往返奔波。但我上課非常認真，三個月的星期六半天和星期日全天的課程，上起來還是不輕鬆。可惜的是課程多是書面和演講式的研習。所以課業完成後，為要取得保母證書，我還到南陽街補習班惡補，演練保母實務：洗澡、餵食、急救，重複一再的操作。急救嬰兒 CPR，因為電腦測定，手

指要摸準嬰兒的心窩，不對位就是一切白忙。CPR 不過關，全部心血付諸流水。所以我曾到萬芳醫院和臺安醫院接受兩次訓練，並獲得兩張 CPR 的合格證書。

保母證照的檢定考試，從嬰兒洗澡開始，步驟差一點都不行，有位學員就忘了在嬰兒後背擦一下，就沒過關。講故事、餵食物和上廁所，考了九科。考試地點在稻江家職的護校，每考一科要進不同教室，一個人考完，再進去一個人，所以動作都有時間規定，耽誤不得。我雖未像考西點烘焙證照那樣礙手礙腳樣子，內心仍然緊張不已。還好一個月後我取得中文和英文的保母證書。最可貴的是，我喜獲兩個外孫，一個在美國，一個在新竹，我的保母本領雖未大大施展，但給外孫換尿片和洗澡，我是甘之如飴。

四、老來考駕照

考駕照：在民國九十年暑假，太太到美國探親，我又嚐試考小汽車駕照。我在報社時，每天下班都是搭同事便車，下午坐的是劉必逢的車，午夜是搭謝旭堂的車，他兩位都和我一樣住天母新村，在印務部工作期間有十多年，很為感謝。到報社上班則是坐公車，也從未有不便的感覺。所以沒有自己開車考駕照的打算。因為太太已經買車，家裡若有兩部車，我認為太過浪費。另外不為人知的原因，是我大學畢業之前，讀書上課都騎腳踏車代步，騎車十多年，常有大小車禍意外，因此告誡自己不要開車。

我花了一萬二千元報名參加小汽車的駕訓班，一星期三個上午，每天都由駕訓場專車接送。地點在淡水關渡地區，現代汽車的駕訓班的場地。有教練坐在駕駛座的旁邊陪著開車，經過一個月的練習，拐彎和倒車入庫，都要記得方向盤向左或向右要打幾圈，且要背得很熟。我先通過筆試，後來在駕訓的原場地考現場，我按照口訣開車，一試就過。在十二月初就拿到駕照。這時七姑

父在北京的孫兒朱斌來訪，我內人在國外未歸，我只有獻醜。大
著膽子開車帶他遊烏來和陽明山。我心中多少有點緊張，在上山
的路途我都是跟著公車後面駕駛，以策安全。我猜想，坐在我車
上的人，也會緊張一點。

　　不論考照用途多大，我能考試取得這些證照，且都經過苦讀
和練習，不但使我充滿自信，退休生活也有了意義。我還有意對
中國傳統的中藥，進行研究，可以強身，還可嘉惠親友，我曾在
文化大學的城區部參加中醫藥學班兩期，將來我還會找時間參加。

第二節　　健身

　　從民國五十八年六月，報社在五樓中正廳辦理捐血，發現自
己的血壓高，醫生不准捐血。我到宏恩醫院掛董玉京大夫的號，
從這個時候開始吃降血壓的藥，要吃一輩子，不可停止。七十四
年的一個周末下午，忽然老是想上廁所，且感到不舒服。因為是
在周末，只有到榮總掛急診號，驗血結果是白血球過高，檢查出
來是盲腸炎。還好住家隔壁謝開傑主任的女兒謝明娜，在大華晚
報當記者，跑榮總的新聞。我才能在她請託下，借住了心臟科的
病房，當晚就動了開刀手術。所以我的身體不但有血壓高，也動
過開盲腸手術。

　　還有個痼疾，就是高中時代的運動傷害後遺症，我從很高的
吊環架上摔下來，腦部受傷嚴重，右邊的耳道和頭骨破裂，五十
多年來的右耳耳鳴，一直困擾著我。這個傷害雖事隔這麼久，在
我心中永遠是一個陰影，永遠擔心著腦血管隨時會出毛病，若腦
溢血半身不遂可不得了。因此對自己的身體健康，我是很缺乏信
心。

　　我知道鍛鍊身體的重要，但多項運動我多存有戒心，以為游泳、跑步，還有登山，都會使血液上衝腦部，都應該要適可而止；所以我曾一度喜愛沖水 SPA，作了一年多，我又以年老皮膚的油脂分泌不夠而卻步。現在我認為最好的運動應該是散步，我在夏天常到大的賣場內漫步和買點東西，有冷氣不會太熱，應是好的選擇。

　　我上過園藝和花藝班的養成課程，對花草多一分興趣，星期假日常去假日花市閒逛，偶而會花數百元，買幾盆草本小花擺在陽台上，看著這些花卉成長、茁壯，也是自得其樂。逛花市可以舒活筋骨，賞花和植花會讓心情舒坦。所以健身要講求身心都健康，確信抒解精神上的壓力，做起任何事都會更起勁。圖書館、國父紀念館和故宮博物院，甚至電腦展，都是我追求身心健康的場所，也是很好的方式。

　　輕鬆的戶外慢步，或是到圖書館走馬看花，對身心健康都有助益，可是隨著年齡的增長，愈來愈懶，要散步或到圖書館的意願逐日減少，克服心理的障礙要有決心才行。

第三節　就醫

一、腦震盪

　　在師大附中的高二上學期，我運動傷害，頭部摔得嚴重，在台大醫院住了二十八天，命是奇蹟般的撿回來，可是我對人生，開始有很大的不同的認定，對我影響和改變很大。發生時間在民國四十四年九月二十三日。

　　民國七十四年秋天，盲腸炎住進台北榮總開刀，適時我任中央日報的製印組長，最少有機房的大半同仁來醫院看我，應該有四十多位。當時姚朋社長耳疾手術，也住榮總。來看他的諸多長

官，也順便會來看視我。包括姚社長也帶著禮物來探視。醫院的院長也曾帶著大批的主任醫生和護理長探視，來表示安慰和對服務不周，感到抱歉。當時我就想到生病住院，是人生的享受，但生的病不能太嚴重。

二、盲腸炎手術

盲腸炎手術，從開刀手術檯到加護病房恢復，我都維持頭腦清醒。手術中我還和醫生說麻藥不夠，痛呀痛呀的喊，可能是我平常喝酒多的關係，麻藥效力被降低；手術中，醫生的刀和鉗子的碰撞聲音，我聽得很清楚。在手術間前面，有個無菌室，手術病人由機械手臂推進來，都要孤零零的躺在這裡，四下無一人，等候醫生和未知的未來，這時對未來是一片茫然，心中的恐怖陰影油然而生。這種莫名恐懼，在我出院後很久的夜裡，還會襲上心頭。在病中，尤其是在醫院手術的前後，對親友給予的支持和照顧，深深的感受到溫暖，孰親孰近點滴在心頭。

民國八十八年退休後，每天早晨都去天母公園散步，舒活筋骨，也有時會去游泳。我家住天母，有政府委由基督教青年會代辦的室內游泳池，上午十時前，老人免費。可是天不饒人，數十年超支體力，六十幾歲後，老天開始算總帳。在九十一年九月我又第二度住進台北榮民總院，動了心臟支架的手術。我是心臟血管科的長期病號，高血壓藥吃了近五十年，所以我對心臟伺候，應算是沒有怠慢過。退休後，睡眠過多，營養在體內沒燃燒乾淨，滯留在血管內。所以心臟上的血管有一條阻塞。

三、導管支架手術

　　心血管阻塞是日積月累的事，平日起坐並沒異狀，直到有一天吃飯應酬後，感到心臟有點輕微的脹痛，第二天跑幾步趕公車，又感到氣喘不出來。遵照公保的醫生囑咐，到榮總做了跑步心電圖，以及心臟跳動核子造影照相，確定心臟真有毛病，再做心臟導管檢查。檢查的當日辦理住院，由為我診療高血壓多年的謝敏之大夫親自督導。做心導管檢查，在我的右手腕部將導管經過大動脈插入，順著血管直到心臟，全部心血管的血流狀況，在Ｘ光的螢光幕上一目了然。患者自己也可在手術螢光幕上，看到一條血管靜止不通。謝大夫說用氣球擴充術通一通，結果看到這條血管變粗，而且血液順勢而下，馬上就流通。謝大夫恭喜我血管打通了，他說有許多人有糖尿病者，血管就不易打通。

　　這時謝大夫說明，氣球擴充術後，這條血管還會容易再阻塞。二女兒和太太在手術室外商量，同意裝一隻支架。所以我就在躺在原來的手術檯上，做第二次導管支架手術。只是這次的導管是從大腿根的鼠蹊部動脈插入，因為這條血管較粗，適合支架通過。手術後，大腿根和手腕的傷口，要用很重的沙袋壓住一天，不使血液流出。在加護病房，不能翻身，也不能動，很是不好過。住了四天醫院才回家。原以為裝了支架就可生龍活虎了。其實不然，每天要吃更多的藥，不使支架和血管壁黏在一起。

　　住了三次醫院，若加上小時候的百日傷寒病，還不止三次。我現在考慮另一件住院手術，割除膽結石。很多朋友的建議，我的膽結石，應該在年紀不太老時，也是在體力佳的時候，把整個膽都摘除。我說我的決定是要等待，要等膽痛的時候，我再住另一次院。

第四節　用藥

　　從三十多歲就吃降血壓和降血脂的藥，一吃就幾十年。遇有感冒和腸胃的毛病，我都會把吃藥的時間區隔開來，避免藥的相互間的副作用，或是對肝、腎的傷害。有一陣子，我吃一種藥片叫鋅，是從美國買的，功效可預防男人攝護腺的腫大。後來加了一種藥可降低尿酸值過高，又再加一種可防膽固醇過高。在三酸甘油脂過高後，更加了第三種藥。我開始警覺到吃的藥實在太多，才無可奈何的將鋅的藥片停掉。

　　這麼多年，我吃藥很小心的。每天吃太多的藥，我很擔心。認為會影響肝功能，憂慮會有什麼其他閃失。所以我將不是同一個醫生所開的藥，要在不同的時間上，作區隔開來吃。此外，我喝很多的茶水，甚至喝湯我都會一碗再一碗。其目的在使藥的毒性沖淡，別將藥的毒素積留在肝內，或是體內。

　　儘管我不吃維他命或是鋅，或任何補品。前年我去大陸兩次旅遊，車舟過於勞頓，第一次是四月去的，先到北京座談，再到陝西拜黃帝陵，歸程又訪河南的中原文化，吃喝玩樂，行囊滿滿的回來，身體可真吃不消。等到十月我又陪八姑和大哥回鄉祭祖，也遊覽故都的景物，回程重遊我民國三十八年逃難路線的追尋之旅，先到河北的滄州，再到山東的德州、青島、濟南，又到河南的安陽，直下南京和上海，十天的旅程累得東倒西歪。回到臺灣，血壓上升到一百七十，或是一百八十，怎麼吃藥都降不下來。

　　後來表弟李文鼎介紹他建中的同學楊世平，任三軍總院的心臟科主任大夫，美國博士，官拜上校，經他投藥七種才將病情控制。並且診斷暫不考慮外科手術。只是其中的一劑藥，可防止血管的粥狀組織的形成，很貴且要自費。我是希望過一段休養時間，回歸正常，藥少吃一點。楊大夫的藥已經吃過八、九個月，

　　其間曾搭機到大陸、到美國長途飛行，没有發生不舒服的症狀。他的藥對症滿有效，所以要繼續服用。

　　中藥治本，在荷蘭的黃關春姪女婿，曾給我多份川七和靈芝，很是名貴。他並指導如何煎煮，對我的心臟血管清理穢物最有效，我會試著服用。青菜、水果在臺灣價廉物美，是最好的保養食品，不可錯失。

第十章　親友同學

第一節　在臺親人

在家靠父母，出外靠朋友，自幼離開家，就是靠兩位姑母七姑和八姑。七姑以流亡學生，在北平最動亂的時候，不畏艱危，帶著大哥和我，從青島跑到上海、南京，將我交給父親，七姑又隨流亡學生團體，到了廣州。皇天註定，在廣州我又和七姑碰在一起，七姑將我帶到臺灣。八姑後來也到廣州了，受父親之託，將在柳州生病的大哥帶來臺灣。在國民政府動盪南撤時候，七姑、八姑、大哥和我四個人，各有不同的際遇，經過半年多的兵荒馬亂的流浪，都到了臺灣。可是到臺灣頭幾年，政府財政艱困，民生凋敝，兩位姑母為我兩兄弟生活和念書，受不少的委曲和辛苦。

當八姑在高雄結婚後，大哥和我才都安定下來，住在八姑家。民國四十年七月，我認為這是個轉捩點，大哥考上省立高雄中學的高中一年級，我考上同校初中一年級。我們都有了立基點和努力的目標。一年多後，八姑父調職基隆，我又到臺北跟著七姑，在台北建國中學念書，住在七姑任職公路局單身宿舍，七姑陪我讀書，教我做人，使我順利成長。後來我高中念師大附中，並在政大外交系畢業。大哥則跟著八姑到基隆念省立基隆中學，後來臺灣大學經濟系畢業。我兄弟二人讀書，都是全國最好的大學中最好的科系，所以畢業後成家立業，或出國、或深造都一帆風順。這當然要拜七姑和八姑辛勞所致，讓我哥倆終身受用。

一、七姑一家

　　七姑有堅忍不拔的意志，和勇往直前的精神，對人和藹，對年輕晚輩更關愛備至，但在辦公室則絲毫不苟，奉公守法，嫉惡如仇。七姑一生服務公路黨部，婦女同志知其名王慕智者少，多喊她王大姐，親切有加。在民國四十六年，七姑結婚了，七姑父朱惠民是江蘇泰興人，我看七姑結婚對象的條件，是一定對我要好，事實上七姑父早在我念初中和高中的時候就對我關懷備至。

　　七姑父熱心公務，負責公路工會組訓工作，思考細膩，熟稔法規，公路工會歷任理事長都賴之甚重。因為任職民眾社團，不受公務員退休法令限制，七姑父工作近八十歲，始在自己堅持下榮退。七姑父為人忠厚誠懇，常為別人操勞，我知道他對兩位流浪在臺灣的家鄉晚輩，長時間接濟讀書，並給零用，真是積善人家。現年九十三歲的他，仍是身體健朗，他在大陸的三個兒子已過世，在江蘇泰興有二孫子，其中大的叫朱斌，曾來臺灣探視爺爺兩次，小的叫朱煜，在北京人大讀企研究所時，我曾見過。七姑父在洛陽也有二孫兒，長孫叫朱嘉，小的叫朱育，我前年十月遊濟南時，朱育還設宴款待我。七姑父還有位孫兒在包頭叫朱焱群，我去年四月回北京祭祖時，有意往訪，因為太冷而作罷。

七姑伉儷與我

二、八姑一家

八姑父在七十七年一月去世，讓我悲痛萬分，現在還時時懷念他老人家，八姑父對家庭子女，包括對我們王家傳家後代都有貢獻。在諸多長輩和親友中，八姑父最有政治的敏感度，自己雖以歷史著作為職志，但文武官員多有交往，且為中央級的大員，因此對後進晚輩的提攜，都有好的安排。八姑王慕信為立憲國大代表，並參加國統會，出席發言每每受到同僑熱烈的贊同。八姑對姊姊和子侄均疼愛有加，且導之以理，使家族間相親相愛。

八姑有一女李文琪，書讀得很好，在美國加州首府沙拉緬度的州政府工作，丈夫王國華在災害防治單位工作，兩人都是虔誠基督徒，平日為教會做很多工作。有一兒子叫王鈞敏，英文名是Benjamin, 柏克萊加州大學電腦軟體方面的畢業生。文琪夫妻兩人曾在前年的九月，開了七個小時的車，來到洛杉磯參加我的三女兒婚禮，真是盛情可感。

八姑有二子都是建中和東海大學化學系畢業，老大李文鐸任職中油公司，收入豐厚，每年常因工作績優，有出國的慰勞訪問假，他曾於出國度假時，在我大女兒紐約讀書時去看望她，也在我二女兒巴黎讀書時請她吃過飯，讓我心存感激。他娶妻藍月玲，是國小老師，自己勤奮，每天從高雄市到臺南市，在國立臺南師範學院補讀教育學分，取得碩士學位，升任教導主任，作育英才。文鐸育有二女一子，長女李玉嫈，二女李玉容，男兒叫李岳章，都在讀大學和研究所。

八姑次子李文鼎，曾任職嘉新水泥公司，並在其關係企業任副總經理，以與公司經營理念有異，前途堪虞，在家蓄勢待發。娶妻黃治坤是江西名門之後，任教台北開南職校。文鼎育有二女一子，長女叫李玉璿，二女叫李玉誼，兒子叫李岳祥，每個都聰慧有禮，大有前途。

八姑生日親戚盛宴

三、三姑長子王尚武表兄

　　我在台灣的親人不少，在花蓮有位表兄王尚武，是父親的親姊姊，我稱三姑，是她的兒子，尚武表兄從小在北京就和我生活在一起，他是隨部隊裝甲兵來台灣的，退伍後轉業考試及格，以交通管理人員任職花蓮港務局。尚武表兄娶妻許雲霞，育二子叫王維和王綱，都已長大成人結婚生子。王維有二女一男，王綱有一子，尚武表兄辛苦一輩子，老年含飴弄孫，快樂無窮。

四、大姑一家

　　另外我的大姑在台灣已去世多年，長子是空軍的將軍叫張濟民，赫赫有名，曾任臺中空軍三聯隊長和空軍訓練司令，五年前去世時，空軍總部軍禮辦理後事，祭禮在北市新生南路天主教聖家堂舉行，參加三軍將領眾星如雲，備極哀榮。他有一子和一女，兒子張培仁是音樂唱片界名人，魔岩公司的董事長，娶妻稱小愛，叫吳美慧，育有二子，名為棟崴和棟雲；女兒家燕在荷蘭，

不幸前年病逝上海，夫婿黃關春從事中醫醫務，有一女叫思嘉，英文名叫 Hellen，兒子叫思賢。大姑的二子張濟眾是國際船長，環行世界多圈，不可計數。後在基隆港任領港退休。濟眾表兄娶妻魯為松，服務台北美國學校，有一女兒元元，正在美國洛杉磯南加大修音樂碩士學位，今年暑假畢業後，可望到印尼雅加達國際學校任教。去年我曾在洛杉磯的大女兒家，請她來過感恩節。

第二節　好友

我還是堅信在家靠父母，出外靠朋友。從小離鄉背井，十多歲開始就和父母分開，所以對同學和朋友的友誼都很重視和珍惜，而且很執著。在大學三年級的時候，多位不同學校的同學結拜為兄弟，包括臺大、政大、師大和中興大學同學，有十四位之多，幾乎父母都不在臺灣，念書時還要擔心三餐無著，大家白手奮鬥的背景相同。在三兩好友牽拉和引見下，大家一拍即合，結拜為兄弟。經過兩三次見面交換意見，大家認定結拜要有正式儀式，這樣會永遠牢記在心。所以在民國四十八年六月六日下午，我們在內湖金龍寺附近的瀑布下，每個人歃血為盟，用針插刺手指，滴血在酒瓶中，然後唸著誓詞，飲著血酒發誓結為兄弟，我還記得頭兩句，是「爾今爾後，如兄如弟」。

十四個人幾十年來，相互砥礪，時有集會，如今雖然都垂垂老矣，但都事業有成，家庭美滿。現在有四位長居美國，九人在臺灣，一位在巴西。當然這麼多兄弟，能友誼長存，成功的原因很多，最重要的原因，是大哥和二哥開啟了好的示範，大哥從中央銀行基層課員幹起，做到外匯局長，又調升中央信託局長，大哥的夫人清廉持家，常正義凜然，對兄弟時有進言；二哥是政大政治系和政研所的教授兼主任，為名地方自治學者，現在退休後，常往來台海兩岸，包括北京大學，在有名的大學講學。十四

人平時各自努力，每人都有自己的一片天，不但兄弟間是君子往來，嫂妹之間也相處融洽。我們每次聚會大約兩或三個月一次，都是夫妻倆參加，國事和家事無所不談，大小事都可相互關懷和幫助，情感與時彌篤。

今年農曆新年開春，三月二十二日，蔡大哥和蔡大嫂，又在西門町峨嵋街的香滿樓，邀請眾兄弟和弟妹們相聚。在臺灣的九個兄弟全員到齊，薄二哥、延齡、安瀾，還有我，都帶著太太參加，酒菜豐盛可口，國語、臺語的卡拉OK唱個不完，幾近餐廳打烊才歸，兄弟間很是高興、歡暢。

我們結拜兄弟，依次是大哥蔡茂昌，曾任中央信託局長，退休後福茂公司聘為副董事長，大嫂瞿紹汀在銘傳大學任教。二哥薄慶玖政大政治系和政研所教授和主任，二嫂薛谷秀為中學老師，每年他倆都到大陸長住，在蘇州置有房產。老三李忠建在中國石油公司退休，娶妻舒麗萍係有名婦產科掃瞄師，月入甚豐。老四李慶祥貿易公司老板，曾在文化局工作，妻許心慧大華晚報記者。老五徐延齡任職中國電視公司行政室主任，妻子周小冰師大國文系第一名畢業，任教師大附中。

第六是我和妻宋一梅。第七是安瀾任教中山女高，才氣縱橫，妻子梁越華曾任職外籍機構。第八是鄒仁法任職中央黨部，有很長一段時間，在泰國服務，娶泰籍妻子陳嘉婉。第九劉偉達任職中國廣播公司苗栗台長和中華日報主筆，並當選國大代表，娶妻胡菊英，陪伴子女長居美國。第十湯孝宏分居美國加州洛杉磯和上海兩地，妻戴秀鳳。第十一張克斌在美國加州舊金山，經商，常回國，娶妻姚祥禮，任職華航舊金山機場服務台。另有兄弟鐵大業在紐約，任職聯邦快遞，妻子金蓉生。還有位杜慶海在美國路易斯安那州夢露鎮開農場，很是辛苦，妻子王紹瓊。最後一位李定中最早移民巴西，早年任職中央再保公司水險課長，久未聯絡。

在結拜兄弟外，我的好友還有兩家人，一是岳母大人的在華興育幼院的同事朱承杰先生，說是岳母的乾兒子，我和內人都稱

他和他夫人為朱哥和李姊，我們的子女則稱兩位為胖舅舅和胖舅媽。我常說，幾十年前，參加我的訂婚和結婚的至親就是朱哥，現在參加我女兒訂婚和結婚的至親還是朱哥和李姐。朱哥在華興任會計主任，後在振興醫院和中央婦工會管理財務，現在年近八十，上級仍不捨他真退休。他們有四子一女，分別在澳洲、大陸和臺灣三地發展。

　　另一家是梅孝治和史孝琪夫妻倆，孝治在黨部服務，我在黨營中央日報做事，同為黨國效力，孝琪則和內人同在復興中學任教一段時間，兩家子女一起讀書和成長，也同樣出國深造、或成家。孝治曾和我遊新疆絲路、青海和九寨溝，夫妻兩對四人且同遊泰國和歐洲九國。兩家數十年的交往，情若親人。岳母住安養院，他倆去探望的時間和次數絕不遜於我和內人。我還記得第一次住榮總割盲腸炎，就是他們倆午夜送錢繳的保證金。孝琪弟弟史定國長時間居住舊金山，往返上海做貿易，為人守正不阿，也親如家人。

好友梅孝治伉儷與我夫妻倆遊荷蘭鬱金香花園

今年三月蔡大哥邀宴，在臺九位結拜兄弟全來參加。前排左起：蔡大嫂、蔡大哥、薄二哥、薄二嫂、安瀾、安瀾嫂。後排左起：福勝、一梅、延齡嫂、仁法、偉達、忠建、延齡、慶祥。

第三節　同學

　　我服務中央日報靠近台北火車站，在民國七十六年始搬到八德路新廈，由於中央日報容易找，出國再久的同學，或是外縣市的同學一出火車站，走幾步就可找到我。多少年來我就成了政大外交系同班同學的實質聯絡人，可是我們這一班出了太多的傑出政治人物，像蕭萬長任行政院長，邵玉銘任行政院新聞局長，王人傑任省府委員。到了八十年代，外交部的同學都升了大使級，杜稜做了南非代表，冷若水駐節匈牙利，王維傑出使沙烏地，楊榮藻任以色列代表。還有李萬來任中央通訊社巴黎、芝加哥的特派員，張哲雄駐泰國特派員，何文雄任曼谷新聞組長、朱建一任

僑委會副委員長。同學的送往迎來集會，多由我來安排。常感到我的官小有點不對稱，內心找個理由安慰，是我在新聞界做事，見官大三級。同學都以我熱心服務，就習以為常，慣了就不怪了。所以同學在臺北的集會，我還得花很大的力氣召集。

政大同學最大的集會是我們畢業三十年，海內外的同學回來參加校慶者眾，那時是民國七十九年五月二十日，大家集會政大的指南山下，重溫昔日同窗的陽光，隨後邵玉銘在台北新聞局設宴招待，他時任新聞局長。省府王人傑在臺中大飯店，設宴台中大飯店，他是任省府委員。隨後大隊人馬開赴墾丁核能電廠和高雄的中鋼、中船參觀，廠方得知經濟部蕭萬長部長的海外同學來了，都萬分熱情招待。

政大同學在政壇隨著政黨的輪替和歲月的增長，也逐漸式微，但是人是很奇妙的動物。政治圈外的同學，尤其是海外同學，經過辛苦打工的磨練，在不同的領域，都有出人頭地的成就，如今多已退休陪著第二代，過著悠遊的日子。去年十二月十一日，大學同學相約在美國賭城拉斯維加斯，作三晚四日的集會，參加者近三十人，我和內人有幸參與，能和數十年未曾見過面的老同學再聚，內中的喜悅不能言宣。

這次同學聚會由王維傑和冷若水召集，韓慧君提供賭城這時候住宿最低廉的資訊，歐陽適打電話邀約最勤。十一日當晚由王、冷兩位在投宿的巴里酒店設宴招待，餐點自助外，尚有水果咖啡，大家聊得很盡性，可惜從紐約東岸來的太太們早過午夜睡覺時間，在呵欠連連的情況下，才結束。第二天相約遊胡佛水壩和米地湖，大家搶著合照，美麗山湖景色盡入鏡頭。第三天遊紅石公園，奇形怪狀的石頭山，印地安人的洞穴和圖文遺跡，以及雷火燒山所留下來的大片焦黑木草，感歎大自然的力量和其鬼斧神工。

　　賭城的表演是世界一流，頭天晚上同學聚會到很晚，沒有看成。第二個夜晚，我匆忙的和同學吃幾口飯，自己一個人就趕去威尼斯飯店，去看 Blue Man 這個節目，這是前年我去時錯過的表演。第三天晚上，我和內人一起跑到米高梅大飯店看 Ka 節目表演。三個晚夜宿巴里，可惜我們住的巴里酒店，最負盛名的上空秀竟無暇觀賞。劉立剛是帶著太太，從紐約來參加的，他和我及陳綏之同學，同住政大 201 室一間宿舍有四年之久，在賭城臨分手前的午餐他堅持作東，盛情難卻。我和內人是搭乘陳綏之的休旅車，由洛杉磯往返。在賭城有車真是方便，最難得是能開車到中國城吃三次中國餐，因為賭城的每家飯店的自助餐都量大味美，一吃就不能自制，吃後就感到不舒服。能有車去吃中國菜和逛大賣場，讓這次旅行更舒服和愜意。同學遊興方殷，在賭城大家相約每年九月，可到世界不同各地聚會一次，今年的目標定在上海。

　　參加賭城大學同學聚會，有楊榮藻、龔天傑、吳淑芳、許大川、歐陽適、王維傑、劉立剛、葛開華、王福勝、朱建一、李　廣、韓慧君、陳綏之、冷若水。其中許大川和葛開華兩位夫人，皆因嚴重車禍，要調養身體，只能單身前來，還有陳綏之是單身漢外，其他十二位都是攜眷參加。我知任萬生、李永生、陳大經、張紹軍四位同學，人在美國不知為何，沒能參加。

　　今年三月美國的陳綏之、李廣和朱建一回到臺北，經我和楊榮藻兄電話商量，在三月六日中午，同學聚會一下，國內參加者有胡珊珊、李萬來、何文雄、宋武城、李斐章、杜稜。其中李斐章兄香港、臺灣兩地跑來跑去，胡珊珊喜歡常居上海，兩人能參加很是湊巧。另有李文嶽身體不適，臨時不能前來。蕭萬長、邵玉銘兩位仍是公私行程滿載，我並未聯絡。

　　大學同學的感情好，所以要相聚。高中同學感情更好，也籌備聚會。我高中在師大附中，前面的二年是讀的 42 班，後一年

念的文二班，文二班是由實驗 3 班和 4 班的文科同學編組而成的。最近加拿大馬永亮同學，發動 42 班在國內開同學會。實驗 3、4 班更為積極，兩班同學在美國已聚會多次，現已決定今年十一月在臺灣相聚，我收到了十數件聯絡函。我想同學會的熱潮，正在綿延不絕。人生能重歸年輕，真是有幸。

去年底到美國，我竟然和小學最好的同學趙驊聯絡上，他一度和我在高雄小學和初中同學，後來在師大附中又高中同學兩年，幾十年未見，再見面可期，高興不在話下。可是要讓我在臺灣聯絡高中 42 班同學，反而不是件容易事。王晨偉、韓宗棠、楊期俊、彭彭山、曹俊漢等五位，我想聯絡上應可做得到。趙驊 e-mail 給我，定在三月二十三日，與他夫人朱美芳一起來臺北，要與同學見面，我安排的地點是新生南路三段，臺灣大學附近的福華文教會館。結果這天來了王晨偉、楊期駿外，還有趙驊夫婦和我夫婦倆，意外的是李廣和沈冀兩位也來參加，大家相談甚歡，初步決定，今年九月或十月，在美國拉斯維加斯召開 42 班同學會。餐後，還帶趙驊到師大附中母校，做短暫的巡禮。

現在仍記得新竹北門國小的要好同學：孫光正、王味爽、汪衛生，高雄前金國小交心的同學，除趙驊外，還有司經民、伊作瑛。甚至北京大水車胡同小學的張志平、李元度、王瀛和何亦磯，一甲子前曾和我有結拜兄弟之約。張志平在北京某大學教授退休，幾年前還到北京飯店和我相會，告訴我他的愛人在深圳一所私立學校教英文，他喜愛京劇錄音帶，生活恬意。建中的初中同學交情最深的唐世康、翟本鈺都到美國讀書，多年沒有音訊。現在常在電視上看到和信醫院的院長黃達夫，是名治腫瘤權威，是建中Ａ班同學。Ａ班班長陳哲雄聽說在長庚醫院任主任大夫。這些同學若是能慢慢有機會集會，也是人生樂事。

文化大學大陸問題研究所的同班同學吳漢、吳玉霞、張世榮三位都相繼完成進修博士學位，事業發展順利，且對社會卓有貢

獻。另兩位金清高和鞠立人都曾任職黨務工作，後在教育英才職場展現才華。還有一位同學秦德進，他任檢察官和律師，在臺灣南部高屏地區執業，是前行政院長謝長廷的表弟，在報紙新聞中披露多次，在法律界已見頭角。在研究所求學的兩年中，因為我年長和在社會任職已十數年，同學都稱我王大哥，畢業後仍多有往來，有手足情誼。

研究所師生合影。前排左起：趙洪慈教授、洪幼樵教授、項迺光所長、任卓宣教授、陳澤民教授。後排同學左起：金清高、王福勝、吳玉霞、鞠立仁。

第四節　兄妹手足和堂姐弟

　　手足情深，一九九三年二月九日，兄弟四人分離四十三年後，相約在深圳見面，大哥增祥，原名福仲，這次和大嫂是遠從加拿大多倫多經臺灣飛來，小弟福明坐火車從北京前來，我則是

從臺灣陪著大哥來的，這時的三弟福榮帶著愛人和女兒，在深圳
一家塑膠公司做事，任職副總經理，很受出資的老板信任，兄弟
相聚有道不盡的事情訴說。相聚兩日，遊覽當地名勝錦繡中華，
夜宿福榮家倍感溫暖。

尚有小妹大華遠在加拿大，因為未能事前早作籌謀，她沒有
前來，有點遺憾。在深圳兄弟照了很多相片，回來帶給在臺灣的
姑母看，姑母也替我們兄弟的團聚感到高興，認為值得慶賀，但
最讓老人家感懷的，是老人家有感而發，兩位姑母說，若我們父
母健在，能看到他們的兒子，四個壯漢在一起，是該會多麼的高
興。世事難料，天底下的事誰又能捉摸，哀哀父母生我劬勞，唯
有自強不息，無負父母在天之靈。

一、大哥　王增祥

隨著國家兩岸的政策開放，到大陸愈漸方便，到大陸旅遊探
親的次數增多，尤其這近七、八年，兄妹五人和五人的另一半都
相繼退休，聯絡和往訪相聚的時間也增多。而且退休生活都可無
愁衣食，五兄妹最關心的事，就是守著第二代和第三代的成長，
還有一點是對自己也要多愛一點，注意自己的健康。

大哥在加拿大，退休後喜歡上打高爾夫，十八洞可打兩回
合，每回合的最高標準可低於九十桿。大哥夏天在室外，冬天在
室內練習場，每星期都打兩、三場高爾夫，樂此不疲。大嫂陳慧
美勤儉持家，在機場服務，負責照顧高級空廚，大哥在政府捐稅
單位服務，兩人退休金豐厚，但仍過著簡樸生活，此乃我家傳美
德。大哥有一子，叫王大衛，大學學建築，曾來臺灣一年，在日
資建設公司實習，後在美國排名最優的研究所修得建築碩士。大
衛今秋將成家，取妻克麗絲汀，她有雙碩士學位，任教職，大哥、
大嫂甚感欣慰。大衛的舅舅陳泰民和我，都會從台北專程到加拿
大多倫多，參加他的婚禮。

大哥帶兒子大衛返臺探親，我帶著二女郁苑，遊公園稍坐休息。

二、三弟　王福榮

　　三弟福榮聰明才華洋溢，大哥和姑母都認定他做事果斷，文筆快捷有說服力，是兄弟中佼佼者，爸爸的好遺傳都給他了。他在大陸因為政治背景，雖然從最精典的北京四中，以優秀的成績畢業，由於政治成分不良，不准他報考大學。他到小學教書，又到西山農場開手扶拖拉機，在一九八四年，升任農場工業公司經理，但到一九八八年毅然拋棄鐵飯碗，到深圳創天下，經過十一年的奮鬥，榮歸北京。現在有愛人薛惠敏陪伴生活，每月收入不多，仍有汽車代步，也很愜意。他有一兒一女。福榮弟有福氣，天天在家含飴弄孫。

三、小妹　王大華

　　小妹大華一九七八年到加拿大，到大哥家探親一年，她的女兒顧宏在一九八八年由大哥引導移民到加拿大，兩年後小妹和夫君顧作新，則由女兒申請移民成功。小妹和夫婿在加拿大傳授中國氣功，不但能獨立自謀生活，且小有積蓄。女兒更為能幹，她為先生賈曉光和先生的姊姊辦成移民。顧宏原在電腦公司上班，前年老板以年老休業，她有乃母的精明幹練，就順勢接辦這家公司。去年十二月一個假日，我在美國女兒家，打電話給小妹大華，知道她正幫女兒看小孩。她女兒在假日還得忙著加班，可見小宏的公司經營有聲有色。小宏有一女一兒。

四、小弟　王福明

　　小弟福明在北京，受到福榮不能考大學的前車之鑒，未讀高中，就拜師學木工，他人忠厚，有幸遇到喜歡他的師父，對他百般愛護，將手藝傾囊相授，他就在北京市崇文區房管所做木工，負責二千多間房舍的木工維修，由於他樂於助人，欠他人情的人太多，所以我在北京的時候，看到他的大小事情，都有人出來回饋，幫他的忙。他在工作之餘，進修考試取得初級工程師的的資格。他的愛人桂蘭，很是能幹又細心，對人尤其設想周到，七姑和八姑都稱讚她待人最為體貼，辦事最能體會她們心意。他們有一女叫王倩，和夫婿孫昶輝移民加拿大有年，最近已將福明的移民加拿大的手續辦妥，福明夫妻倆在二月前往。

五、堂哥和堂姊

　　我父親的同胞哥哥，叫王樹芳，有三子三女，長子福元哥參加抗日戰爭的青年軍，已去世，無妻小。次子福長哥在保定成家，娶一位上海銀行經理之女，育有二女一子，都經商有成。福長哥

有個孫子在天津做事。大伯最小的兒子叫大公，在包頭礦場工作，業已結婚，據聞已獲長孫。前年，我到陝西拜黃帝陵時，回程特意在河南洛陽，安排和堂姊福珍會面，福珍姊還有年輕時的帥氣，她曾服務軍旅，在包頭工作過，現在和兩個女兒在洛陽居家，對中國療病氣功有研究，是她另項專業。她的長女有一子，北大畢業，澳洲留學。福珍姊下面還有個妹妹叫英福，生下來就腿部殘疾，先生也有背部傷殘，大陸的政策對傷殘者，有社會福利照顧，她分配住的樓中樓的房舍，是在北京眾兄妹中最好的。她有個女兒出奇漂亮，功課又好，大學畢業後，已結婚。

六、表姊 劉文和

我母親的哥哥，我的大舅在北京有個女兒叫劉文和，小時在我媽身旁很久，也是在三河縣內，爺爺開的鼎新女子職校的學生，和七姑、八姑有師生之誼。她的愛人忠厚老實，屬勞動階級，育有一女一子，我見過她女兒和女婿，她媳婦我也見過，很是能幹。我到北京，我和表姊見了三次面，還到她家做客，房子很大，我受到魚蝦大餐貴賓招待。我分析大陸政黨，幾十年來，對基層勞動工人的生活，和他們的第二代的生活，給予了更好的機會。當然整個社會運動的浩劫，任誰人都不能身免。

七、表姊 張澍智

大姑在臺灣過世，她在北京還有一女，現已八十多歲，原在北京的西苑中醫學院任教英文，她六十五歲還拿獎學金，到美國南加州 BIOLA 大學取得碩士學位。她因為先生一人在大陸，捨棄博士獎學金，毅然回國，令我敬佩。她和先生賈錫庚夫婦倆在一九九五年來過臺灣，我曾熱誠招待。她叫張澍智，目前單獨一人，我每次到北京都會去看她，她領養一個男孩叫小滿，是她二

姊的孫兒，很有藝術氣質，有一面之緣。我是很尊敬表姊的學問和她的為人處世。大姑的哥哥，是爺爺長兄的兒子，是我們家大排行中的大伯，有一女兒嫁給很有錢的甯府，她有一子，在安徽大學做教授，記得小時候，我也曾和他一起玩過。

澍智表姊伉儷來臺，我陪著她的哥、弟一起到花蓮旅遊。前排左起：賈錫庚表姊夫、澍智表姊、濟民表兄。後排左起：濟眾表兄、王福勝。

八、表姊　曹世秀

　　三姑在北京有二女，姓曹，是我表姐，叫世華和世秀，都曾由花蓮表兄接來臺灣探親和觀光。世華表姐現有二女和一子，我都見過。世秀表姐是清華大學的高才生，現已從大學退休，但仍審閱研究生論文，退而不休。先生李烽屬東北遼陽幹部，曾派赴在香港中資銀行服務。一九九三年，我與哥嫂多人過訪香港時，他曾派車到機場迎接，可以感覺到他的熱誠招待。據聞日本銀行唯有接受他的簽名，才准中方貸款，他的信譽和行事，得到香港外商信賴。表姊育有二女一子，兒子投資房地產和影劇事業，很

有衝勁。這位表姊一家，子女都有成就，將來會大有發展。表姐
的姑母有個女兒叫王冰心，我在北京拜訪過。這位表姊在北京淪
陷後，嫁與一位國軍軍官。在當年動亂中，我目睹她成婚，五十
年後，能再見面，也算有緣。

九、表妹　張福光、詹玉秀

五姑現有一女和一子，我曾見過五姑女兒張福光和她的愛人
及他們兒子，但五姑的長子，慶元表兄服務軍中，可能為和臺灣
親友劃清界限，從未見面。六姑有二女一男，次女詹玉秀在北京，
每次到北京我都會帶點臺灣土產給親友，她也在內。玉秀有個弟
弟也在北京，還有個姊姊在美國。

臺海兩岸和美、加，甚至歐陸荷蘭都有兄弟輩的親戚，有幸
近年都曾有交往，算算數十口，和我們王家有血脈相聯的關係。
我們這輩的人在大時代的戰火交迫下，分居各地，或是浪跡天
涯，愈挫愈勇，不屈不撓，繼續生生不息，也是萬幸。

第五節　我的妻小

家庭的溫暖是人生的享受，要珍惜，也要耕耘維護。我結婚
數十年，兒女的培育，職場的一帆風順，全賴夫妻兩人共同努力，
克服各種困難和時代的挑戰，始能有今天和諧的家庭生活。數十
年的兢兢業業，夫妻兩人已經退休，三個女兒都成家立業，且都
接受良好教育，內人善盡相夫教子之道，我是心滿意足。現在才
是夫妻兩人共浴愛河，品嚐奮鬥成果的時光。

一、牽手 宋一梅

經營美滿家庭，太太很重要，尤其我自知為人苛求，對自己和親人尤然，且少生活品味，我的另一半正好能補我不足，她做事和讀書都走捷徑，她聰明，不像我這種吃苦耐勞型的為人，做任何事思前顧後，常事倍功半。數十年她都以她的智慧，容忍我的做為。就以在報社十數年上夜班講，她從未抱怨。我又喜愛喝大酒，雖未鬧事，也憑添許多麻煩，但她也司空見慣。所以現在我是抱著補償的心態，該輪到我對她包容一點，感到夫妻相處包容和體諒很是重要。

她叫宋一梅，三十三年次，比我小七歲，河北趙縣人，可是從未回過老家。出生在重慶，時值抗日戰爭，她小時的日子當然不會好過，她是獨生女也未吃過苦。三十五年抗戰結束後，他父親回北平，任職河北省黨部委員兼書記長，和我的父親、八姑因工作關係相識，但是她母親仍在南京任教。直到三十八年來臺，我在臺中才看到她。所以我倆雖非青梅竹馬，但也是從小有緣。結婚時，岳父已去世，岳母大人是萬分不捨，但後來對我仍是疼愛。她讀北商和銘傳商專，畢業時名列前茅，畢業即被學校推薦到彰化省立進德中學任出納組長，未及一年就來臺北和我結婚，當時我在復興中學教書，待遇有限，婚後租屋育女，最為艱難。

還好一年後我到中央日報社任職，她竟能代我在復興中學的課，從初一的英語教到初三，而且學生更歡迎她。就這樣我們的生活才安定下來，並蓋了國民住宅，住者有其屋。可是三個女兒相繼到來，挺著大肚子上課甚為辛苦，但她也安然無恙，照樣甘之如飴。後來她轉到北投十信商工學校，教高職的會計，很受學生愛戴，教起書來輕鬆愉快，課餘還輔導中文打字班和樂隊班，打字同學代表參加全國技藝比賽，竟能榮獲全國第二名。她還在夜間部兼課，退休前兩年並掛名任訓導主任。

　　並不以現狀為滿足，全力充實自己，她堅辭夜間課業，到文化大學夜間部完成碩士班的研究教育。她的勤奮和勞累付出，當然有助家庭生活的改善，使我無後顧之憂。她真是比我聰明，反應靈敏，做任何工作都能駕輕就熟，大小事無不迎刃而解。而我做工作則是日夜操勞，費盡心力，兢兢業業才在中央日報幹到退休，相較之下，自歎弗如。今後的日子，尤其我心臟有毛病，都要由她扶持，還是要多依靠她了。

民國五十四年一月二十三日結婚照

結婚四十二載後合影

二、長女　王郁君

　　三個女兒都已結婚，且能體會老爸的心態，不會讓我煩惱，真是孝心可嘉。大女兒王郁君個性較強，和小時不太一樣了，可能是在美國多年的磨練結果。小時候她就較獨立，我常後悔讓她讀衛理女中，初中三年住校，而這正是她成長期，得到比較少的父母的呵護，養成勇往直前的個性。在景美女中時，別人參加救國團暑期活動，一項就很難入選，她能參加救國團在臺中戰鬥營，再參加澎湖的戰鬥營，而且帶回很難得到的兩個營的最佳表現獎牌兩面，別人會珍貴得不得了，她卻棄之如敝屣。輔仁大學英語系畢業後，她在外商廣告公司工作，她出國讀書，她結婚，都是自己安排。

　　她在民國八十年出國，民國八十三年，她在美國紐約大學修完碩士學位，修學位時又打工又讀書，當然書讀的很辛苦。她先在北美電視公司做事，後來到王永慶女兒塑膠公司上班，在八十一年暑假曾回國探親一次。八十五年他同女婿管維交往很好，並和我商量支助她在紐澤西購屋，我和一梅在七月趕去看過他們。第二年，在沒有預期的情況，接到她從洛杉磯來電話，她已辭職來加州，因為管維回加州任職，同時要和父母住在一起。並告訴已在拉斯維加斯登記結婚。由於前年我和他兩人見過，且送給管維金飾，已表示過我和一梅的同意及祝福，對她自己婚姻安排，我仍是快樂接受。雖是有時空的距離，七姑、八姑和濟民表兄都送厚禮致賀。

　　如今她在洛杉磯市政府單位的交通管控中心工作，主管預算，雖行事作風強硬，但甚得上司器重。女婿管維在日商投資的廣告公司任主管，也是屬於認真開創型風格。我曾到洛杉磯住他們家三、四次，看他們太忙，儘管有親家公和親家母一起生活照料，還是覺得他們應該要把生活步調放緩。大女兒已有一子七歲，叫管謙，上一年級，還有一女，叫管庭，四歲，英語都已是朗朗上口，小女娃還糾正我的英語發音。

　　親家公管德源也是民國卅八年來臺流亡學生，經過早晨送報，白天上課的奮鬥，中興大學法律系畢業，在中國時報退休時任廣告副總經理。我工作的報社廣告業務有關同仁，很多位都稱讚他是好人。由於他和我有很多的類似成長過程和相同背景，所以我們有聊不完的話題。他在臺北有一棟房子，經過一段時間，他就會回國小住，因此這幾年與我們見面的時間和次數，比我見女兒還多。尤其他和我的好友梅孝治、史孝琪夫妻倆，同是中興大學的同班同學。吃飯和麻將小聚使親上加親。親家母謝光華秀外慧中，事親至孝，原也在中國時報任職，帶著兩個兒子先移民美國，也備嚐一段辛苦生活。在美國她姊妹情深，我在洛杉磯見

　　過女兒的四個阿姨和一個舅舅，都是親家母的親手足。這兩次去美國都有勞她們開很遠的車，請我和內人一梅吃飯。

大女兒王郁君全家

三、二女　王郁苑

　　二女王郁苑原在臺中靜宜大學英語系就讀，因為戀家關係，參加轉學考，錄取到臺北淡江大學的法語系。我對她由英語系轉到法語系，老是耿耿於懷。我一直在想，她若是不轉系，仍念英語系，可能現在三個女兒都會到了美國，不必讓做父母分心兩地。現在她的姊姊和妹妹都在洛杉磯，若三人在一起應該多好。她在淡江大學畢業後，在台北市立美術館任編輯，負責出版多本美術專書。我正羨慕她工作時，她在民國七十九年，突然要到巴黎大學讀書，我勸說美術館工作難得，多做幾年比較好。結果她堅持去讀兩年書，勸說不成。還好兩年回來後，她繼續在文化大學的法文研究所深造，並取得碩士學位。

　　民國八十一年她從歐洲，繞道紐約和加拿大，分別看過姊姊和大伯，才回到國內。她在法國讀書時的寒、暑假，曾到英國、歐陸、中非和西非旅遊。出國兩年，她法語練得流利外，還增廣不少見聞。她運氣還不錯，拿到碩士學位不久，參加外貿協會甄選，這是該會第一次放寬新任人員年齡到卅五歲，她就有幸被錄取，被派到新竹夫家附近的教育中心工作。教育中心重要目標就是培育大學畢業生成為貿易人才，所以英語以外的歐洲語言是重點課程。她在教務組面對學生的輔導工作，甚為稱職，曾多次陪學員到國外接受實務訓練。

　　八十八年一月卅日，在新竹，二女王郁苑與文大史研究所同學溫國暉舉行婚禮，在家以辦桌方式舉行婚宴，達六十五桌。第二天我在臺北的彭園餐廳，為她舉辦結婚歸寧喜宴，席開二十九桌。由原任中央信託局長，我結拜的蔡大哥茂昌作證婚人，主任秘書李在敬和後來任中央通訊社長李萬來學長，任總招待。最特別的是行政院長蕭萬長親來參加，並致賀辭。立法委員丁守中不但百忙中，禮到人也到。場面真是熱鬧。新娘和新郎的文大教授，文學家胡品清，對兩人讚詞，由司儀宣讀：

王郁苑小姐的畫像：
　　在形體上來說：亭亭玉立，落落大方。
　　從社會學上來說：樂觀處世，笑臉迎人。
　　從學術上來說：是文化大學法文研究所胡品清的高才子弟。

溫國暉先生的寫照：
　　文化大學史學所高才生，運動場上的健將，堪稱允文允武。
　　古人有拋繡球的美俗以締結良緣，今人有溫國暉拋網球以締良緣。溫國暉先生是平均發展的新新人類，讀書不忘健身，以免文弱之譏；律己不忘愛人，他熱心社會工作，校內一如校外。此外，他待友以誠，待長輩至孝，能當選為王府東床的他，原非泛泛之輩。

　　胡老師對王郁苑這個學生，很是愛護，每次師生會面，不論是見到她的兒子，或是沒看到，胡老師都會說小王子好嗎。

　　二女兒結婚時，證婚人蔡大哥和致辭的蕭萬長院長，都是有福氣的人。在婚禮中，兩位不但祝福新人，蔡大哥還為王郁苑的結婚證書用印，特別刻了一個大圖章。王郁苑託兩位大人之福，她算是高齡產婦，相繼生了兩個兒了，現在一個已七歲叫溫岳樺，一個兩歲叫溫傑森。我和蔡、蕭兩位見面，都曾道謝，感謝兩位將福氣帶給她。她在去年為小孩念書的學區，搬離婆家，自購了新房。

　　二女兒的婆家是新竹客家人，公公陳隆盛和婆婆溫月妹，勤勞節儉，種田種菜，並在新竹市東門市場的大門口有個最好的攤位。他們在田邊的房舍，有三間主房和兩側廂房，在街上還有棟三層透天厝，都是辛勞所得。家中有位快九十歲老阿媽，身體健朗得很。公婆兩人不但孝順，且熱心鄰里，親家公還曾來臺北接受全國的好人好事代表的表揚。

二女兒王郁苑全家

四、三女 王郁晨

最小的女兒王郁晨，臺大圖書管理系畢業，圖書管理在現代資訊科技配合應用下，國內外的大學的圖管系都很時髦，就業容易，且大有前途。她小姐聰明又用功，畢業的一年還拿到臺大的書卷獎，就是學科平均九十分以上。畢業前她早有預作準備，在工學院修了電腦方面的課程，得到專長證明。所以她一畢業就能進入四維科技公司，任業務推展工作。我記得這家電腦公司，規模不大，位在台大的對面，交通便捷。沒有看到她凸出的表現，可是公司三天兩頭的進行各項專業訓練，我認為這種在職訓練，是公司老板最佳投資，對員工給予最好的待遇。在職訓練使工作實務和學理兩相結合，員工和公司都會收到效益。

友訊科技公司是她就業的第二家公司，由於四維公司的經驗和養成訓練，她在友訊公司表現不錯，負責海外推廣。西歐、東歐和澳大利亞，都是她前往展業的地區，有她數不清的足跡。由於友訊科技公司在國內和國外業務逐年成長和茁壯，在大陸深圳設廠，在北京設營業單位，相繼在美國洛杉磯成立分公司。公司一方面要開展業務，另外是要經由在美國的電腦市場建立 D-Link 公司的國際品牌。友訊公司在民國八十七年，派她前往洛杉磯分公司任職。她看到兩個姊姊在國外都學有所成，而且大姊也在洛杉磯結婚就業，她欣然接受前往。

三年前，友訊公司轉投資的明泰科技公司，在美要擴大經營，她被分發到明泰公司，仍在洛城工作。我冷眼旁觀，她和美國採購產品的客戶，往來密切，服務週到。她經營的客戶，為公司做了很大業績額度。新公司對她一如友訊公司老模式，讓她在國內外參與業務會議，對她更為器重。甚至人事調整也會詢問她的意見。三女因多年任職推廣的職務，在業績上小有壓力，所以對別人的感受最為細心，關懷更熱心；在人際關係上，甚為周到。我想她的工作應該愈來愈順手。

　　人生最快樂的事，是心中懸掛很長的時間，一夕間得到解決。三女兒結婚了，我真快樂。眾所周知的事，她在電腦公司上班，是無暇談戀愛，沒機會接觸合適對象。還好她被派去美國，美國上班受當地習慣的影響，晚上七、八點下班就算是較晚的下班者。在臺灣，她在臺北或是在新竹園區上班，晚上回到家都十點，甚至十二點，有一段時間，她甚至忙得在公司附近租房子。前年，民國九十三年春天，她告訴我要和原在同公司任職的馬克先生結婚。可是馬克正在加州大學進修，功課很忙，婚禮在暑假才有時間籌備。我當然很高興，馬克是黃頭髮的德裔的美國人，我雖有點頭腦頑固，也欣然接受。不同民族文化的差異，對家庭和諧的影響，我當然了解。還好德國傳統文化，也是很重視家庭倫理和友愛。

　　在當年九月，我和內人飛到洛杉磯主持她的婚禮。在去美國之前，我也曾大費周章的籌劃她在國內婚禮，賓客和酒店都思考一番，心理有大概的盤算。她和姊姊商量結果，還是在美國舉行婚禮。有姊姊和姊夫全家的幫助，尤其是姊姊的公公、婆婆都一齊加入幫忙的行列。九月十六日先到加州爾灣市政廳辦理公證結婚，兩人宣誓，互許終身。九月十九日在洛杉磯喜瑞都市的樂宮樓酒店舉行婚禮宴客，中國客人、美國客人，親戚、同學齊來參加，很是熱鬧。

　　結婚是件大事，美國人也很重視，女婿馬克 Mark Kopelciw 的媽媽琳達 Linda 和妹妹米雪兒 Michele，都從東岸紐約州的羅徹斯特前來參加。這對母女兩人待人很親切，馬克母親是位心臟科護士，有葡萄牙血統，家族觀念也強，對馬克親情非一般美國人可相提並論。妹妹對馬克更是親敬，在婚禮中她致辭對哥哥就讚揚備至。這對母女最讓人感動的是，不顧長程飛行的疲憊，捲起衣袖就動手參與結婚場地佈置，看到她們如一家人的一起工作，心中很是寬慰，因為我擔心兩個不同國家文化差異的家庭，婚姻調適會成問題。

　　參加婚禮，我邀請了李文琪表妹夫妻倆，還有中央日報老同事徐潤傑、嚴淑姬夫婦，另外有一位政大同學陳綏之。文琪是從小看大的至親，陳綏之是政大同寢室四年的同學。徐潤傑在報社與我，在服務組和發行組共事多年，他人聰明，思考縝密，文筆和口才犀利、流暢，很少人能及。他和夫人都是臺灣世界新聞專校畢業。他竟發憤圖強，在文化大學夜間部讀完新聞系，然後轉職中廣公司。在中廣嘉義台長職位上辭職下來，移民美國。移民美國要有財力條件，主要得自夫人在臺中經營甲上廣告公司，趕上房地產廣告興旺，加上她老公的參贊，小有積蓄。一九九八年我來美時，他曾邀我夫妻倆到他家小住，所以同事情誼非比尋常。

　　婚禮採中西合併方式，由姊夫管維任司儀，讓我見識到他任職廣告公司，有公關的本領，口齒清晰，中英文流利，且能掌握全場，帶動歡樂的氣氛。新娘先由我挽著進場，在音樂聲中起舞，親手將新娘交給新郎。賓客中有專程從臺灣飛過來的友勁科技公司的王寶儀總經理，還有一位曾在友訊公司任職經理 James 劉，也是遠道前來。王寶儀係輔大畢業，天下雜誌專訪她，讚譽她在電腦業允文允武，不但擅長軟體設計，且在國際展覽會場，能拿起螺絲起子修理電腦。她在婚宴中應邀致辭，很感性的說新娘是位好的工作伙伴，情同手足，並背讀一篇由秘書在詩經中找到的，「宜室宜家」詩文，來祝福新人，很是莊重，表示出對小女情誼的重視。

　　我的長女王郁君在馬克妹妹米雪兒致辭後，也講了很多話，我只聽懂她快速英文一點點，說她妹妹有點糊

三女兒王郁晨結婚照

里糊塗，但很有福氣，使婚禮笑聲不絕於耳。小女兒的婚禮，在飯前有吧台可以小酌，飯後要切蛋糕，還有丟新娘捧花等外國習俗。可謂賓主盡歡。小女兒婚後，常考慮買新居，猶豫不決，因為加州的房價漲得太快。在去年的七月，終於選在離夫妻倆上班都近，位於東洛杉磯地區，買了新房。女兒很孝順，去年十二月，要我和內人親去享受人間一段甜蜜的生活。

我在小女兒的婚禮上主婚人致辭，是我對女兒的愛護和不捨，內容雖再三修正，但都沒有改變我在臺灣寫的初稿原意，我喜歡錄下來：

各位女士、各位先生：

洛杉磯的天氣很好，比臺北舒服，我從臺北來，真是很羨慕。在這樣美好的日子，有各位至親好友前來參加小女王郁晨和馬克先生的結婚喜宴，有勞各位和得到各位熱情支持、參與，致上萬分的謝意。該謝的人真不少。我最感謝的當然是馬克先生的媽媽，她生了這麼好的兒子，使我疼愛的女兒有了歸宿。還有遠從沙拉緬度市來的新娘的表姑和表姑父，不僅是她表姑個人的心意，還代表她的母親，就是我的姑母和臺灣很多親友的關心和祝福。謝謝，謝謝每位的參與。

嫁女兒是很高興的事，今天是我第三女兒出嫁，從此，我們家就剩下內人和我，這時是又傷感又有點不捨。想她的成長，國中時代，尤其國三的時候，為考上好的高中，晚上很晚才回到家，我也全年無休，不分寒暑和晴雨，每天要送兩次便當到學校。她考上了北一女中。

但是女兒也很孝順，最讓我難忘的事，她在北一女儀隊，代表國家訪問南非共和國，辛辛苦苦回來，她把零用錢，給我買子一瓶洋酒，那時要兩萬多塊，真不便宜。不過這瓶酒，到現在我都捨不得喝。還有一件小事，可能王郁晨不知道，我喜歡烏來和坪林，有

次帶三個女兒到坪林，要從河的左岸游到右岸，在水中緊緊抱著我
就是王郁晨，她很小，忽然兩腳踩空，兩人都沉在水中，我唯一的
選擇是把王郁晨托起來，不知誰的力量，兩人意外的將頭伸出水面。
事後我很緊張一陣，每次想到這件事，仍是心有餘悸。往事回憶有
些甜蜜和懷念。

　　現在我想對我的女兒和馬克有一些叮嚀，表達對他們成家後一
點期望，期望不高，都是我做不到，或是沒有做的事。簡單的說，
要在工作、讀書和鍛鍊身體之餘，希望他們能多去教堂、圖書館和
博物館，追求心理上和精神上的享受；其次，若是行有餘力，能幫
助人一點，中國人說積善之家慶有餘，多做點捐獻的事，應該有善
的果實。

　　我看我還是直接用英文告訴他們吧。

I want to say somethings to Vicky and Mark. It may do a great
deal of good to you. Both of you are working hard and study hard, and
take sport hard. But I still want to suggest my opinion to you. I hope
that you may go to the church, library and museum , for the purpose to
achieve a living of higher stander. Further more, and if possible, you
can stretch out your warm hands to help others. Even to donate some
money to poor and weak people. I think that if you do a lots of good
things, the good luck and good fortune will get along with you. All
these advice may be some looked like the old Chinese philosoph. But
it will really be some effective.

Other more, I sincerely hope Mark, you may pay a little attention to
the Chinese tradition, The key point of Chinese tradition is humble and
polite. The humble and polite are the basic materials that I used to
teach my three daughters . I think humble and polite have done some
things good to them.

Anyway, at last, you should know some about the Chinese cuture in daily life.　Because, it is wonderful, for exemple, useing chopstiks and playing Ma-Chiang are very important.　Before you come to Taipei, you should pratice hard and hard, you will enjoy it.

打麻將有益身心調劑，防止老人遲呆，很重要，謝謝大家。

第十一章　返鄉祭祖

第一節　　返鄉

　　在臺灣居住、求學和工作，度過人生的大半寒暑，依照國人的文化傳承，慎終追遠，落葉歸根，是一種很自然的嚮往，隨著年齡的增長，歸鄉探親和祭祖，這種企盼愈見濃烈。可是在一九八七年前，兩岸人民往來受到法令的禁止，尤其服務政府單位和黨務機構者，更不便前去大陸，甚至不能和大陸親友通訊。當然私自放膽前去者也有，且愈見增多。後來政府的懲罰和限制，基於人性的考量也逐漸放寬。我因為在黨營報社工作的關係，不願違法犯紀，尤其是不願給大陸親友帶來另次的政治迫害。因為弟妹受父親和在臺親友關係，都被打入黑五類數十年。大陸三反、反右和文化大革命多次運動中，他們都會被拉出來，一次又一次的被批鬥和身心迫害。我比較小心，不願重蹈覆轍。我擔心一時的願望得逞，會造成他們的傷害，所以一直沒有和大陸親友聯絡。

一、大哥開啟兩岸通信

　　可是大哥到加拿大求學移民後，思鄉情切，大哥一九七一年到多倫多後，立即寫信給北京親友，也寫信到老家三河縣的溝北村尋找媽媽和弟妹。凡是他能想到的家鄉老地址，或是一些可協助轉信的單位，他都大量投郵，也曾寫信三河縣政府。仍是信都如石沉大海，渺無音訊。直到最近，在二○○六年，三十五年後，我和鄉書記見面時，聽到縣政府曾收到大哥的信，因為上級政策

使然，不予處理，所以媽媽終未看到大哥的信。但媽在一九七一年已經輾轉得知大哥在加拿大，可能是弟妹由統戰單位透露過來的，這已足告慰媽媽心靈。最少知道離開二十多年的老大平安。一九七六年媽媽去世，在媽闔眼長逝的前一刻，弟妹都講，媽還牽掛著我這老二，不知如何。

一九七七年大哥更是思鄉情殷，申請小妹大華由北京到加拿大探親，小妹在加旅居一年。經由小妹，大陸、臺灣和加拿大，三地的兄妹之間，始有了書信的往來。我才能對大陸的兩個弟弟情況，和他們過去在成長中苦痛，有了深切的了解。大哥在文革十年後，一九八六年回到北京，受到親友和政協的熱烈歡迎。大哥的積極的行動，對大陸的弟妹追求幸福和自由，有很大的鼓勵。一九八八年小妹的女兒顧宏移民加拿大，一九九〇年小妹自己也移民。大弟福榮在一九八八年，拋棄了北京的鐵飯碗，申請到廣東深圳，擔任中方投資的塑膠成品公司的副總經理。大弟有眼光，有魄力，這一年，他因有大哥海外關係，已經調升為西山農場經理，但他還是嗤之以鼻，堅持到深圳自謀發展。

二、兄弟三次相會

一九九三年兄弟四人，分散四十三年後，首次在大陸邊緣的深圳會面。一九九五年，我思念兄弟甚深，又單獨一人再往深圳去看福榮弟。這時他的愛人已從北京前來照顧他的起居，女兒並在當地成婚。兄弟相見甚是愉快，回來時福榮弟給我三個女兒各一套人民幣，從最小到最大面額的錢幣，同樣也送給七、八姑各一套，我算算他所費不貲，知道福榮在深圳已小有所成。但這時，我迄未能回北京故鄉探親掃墓。

返鄉探親時機終於等到了，在一九九八年二月報社工會舉辦北京五天之旅，我一個人參加，因為內人教課的學校開學不久，只好一個人先行。我參加第二梯次旅遊團，為了有多的時間探親

掃墓，特別請工會常務理事關建霞安排，我隨團在第三梯次回來。所以我在北京停留兩個多星期。我一下飛機，福明弟和桂蘭弟妹已在下榻的北京飯店，等待我多時。我首先是告訴他倆，此行目地是我要祭祖，尤其要在墳前稟告爸媽不孝兒回來了。

　　旅遊團體活動安排參觀景點，像是故宮、長城、雍和宮、天壇，餐飲如烤鴨、涮羊肉，都令人感到處處新奇和溫暖。讓我印象最為深刻是北海公園內有個小西天，位在隔湖與公園正門的白塔遙遙相對，五十年前我去攀登上去時，佛陀是東倒西歪，到處是癱塌瓦礫，還有鐵絲網圍繞著，殘破景象絕不像是帝王留下來的遊玩景觀。這次看到的是煥然一新，瓊樓玉宇，氣象萬千。我納悶，在嚴格管制宗教的共產制度下，實在出乎想像。我想中共除了為改革開放恢復舊觀外，找不到其他理由。在活動的第五天，大部份報社同仁都啟程返回臺北，但有包括我在內，七位同仁仍繼續留在大陸探親訪友。

一九九三年，兄弟分離四十三年首次在深圳團聚。
圖左起：福明小弟、大哥增祥、福勝二弟、福榮三弟。

第二節　祭祖

　　北京之旅的第五天，二月二十六日早晨，弟弟單位派了一部車，專程供我返鄉祭祖，我特別邀請報社梁嘉木副總編輯和潘適存課長與我同行，隨我到故鄉三河縣溝北村祭祖掃墓，梁副總北一女和政大新聞系畢業，在美國獲明尼蘇達大學新聞碩士，在報社時有專欄特寫。她對北方鄉土文化很為嚮往；潘課長專精攝影，開過多次影展。有這兩位同行，行程不會留白。在返鄉掃墓的頭天半夜裡，想到天亮就要給爸媽上墳跪拜，兒時爸媽的疼愛一幕一幕的襲上心頭，悲痛不已，泣不成聲。立即起身在北京飯店的房間內提筆疾書，寫下祭父母文。在北京二月微暖陽光的照射下，買了祭祖鮮花花籃兩個，車子直往東行六十公里，過了通縣和潮白河，很快就到了三河縣界，未進縣城，先向北行八里就到溝北村。

一、親友情深陪同上香

　　紅磚瓦舍，白楊垂柳，家家炊煙嫋嫋，間聞三兩聲驢馬吼叫，好一個祥和小村，不像我想像中，經過戰火摧殘和文化浩劫的家鄉。先到同一曾祖父的福生家，福生有個姑姑在臺灣，叫王淑貞，我稱呼三姑，但不是我北京的那位親三姑。每年過農曆新年我都會去三姑家拜年，三姑父文恆章，有二女在美國，兩個兒子在臺灣。福生的爸爸王玉芳，是我爸芳字輩的同儕，所以我叫他大叔，家在村東頭。聽說我的到來，大叔、大嬸的爭著來看我，包括襁褓中的娃娃，福田、樹生遠房弟兄，還有村長，十數人都擠進小屋，問候臺灣的長輩，也將族裡的近況介紹說明，大家深情款款，讓我感到溫馨。當然，我幼小離家，一切陌生，初次見面，說話也多保留，像媽媽在家吃苦和爸爸受難，未有人道及；可是對村長的問話，還要填一份從臺灣來的人士調查表，我是知無不言，

資料填寫盡可能確實詳細，我認為彼此推誠相與，才可建立美好的未來。

　　寒暄過後就往田中走，幫忙的人還不少，有的扛小桌當祭台，有的拿鋤頭清理墳頭四周雜草。眾親友，包括從臺灣來的梁副總編輯和潘課長，一行浩浩蕩蕩走向王家祖墳。祖墳在村子的東南方，約三十多公尺見方，共七代有二十多個墳頭。小弟先將花果、點心和酒，及手寫的碑的牌位，在爺爺、奶奶的墳前佈置好。長幼有序，一定先拜爺爺和奶奶，我撚香、敬酒、三叩首後，福明弟和桂蘭弟妹再拜。跟著清理爸媽的墳頭，同樣在貢桌上擺放水果、點心、鮮花和水酒，上完香後，我一字一淚的唸著我寫給爸媽的祭文，把我積壓在心裡的思念，一股腦都傾訴出來。好像再長的時間也述說不完，中間雖是柔腸寸斷，幾度中止，我還是堅持細說分明，我要講的話都要告知爸媽。然後隨著香和冥紙的燃燒，我將祭文也放入熊熊烈火中，希望能隨灰燼飄送到天邊，送給遙不可及的爸媽。

二、感謝親情友誼和福明單位盛宴

　　數十年流離和壓抑在心的哀怨，經過在父母墳前大哭一場，竟如雨後天晴，渾身舒暢，走起路來也身輕若燕。回大叔家的路上，福明把我引到王志明家，他曾參加抗美援朝的戰役，文化大革命期間任村裡的民防大隊連長，因為他爺爺王景和與我爺爺及大伯有二代交情，對福明最為愛護。媽媽在村裡也明裡和暗裡受到他的幫助。在他家看到小康富裕的景象，正屋一連三間，窗明几淨，庭院曬著玉米，還有羊和家禽，門前的幾株高高的白楊和一棵老榆樹，更是北方初春的景觀。志明的愛人更表現親切，在家裡和我細數家常，辭別時送出門有數十步遠，還拉著福明的手不放，要他常常來訪。

　　中午就在福生家用餐，吃著家鄉特產豆腐絲，喝著北京二鍋頭，席間村長說村裡家家戶戶都從事染旗事業，貨銷全國各地，他每月可獲利萬元。難怪今天，在北方春天尚未盛到的時候，就有魚蝦和菜蔬可食，大家都富裕了。酒足飯飽帶著微醺，福明又帶我去王志遠家，就是志明的大哥家。王志遠一眼看去，是標準的莊稼漢，雖是中風，行動不太俐落，和我一見如故，寬大手掌滿布粗繭，握起來實實在在，雖然話未說幾句，辭別時和我擁抱兩次，兩人都淚流滿面。我是感恩的淚，他是有感而發，我內心想的是王志遠是在一九七六年的黑夜，他和福榮大弟一起背著媽的骨灰盒，偷偷的埋在爸的墳墓中，使二老得以長相廝守伴隨，子女安心。

　　回到北京，福明安排我去看世華和文和兩位表姐家，並在北京飯店接待英福堂妹和表妹福光、玉秀，以及從前北京小學同學張志平。同時也到香山慈幼院、北京大學和盧溝橋遊覽，真是該要看的都看到了。尤其我在香山慈幼院，還特地到我小學一年級住的宿舍舊址，回顧兒時的一切。在攀登西山碧雲寺，我一定要向國父衣冠塚拜祭。途中都由王劍的愛人和王倩姪女左右攙扶，感到人老矣，也認為幸福屬於我。

　　我是臺胞回家探親，福明安排由他單位北京房管局，盛宴招待。據主人講，酒菜是招待臺胞新聞界的第一等酒席，菜餚和口味與在臺灣的筵席並無二致，使我感到賓至如歸，而且設宴地點就在房管局自家投資的眾福樓飯店，飯菜味美精緻不在話下，服務格外親切。席中包括將龍蝦血和鱉血，分別滴入二鍋頭酒杯中，乾杯。這樣方式好像在臺灣也流行未久。一起吃飯的有北京房管局副局長王謂明，是河北薊縣人，薊縣有長城繞境，離我家鄉三河縣很近，所以喝起酒來很盡興。還有位女士曾來過臺灣兩次，叫徐留明，她是崇文區統戰部副部長兼台辦主任，舉止談吐文雅且有內涵。餐後崇文區前門房管所的馬得友所長還代表單位

送我一份紀念品，一對精緻的景泰藍的花瓶。現在我仍擺在客廳的電視機旁。福明服務單位是北京市崇文區前門房管所。

這趟北京行，包括祭祖、探親和觀光，滿滿載著親情、友情和鄉土情，誠是真情念念難忘，時時讓人懷念。

第三節　兄妹、妹婿、妯娌齊聚一堂

公元二千年，福明小弟的女兒王倩要出嫁，兄妹五家相約北京大會合，婚禮定在一月三十日。我和內人一梅，在前兩天參加旅行團到達北京。參加旅行團有很多便利，不但可免除親友機場接送，餐點也不必費心，特別是早餐，可以天天在旅館內用餐，而且很豐盛。我們住的是王府井大飯店，就在王府井大街上，進出逛街都很方便。一下飛機就和福榮弟電話聯絡上，原來他和兒子已經在一家飯館擺上酒菜等著我們，有將近兩年沒和親友在北京見面，這頓晚餐吃得很高興。不但給我接風，也慶祝福榮孫子生日。大哥和小妹兩家相繼到達北京，大哥、大嫂住在和平飯店，距王府井大街也不遠。大華妹和夫婿住回他們自己的家。所以兄妹五人和妯娌，以及妹婿有十人，齊聚在一起。每人都珍惜這難得的集會。先是福榮給了我一萬元人民幣新鈔讓我花用，福明安排到長安大戲院聽京劇，大哥請客吃北京烤鴨，有兩個晚上是到我下榻的旅館聊得很盡興。五天的團聚如飛似的過去。

一、團圓照相

兄妹團聚五天做了三件大事，第一件是在一月二十九日，五家五對夫妻至北京有名的中國照相館合照，留下十人在一起的珍貴畫面。兄弟和妹婿五人站後排，前面坐著四位妯娌和小妹。當然大哥居首，位在後排中央，兄弟和妹婿依序左右相伴。十人在溫柔的燈光照明下，心手相連，血脈相通，顯現天上人間最融和美好的照片，還有就要成婚的王倩，福榮兒、孫、外孫及兒媳，

也和我們十人照了一張祖孫三代的合照，很有留存價值，這張照片象徵爸媽後世子孫的綿延長遠。

第二件事是一月三十日王倩出嫁，王倩是福明唯一掌上明珠，在我的印象中，王倩從小到大，都是坐在她爸的腳踏車後座上學，這對父女的情感非常人可以論述。記得我頭次到北京，她老爸安排我到鼓樓後街吃飯，點了我唸了很久的驢肉，付帳的時候，福明說女兒王倩工作賺錢了，堅持他女兒付錢，我看到福明做爸爸的驕傲。可是女大不能留，能找到好婆家更是做父母所盼望的。所以人生離合正如月有圓缺，是一種天道循序運行，不能過度悲和喜。

二、王倩婚禮盛大

新郎孫昶輝和王倩大學同校，畢業後任職電力部門，功課好，人品好，又溫文儒雅，重要的他是高知子弟，不像一般青年，不會太過急功近利，我看他會是王倩好伴侶。婚禮的早上，新郎親家很有派頭，給大哥和我各派了一部汽車，從我兩人的旅館送到保利大廈，結婚宴客的場地。讓我大開眼界，結婚場面之大，令我咋舌，場地設計，新婚照片展出，儀式的進行，甚至司儀滿口的吉祥話，都是由專業結婚禮儀公司全程設計，按部就班演練下去。吉祥話愈聽愈喜歡，我還向這家承包的公司的經理握手致意，真是佩服之至。

親家對我們遠道來的兄妹很禮遇，大哥、小妹和我都在司儀的邀請下，講了祝福新人的話，得到禮貌上熱烈的掌聲。我講的是女兒出嫁，父母是萬般不捨。以我自身體驗為例，我的二女兒才在臺灣出嫁不久，我是男兒有淚不輕彈，我在現場還是忍不住；其次我告訴新人，結婚是兩個家庭的結合，今後要以「家和萬事興」這句名言勉勵自己，建立美滿家庭。

婚宴設在五樓的保利廳，場地寬敞高挑，還有個大的舞台，在台上雙方家長在宣讀北京市府核准的結婚證書，致謝辭後，大

哥和我還上台唱一條卡拉 OK，福榮的愛人惠敏也應邀清唱一段
京劇，字正腔圓，真是出人意表，整個會場氣氛滿是歡樂。雖僅
席開八桌，但餐宴的菜餚和氣勢，很有高官大將的模樣。確信王
倩會有很好的家庭生活，祝福她。

三、兄妹、妹婿、妯娌十人祭祖

　　第三件大事返鄉祭祖，在一月三十一日一大早，福榮的兒子
開了一輛廂型車，滿載我們十人和祭品，奔向三河縣的溝北村，
我們要隆重的祭祖。那天是隆冬的臘月，遍地皚皚白雪，走向祖
墳墓地的田埂上，冷風颼颼，手腳幾乎凍僵，但是祭祖和祭爸媽
的澎湃的熱血，直衝心頭，外界的風寒未能絲毫影響我們的舉
止，努力的向前行。

　　我們十人先在祖父母的墓前跪拜，表達我們子孫的敬愛。然
後進行的對爸媽的祭拜，也是和祭祖父母一樣，在爸媽墳前擺上
點心、水果和香燭，十人兩列在爸媽的墓前焚香、敬酒和三叩首，
並由福榮念祭文。福榮流暢敘述，念到父母給我們養育之恩，句
句感動進入我的心坎，不禁潸然淚下。兄妹和妯娌十人齊集二老
的墳前跪拜，若爸媽地下有知，定會含笑九泉，爸媽好好安息吧！
大哥還在墓前細訴五個兒女的近況，定會不負爸媽的教養，彼此
相互照顧；同時表示遊子離家太遠，不能時常回家鄉祭拜，萬千
慚愧，請爸媽原諒兒等的不孝。

　　我們兄弟五人回家祭祖，也驚動多位家族的叔伯和同為福字
輩的弟兄，在拜祭爸媽後，我們五家十人排成一列，請眾親友接
受我們一鞠躬，表示對他們多年照顧我們爸媽，不論生前還是死
後的幫助和關懷，都讓我們沒齒難忘。回程我們仍到我們家的老
宅院巡視一番，並在前院合照多幀照片保存。且又到玉芳大叔家
做禮貌性拜訪。

　　全車回到三河縣城用膳，祭祖大事已畢，找個有衛生設備餐館，大啖家鄉味，白肉火鍋和京東肉餅，由小妹盡地主之誼，心情放鬆，大快朵頤。第二天我就要歸隊參加旅行團搭機飛回台北，因為農曆新年快到了，帶著太多的兄妹團圓的歡笑趕回台北的家。搭機前還有勞福明弟買隻箱子，要離開旅館前發現要帶回的東西太多，包括多樣北京小吃，孝敬臺灣的長輩，七姑、八姑就對北京的燒餅就讚不絕口。只好看著福明，跑過幾條街，他馬上買了箱子回來。福明和桂蘭禮數真多，還送哥哥、姊姊各一套銀行發行的二千年紀念幣一套，看他是感激我們參加他女兒的婚禮，什麼好東西都甘心情願的送了。

公元兩千年，兄妹子孫三代在北京合照。後排左起：妹婿顧作新、三弟福榮、大哥增祥、二弟福勝、小弟福明。中排左起：福榮兒子、福榮兒媳、福明女兒王倩。前排左起小妹大華、福榮愛人薛惠敏、大嫂陳慧美、內人宋一梅、福明愛人吳桂蘭。最前面小朋友：左起福榮孫子王瑞平、福榮外孫何宇鵬。

第四節　再祭祖三次

　　二○○三年八月我的心臟裝了支架，有個東西裝在身體裡，總感到怪怪的，對健康失去了信心。在我身體還算正常的時候，決定趕快再到故鄉去看看，也要和北京的弟弟見上一面。剛好在報端上，看到有個到北京的旅行團，行程包括到西山賞楓葉，有機會再訪我兒時念過的小學香山慈幼院，一舉數得。我和內人一梅欣然就道，住進北京火車新站附近一家新建觀光飯店。福榮父子．福明夫婦和朱斌兄弟都來看我，親人再次見面更為溫馨，到達當晚正逢月正當圓的中秋節，一梅和我在明亮的月光下，漫步在兒時家鄉土地上，度過我六十七歲生日，別具情趣。

　　在行程的第三天，我捨棄旅行團的安排，中午吃畢餃子宴後，福榮、福明兩位弟弟陪同回家掃墓。我在墓前禱告爸媽我的近況，在臺灣親友長輩安好，再重申兄妹相互照應，請二老安心。再在墓前淚如雨下，痛哭失聲。回程在三河縣城住一夜，重遊兒時每條街道和學校。搭機回來的行囊仍然滿載，最貴重的是朱斌送給我的，一隻上面寫著「北京四合院」景泰藍花瓶，現在已擺在洛杉磯三女兒的新家。

一、同年兩次祭祖

　　二○○五年四月，我參加楚崧秋先生率領的專欄作家訪問團，應北京中華炎黃文化研究會邀請，先到北京座談兩岸文學交流，再飛西安，參加陝西黃陵縣橋山南麓，舉辦全國黃帝陵的祭祀大典，歸程順道參訪洛陽、開封、鄭州和登封縣的少林寺，沿途備受禮遇，而且場面之壯觀真可歎為觀止。我在北京訪談的第三天，仍抽空由福榮弟和他女兒陪同第四度回鄉掃墓。這次掃墓正逢清明時節，在福榮邀約下，到的族裡同輩兄弟特多。在我拜祭之前，眾家兄弟已將二十多個墳頭，重加新土，雜草剷除一清。

可能孝感動天，當我給爸媽叩頭燒紙時，六、七個旋風柱突然在身後拔起，感到爸媽在天有靈。事後左思右想，推敲著，爸媽真來接納我的孝心嗎？心中有無比的舒暢。

二〇〇五年九月大哥來電，要我北京相會，八姑由表弟李文鼎陪同，也有意前往。我們兄妹在二〇〇〇年相會時，就曾有約在二〇〇五年再聚，只是地點在臺北。但礙於兩岸仍未進入開放往來狀況，臺北之約只能延宕。現在大哥邀集，我還是樂意在一年內，第二次北京行。八姑、文鼎和我於十月三日下午飛抵北京，世秀表姊夫婦、福榮、福明和朱斌都來機場相迎，場面空前親情熱烈。大哥已在中午先一步從加拿大抵達，在飯店休息等候。

二、八姑祭祖鄉親相迎

八姑在北京停留有八天，福榮特將新房讓給八姑住，我則住在福明家。八天中，八姑曾到澍智表姐家，世秀表姊家和東四的八條十一號六姑奶家拜訪，在澍智表姊家時，兩位都年過八十有五，多年未見，感慨世事多變，頻頻拭淚。福榮父子安排懷柔縣風景區旅遊，浩浩蕩蕩三部滿載的汽車，往北京西行，來回折騰一整天，八姑一點也不累，在紅鱒一條溝吃家鄉菜，味口特好。我們十數個晚輩擾她，扶著她，遊紅螺寺，觀看五百羅漢石雕，八姑高興不得了。八姑希望，要和我爸的同胞哥哥和同胞妹妹的子女團聚一下，算算有十多位。沒想到姑奶奶一呼百應，住在洛陽、保定、天津、包頭的，四面八方的都到齊。又是數十年未見，中午席開兩桌，晚輩重新沐浴在親姑姑大人的親情中，是何等珍貴。再重逢又要待何時，珍惜現在最重要，這頓飯吃得大家很盡興。

但此行最大的目標仍是回家掃墓祭祖，十月七日風和日麗，又是三部車同馳，開往三河縣的溝北村，八姑有如被眾星拱月一般，被鄉親擾扶著邁過田埂，先在爺爺的墓前祭拜，花果、香燭

擺滿墳前，八姑是爺爺最為疼愛的女兒，一甲子的生死別離，不堪回首歲月中，八姑在墳前佇立良久，感念深深。隨著就祭拜我們兄弟的爸媽，兄弟四人叩頭焚香後，大哥和世秀表姊都在墓前述說祝禱之辭，又再次與爸媽有感應相通。

在溝北村裡，也因為八姑的到來，族裡的親戚，長幼出迎者更多，同芳二叔家的兄弟和義芳的兒孫和他家的大嬸，還有樹生、福生都來了，中午仍是在福生家吃家鄉菜，菜香情更濃，敬酒祝福讓八姑老人家開懷歡暢。在旁陪的義芳家的大嬸和世秀表姊，也舉杯相應，尤其義芳老嬸特別健朗，她的長子福田，連給他娘倒了好幾杯酒。這位義芳老嬸生有六個兒子、兩個女兒，共八個子女。她有福氣，子女都孝順。她過生日時，福明弟告訴我，席開六桌。

三、在縣城舊址探故舊

八姑有雅量和興致，竟願意同我們兄弟三人，在三河縣城住一晚，還有文鼎表弟、朱斌表侄，一起下榻新東大飯店。大哥則是要趕明日回加拿大的飛機，先行離去。大哥很像兄長樣子，也為孝敬八姑，此次北京行遊玩花費大多由他支付。他在結清了旅館費後，才和大家依依不捨的道別。八姑在三河縣，曾到縣政府和鼎新學校故址舊地重遊。鼎新學校是爺爺在縣城內，彭家祠堂舊址所創建，七姑和八姑曾在學校任教，確實給鄉村婦女提供念書和學習編織技藝的教育機會。八姑當然很高興去看看，可惜已面目全非，只找到街上大概位置。

在三河縣城，有件讓八姑高興的事，朱斌開車到縣的北關，這是我依小時的記憶開著車找的，找到北關街道管委會，詢問我們王家世交賀嗣昌家，出人意料，管委會竟找個人，陪同我們到了賀家女兒門口。雖從未見過賀苑，她開門一見，身高和臉孔就像她爸八、九分。賓客一進屋就談個沒完，賀苑也是性情中人，臨別前深深互道珍重，並將她爸媽的照片相贈。賀嗣昌先生是位

藝術家，曾指點過八姑的國畫。中共建國後，中南海的五星標誌
設計，就是出自他的手筆，但文革期間遭受五十多次批鬥。賀苑
講被批鬥主要原因，是我爸王金芳任縣長，他往來關係密切，且
多協助。賀苑說這句話時，並不知道眼前坐著的，就是王金芳的
三個兒子。福榮弟還第一次在三河縣，聽到有人提起老爸舊事，
興奮不已。我也深受感動，希望有機會能對她有所彌補。

四、重遊民國三十八年逃亡路線城鎮

八姑這次回北京帶著很多畫作，晚輩子侄人手一張，贈者高
興，受者有福，最難能可貴的是送給世秀表姊的一張，兩天前給
她，第三天她宴請八姑和我們兄弟時，一進她在鼓樓附近的新
廈，就看見八姑的大作，已裝裱在鏡框裡，高掛在客廳牆壁上，
主客同感喜悅和受到尊重，相對哈哈大笑。

十月十日送八姑到北京機場回臺北，我則在當天下午乘火車
到河北的滄州，夜宿山東的德州，再遊青島和濟南各一天，有福
榮弟的陪同，舟車餐宿都由他照料。重遊民國三十八年，我從北
京流浪逃亡路線上的城鎮，故地再現，但人事已非。儘管看到各
個城市，都有二、三十層現代化大廈建設，比比皆是，由衷羨慕，
但總感到大陸百姓的生活水平更待提升。

福榮與我，從濟南搭汽車到河南安陽，因中間隔著太行山，
沒有鐵路通行，汽車要行四小時，經河北的邯鄲才能到達，得以
一窺殷虛甲骨文的奧秘，及湯陰縣的岳飛廟堂。第二天坐火車軟
臥經鄭州到達南京，在南京雖未能找到民國三十八年老爸所租賃
的房子，但中山陵、玄武湖、雨花臺和總統府都遊到了。住了一
夜，又趕赴上海和福明弟相會。哥三個在上海玩了五天四夜，上
海的東方明珠、城隍廟、圖書館和外灘，還遠征到蘇州的周莊，
兄弟三人難得聚會，珍惜每一時刻。十月二十日兩個弟弟送我登
機回臺灣。

第五節　祖先和祖墳

　　二〇〇六年初，福榮頻頻來電，商量祖墳修建大事。這是去年十月兄弟四人祭祖時的共同願望。尤其是八姑和表弟文鼎同行，也肯定慎終追遠這件大事。大哥和我佩服福榮的設想周全，祖墳有七代三支二十七個墳頭，牽涉到的族裡的人多，意見也多，還要和層層單位交涉，歸還祖墳內的土地。就碑上刻字，包括年代、稱呼和上下款，都要細心推敲。尤其是春寒料峭，冰天雪地裡進行丈量、樹碑等工程，不僅他個人，他愛人惠敏和福明小弟，甚至女婿都要飽受風寒之苦。

一、福榮策劃族人共襄盛舉

　　大華妹稱讚說三哥做事最穩當，乾淨俐落，不拖泥帶水。我看他處理這棘手的事，表現他智勇氣慨，克己待人，有守有為的才氣。最可貴是他能博採眾議，團結族內親戚共同參與，才使修建祖墳大事順利完成。他先寫一件申請書，提出五大理由，請村裡書記同意歸還祖墳的土地，主要內容是舉人、秀才的宅第已充公辦學移作他用，但舉人、秀才的墓地有啟迪後人教化之功。感動了書記應允歸還，答應另劃土地，補償六家在墓地內持有的土地，甚至願將他家四畝良田拿來補償。

　　為了一堵眾家悠悠之口，福榮禮聘遠房親戚一位三叔，精於五行風水，祖墳的方位，墓碑的尺寸，植樹的種類和大小，以及動工、祭典的時間，都由他一言九鼎，使族人了無爭議。施工也備極辛苦，要遠到房山縣買石碑，薊縣購松柏。墓園填土就一百二十多車，義芳叔長子福田大力支持修建祖墳，是將他家保留蓋屋的土挪來用的。樹碑更是家族大動員，家族中多位有土木建築本領的，帶著工具來動手，頭天打基座，第二天立石碑。照著風

水先生指點，都在太陽下山之前，順利全部完工。所以我說，福榮能讓家族認同和參與，是修建祖墳成功的主要原因。

　　大哥和大嫂已比我和一梅先到北京。在四月二十二日上午，兄弟四人和妯娌，還有福榮的兒女、兒媳、女婿和孫子及外孫，開車三輛，其中一輛是由七姑父孫子朱斌開的。直接先到溝北莊書記處，參加歡迎會，開會的門前高掛著「歡迎僑胞回家」的大紅布。書記叫王福仲，致辭表示歡迎，也說明配合辦理王家修建祖墳是當前政策。大哥和我都致謝答禮，陳述雖身在海外，但心仍在家鄉，並言及我們兒時在家鄉的回憶。福榮在會中作總括性的說明，由起因、核定到施工完成，他感謝書記，感謝政策配合，還感謝老家的鄉親出錢出力的協助。福榮並將祖墳配置圖的影本送給書記留存，上面有書記對土地認可的簽名，表示對書記的敬意，並寓意祖墳應受到合法的保障。最後，八姑的兩幅大的國畫，由大哥和我分送給書記和村委會主任，八姑的畫將高懸在溝北村的兩個行政辦公室內，表達對鄉土的一點謝意。

二、書記和村委主任大力支持

　　上午十一時，在書記和村委會主任陪同下，驅車到達祖墳旁，正式進行修建落成大典。舉目望去整個墓園樸實典雅，二十七個墳頭排列整齊有序。墳頭前樹立著雄偉挺拔的墓碑，四周和園內松柏稀密有致，與墳丘的配置恰如其分。墓園位於村的東南半里處，東西三十二米，南北四十六米，植樹六十五株，共七代二十七座墳。祭典前先將三百朵菊花，分別放在每一個祖墳前，再在風水先生任司儀的高喊下，眾家兄弟一一撚香、祭酒、叩首三拜。並由福榮恭讀祭文，典禮簡單隆重，重要是因我們家訓不尚喧嘩炫耀，唯在告諸子孫孝心不能或缺。

　　典禮後，村書記在縣城一個大的飯店，設宴歡迎大哥和我等的到來。下午回程再訪北關的賀苑，因事前未聯絡，她和夫婿都

到通縣訪友，留下八姑給她的禮物放在鄰舍後，車子直開北京。
兄弟完成修建祖墳大事，心中多年的懸掛，一朝得解，高興無比。
大哥在北京再和兄弟相聚二日，搭機回加拿大，我則和一梅比大
哥更晚兩天，到熱河的乾隆皇帝避暑山莊作兩日遊，才飛回臺灣。

兄弟返鄉修墳祭祖，受到鄉書記和鄉委會主任歡迎。

二○○六年四月二十二日修建祖墳竣工，
大哥伉儷與我夫妻倆在爸媽墓碑前合影。

三、三件應該永存文案

　　有三件文案要抄錄如後，是這次修建祖墳的祭文、王家家譜和祖墳墓地的配置圖，都有保存的價值。

（一）修建祖墳落成典禮祭祖祭文

　　春回大地暖，祖墳換新顏。碑林接日月，松柏續千年。
　　氣勢海潮起，神韻龍脈連。子孫皆景仰，代代保平安。

　　王諱吉雲之孫，王諱金芳之子：福仲、福勝、福榮、福明兄弟四人及他們的妻子兒孫，今日聚在祖墳面前，拜謁祖宗前輩，並為修復一新的祖墳舉行祭典，完成心中之大願，履行兒孫之責任。皇天在上，孝心可表。

自先祖王永齡立墳之始，傳七代到王金芳止，風風雨雨，歷時三百年，人才輩出，享譽鄉里，其子孫散布海內外，不乏卓有成就者。王福仲身居加拿大，不忘回鄉尋根祭祖，王福勝家在海峽對岸，對父母先人更懷有深情與哀思，哥倆率先出資修復祖墳，表達一片赤誠之心。今天又不辭辛苦，千里迢迢，遠道趕來；遠在臺灣，年事已高的七姑王慕智和八姑王慕信，思親孝心尤為殷切，為父母親立碑出資挹注，八姑之子李文鼎去年 10 月隨母回鄉祭拜祖墳，對外祖父母之墓，呵護備至，出錢襄助；妹妹王大華和她的女兒顧宏，雖在萬里之外，也是心繫祖墳的修復，大華關切父母的墳，顧宏惦記姥姥的墓，為立其碑，解囊資助；本村的福田也為其二位祖父，福生為其曾祖父出錢立碑。不論老小，不論國內與國外，凡王氏子孫，皆竭盡孝心，其誠意可感天地，實為人生難得之舉，必將流傳後世，成為佳話典範。

王氏祖墳歷盡滄桑，在非常年代，經由吉字、芳字、福字三代後人不懈努力，才得以保存維護至今。今日經眾位兄弟由冬到春，團結配合，無私奉獻，終於修復成功，雖初具規模，卻已然面貌一新，實現了王氏三四代人的追求與希望。後輩子孫絕不做辱沒祖宗的事情，而光宗耀祖是義不容辭的責任，孝敬長輩更要代代傳承。祈盼祖宗地下有知，天上有靈，保祐我們子孫後代，生活幸福，居家和美，與時俱進，事業有成。

願祖宗前輩們在地下安息。

二〇〇六年四月二十二於溝北村

（二）王家家譜

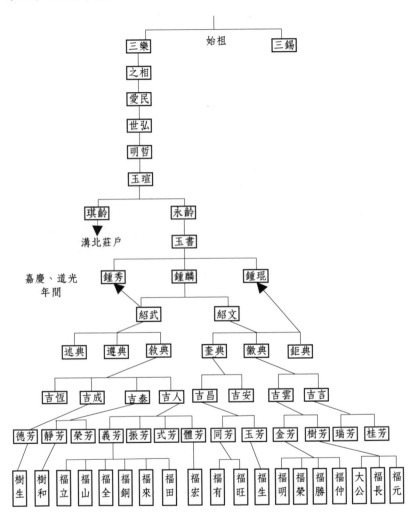

（三）王家祖墳配置圖

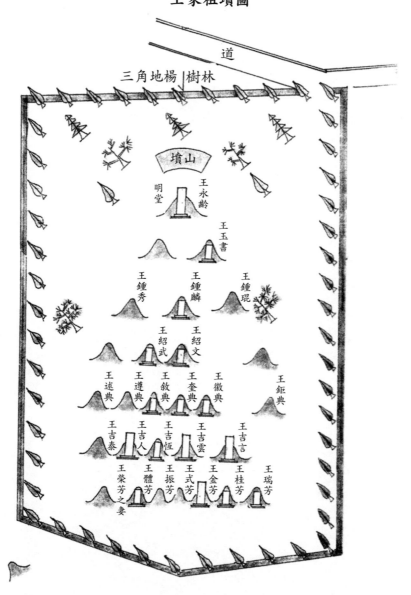

王家祖墳圖

第十二章　前景可期

　　古人云人生七十古來稀，今人說人生七十方開始，兩者皆為至理名言，前一句就身體健康論，人到七十已是今非昔比，後一句就享受快樂的生活來說，七十歲開始也不假，一般有月退休俸者，為數不少，都可以做到。人到七十應該重視健康，放鬆心情享受人生。我一九三七年出生，至今年二〇〇七年，正好邁入七十歲，所以展望未來，健康和快樂的生活，應該是追求的目標，凡是有背這兩大指標者，皆不必涉及，簡單舉例如抽煙、喝酒、打麻將，傷身又傷神，大可避免。不打麻將是我自己的主觀，很多好友愛小玩八圈，有助頭腦健康，故我也沒有理由刻意去反對。

一、藝文圖書再富人生

　　追求人生完美，應由簡易哲學來分析。我在讀研究所時，任卓宣教授高齡九十有四，開課馬列主義的批判，任老的著作等身，對共產思想研究至為精闢，但私下他曾和我們幾位關門閉室弟子言，他是唯物主義者。在當時管制嚴厲時代，他敢如此說，風骨誠屬可敬。但我仍相信精神的力量，國父十次革命，終能推翻滿清，堅定的意志誠屬可貴，證明精神力量的存在。在我以往數十年生活體驗，很多有計畫，有決心要做的事，尤其每年年初，所計畫一年要做的事，在年尾回顧，會發現都已實現。我確信志者必成和眾志成城，精神的力量的存在。今後的生活不能一昧的追求物質的享受，也要留意精神生活。精神生活所需營養，不能匱乏，所以精神上的充實和調適不能偏廢，藝文圖書的饗宴，如

中國古典的紅樓夢和西文的約翰·克利司朵夫、包法利夫人都是我心儀已久的讀物。

關於認識論和方法論，我在日常生活中，則奉「知難行易」為信條，以往我讀書和做事都堅持此原則，例如我在學校數學成績不好，可是初中、高中和大學的入學考試，我都靠數學的高分數進入全國最好的學校，是因為我花了比同學多數倍的時間，做數學參考書的習題，別人做一本，我會做兩三本，我深能體會多行才能致知的道理。工作時也本此原則，總認為空說無益，捲起袖子做了以後，再談對和錯，雖行事多為事倍功半，但一生尚無重大的錯誤和缺失。當然在當前科學時代，講的是「知而後行」；我這「行而後知」的作法，不合時宜。可是我確信，我的智商應該屬中等，我的「知難行易」認知和行事，在讀書和工作上的表現，比別人不會有太多的差距。

我遇有任何問題需要抉擇時，我愛以歸納法，做我衡量取捨標準。尤其是家裡用品或是從前在中央日報所經管的機器設備，我都願意使用我用過的品牌。我喜歡投資二手屋和傳統產業股票，我認為我看得到的，我才相信有其價值，不會相信人云亦云，不盲目輕易出手投資，這也是合乎歸納法的法則。我雖不能獲大利，但所得收益對生活也不無小補。今後的生活和理財，我還會本此原則。

矛盾論是早在古希臘哲學的方法理論，不要一談矛盾論就色變，矛盾論不是共黨馬列唯有的產物，不應視之有違法犯紀的恐懼。現代奈米時代，科學的相對論，更證明萬物沒有絕對的是和非，萬物皆有矛盾，人性如此，政治、法律和道德規範都如此。所以我對為人處世不堅持己見，最好明哲保身，年紀大的人，多聽少說才能頤養天年。

二、聽演講、上課、圖書館充實生活

　　我願意聽演講和上課，這比自己慢慢研讀有效率，更具實用性。我常自豪，我在生產力中心上過一百二十小時課程，完成ＣＩ管理師培養班的課業，研究企業診斷的理論和實務，並有辦理活力營和品管會，以及利潤中心的實務經驗；我在報社日夜上班的工作之餘，仍到研究所上課，取得大陸問題碩士學位。我在六十歲後還自己摸索，學會電腦使用和中文輸入；負責管理中央日報的照相和印報單位十數年，我確信在國內新聞同業中，比我更認識這些電腦管控設備，和調整原理，不會有幾人。到美、日兩國報社參觀和接受操作訓練，我實地了解兩國報紙印刷，比國內進步二、三十年的關鍵所在。這些收穫多是聽來和學來的。我想親朋好友和有緣者，看過這本拙作後，對我努力不懈的學習，會有更多的了解，我自己也有一種成就感。

遠眺未來，自得其樂。

　　今後要學到老和學不倦，還是要更全力以赴。市立圖書館要常去，圖書館內開架式的圖書，我偏愛哲學、歷史、旅遊書籍，儘管這類圖書內容浩瀚無涯，可是有讀不盡的美妙，個中滋味都是我最愛。在圖書館想看什麼書都可信手取來翻閱，人生是彩色的。圖書館的最新的電腦課程，隨著軟體快速更新，一兩年就有新的操作程式。參加這種研習，可不必自己找電腦書本，不需費勁自行摸索。圖書館電腦課程是我要參加的目標。

三、繼續研究共產世界和企業再生

　　現代電視和報紙的資訊傳播快速，可以綜觀全世界情勢，天涯若比鄰。我在研究所唸的中國大陸問題，為求本質上的了解，有關社會主義淵源和馬克思、恩格斯的哲學，到列寧、史大林、毛澤東的血腥革命家，以及近代的西歐共產主義都有涉獵。現在還在圖書館喜歡翻閱這方面的老舊理論的書，看看這些理論，再回顧共產世界偌大帝國突然倒塌，俄羅斯和中國大陸重新走人性面的道路，改採市場經濟治國，或是美其名稱為具中國特色的社會主義，但是俄國和中共仍抱著馬列哲學矛盾論的鬥爭本質，以黨領政僵化的統治不變，內部會充滿不安的危機。隨著經濟高度蓬勃發展和成長，內部的矛盾和不安會更為嚴重。

　　真如馬克思的唯物論，當經濟基礎改變，其上層建築的政治、社會、宗教的結構都會相應改變。不能相應配合時，社會就會發生動亂。中共的經濟基礎已由政府管制、計畫，走向資本主義的市場經濟，而政治不配合改革，動亂在所難免。我看到中共總理溫家寶，努力使經濟降溫，力圖以政府力量干涉房市、股市和匯市。在中共的經濟和政治不能相互配套齊步發展，我看是危機重重。中共的政治體制不能相應改革，使經濟沒有完善法律規範畸形發展，盡管有強大軍事維安力量，仍很會導致全面性的動亂。我不是隔岸觀火，臺海兩岸是不可能脫離依存關係，我會高度的關注。

　　我在臺灣，更喜愛王永慶、林挺生、高清愿、施振榮老企業家的奮鬥史，他們的經營之道和宏觀，我都熟稔。對臺灣中小企業的積極、進取和勇敢衝向四方，包括歐美、非洲和東南亞，更在大陸搶佔先機，開拓很多事業，我更為敬佩。不論政府實施南下或是西進政策，甚至中美洲，中小企業都是政府的團隊，前往投資設廠。臺灣海島經濟能生生不息，要有偉大的企業家，也要

有數以千計的中小企業，相互牽引，相輔相成，始能營造澎湃洶湧的經濟氣勢。我關心，我厚愛臺灣企業，我看到企業的優勝劣敗和企業的盛衰。一個企業不幸結束，不僅是經營者個人的失敗，還會牽連到很多員工和其家屬受苦受難。

我曾潛心研究企業再生，企業診斷，深知企業浴火重生之道。企業再生可積極的實行責任利潤中心制度，亦可平和進行 PDCA 目標管理，P 是 Plan 有計畫、D 是 Do 有績效行動、C 是 Check 有檢討、A 是 Action 有改進。目標達成後，再進行第二個階梯的 PDCA。要周而復始的進行 PDCA。重要的是與過去經營劃清界線，要完全脫胎換骨，要組織變更，要團隊參與，更要引進新科技工具。其中團隊參與是企業形象和企業識別系統的基礎，企業形象和識別系統是追求品管、提高產品市場佔有率的保證，企業形象和識別系統，包括員工對企業標誌認同（VI）、行為認同（BI）和價值觀（MI）認同。

最經典的例子，就是施振榮的 ACER 宏碁科技公司，在民國八十年之進行再造工程，實行公司組織變革，改變生產流程，搬遷公司地址，大量裁員，完全脫離原有的經營窠臼。一年之內，在全員的努力下，盈餘就近兩百億元。領導者的宏觀和魄力最為重要，他傳賢不傳子，建立公司永續經營的基礎。打破家族企業富不及三代的可能。

我喜愛臺灣的大企業家，更關心臺灣的中小企業，我會繼續留意企業再生之道。希望臺灣企業永恆的發展。我曾發表一篇企業形象和企業再生，雖屬多年舊作，將輯印在本書附件中，僅供參考。

附錄一：企業形象與企業再生

一、前言

　　企業形象（Image）和企業識別系統（Corporate Identity System）是一件事的一體兩面。後者通稱 CIS，或更簡稱為 CI。CI 具體內容包括視覺認同（VI）、行為認同（BI）和思維認同（MI）三項；導入和進行方式是經由多次廣泛的溝通了解，建立企業體全員共識，以嶄新的精神，亮麗整齊的外貌，並以行動提供顧客滿意的服務。當 CIS 三項認同做到某種程度，企業形象就會自然的提昇，所以建立企業形象和建立 CIS，其過程和目的是一致的。根本上言，就是一件事。

　　企業形象絕非僅是企業一種表徵，應與 CIS 一樣，是有全面性企業文化內涵，包括全員一致認同的企業理念與價值觀。就企業再生工程（Re-engineering）內容分析，不難發現企業文化是再生工程的基礎。雖然企業再生被喻為毛毛蟲蛻變為蝴蝶，新的再生企業要與原本企業截然不同，要全盤否定過去。但再生工程中人的角色，以及人所做的創新努力，仍是關鍵所在。因此，企業再生應從企業形象文化層面，先求得共識再行再生工程，乃是成功的助力。

　　美國喬治亞大學葛蘭畢耶斯基（Robert T. Golembieski）教授，是諾貝爾獎經濟學候選人，今年初來華訪問，舉行兩場講座，均以企業再生為主題，他以這方面豐富的學術研究和實務經驗，提出「積極參與」和「授與權能」為再生工程起點和誘因。他同

時分析企業外在環境,以人我關係已非政府或國家所能規範,要透過文化活動相互適應;企業面對社會、科技的變遷及發展,企業本身和員工應是一個學習體,始能有再生的潛力;企業內部營造良性的互動關係。因此,葛蘭畢耶斯基的企業再生理論,不只是企業要變更組織形態,且要營造良性的文化環境。這種文化環境就是由公開得到員工信任,再達到全員的共識,這種企業再生文化,也正是企業形象或是 CIS 所追求和塑造的目的。因此,本文探討企業形象與企業再生兩者關係。

二、企業形象的發展

台灣企業形象的發展,最早是六〇年代中期,台塑集團推出一組波浪圖形標誌,味全公司推出呈「W」型五個圓圈,象徵公司產品是「五味俱全」。隨後味全推出「味全,味全,大家的味全」。近似形象理念的廣告歌,很是成功,幼兒都能朗朗上口。大同公司也不後人,標示國貨品牌,同樣推出廣告歌,「大同、大同、服務好」。只是後來居上,比味全公司多一項企業形象的吉祥物──「大同寶寶」。

企業形象,企業 CIS 在七〇年代中期正式傳入日本,八〇年代再傳入台灣,時至今日,經由業者採行,專業人士推動,已廣為盛行,企業已無分規模大小,也不論公營企業,如中油、台糖、郵政局、電信局、或是私營企業,如震旦國際、小林眼鏡、曼都髮型,都努力導入 CIS,提昇企業形象,最新的是合作金庫推出 CIS,彩色圖形標誌豔麗鮮明,文字是「使您財源滾滾,與您共創未來」。佐丹奴公司文字則是 Giordano means service。台灣企業形象已由原來通俗理念簡易基調,發展到人性化和精緻化階段。

企業形象和企業 CIS 起於戰後美國,美國援助的外國企業,美國本身要改善企業為富不仁負面形象,凡與戰爭有關的企業復員,更要重塑企業形象,所以企業形象和企業 CIS 逐漸興起。韓

戰後日本經濟快速振興，也受美國企業影響，接受企業形象和企業 CIS。但是美國企業 CIS 是視覺認同（VI）為主，如圖形標誌、色彩、服裝、手提箱、信封、信紙、甚至車輛和建築物，使人一眼望去就知道是某大企業的人或物。而由該企業累積信譽所產生的信賴感會油然而生。眾所知曉的美國通用電器、福特汽車和 ICI 化學公司，對企業形象和企業 CIS 做得很好。

企業形象和企業 CIS，在七〇年中期傳入日本。雖然日本迄今未在大學企管科系，將 CIS 列入研習課程；但日本確實將之發揚，不僅揉入東方文化，且設有專業性顧問設計公司。有名的 Poas 公司，主持其事者是中西元男 CIS 大師，曾應邀到美國大學發表 CIS 專題講座。他近年三度來華，在企業界造成極大轟動。他舉出很多日本企業 CIS 成功案例，以武勝書局最為突出，他將國際觀和拉丁民族浪漫情調一併注入 CI 文化層面，使美國僅關注視覺認同的 CIS 層面，在日本向上提昇。

在中西元男輔導的武勝書局案例，在幻燈片中，看到武勝書局第二代主持人，在週年慶暨書局的文化村揭幕式中，自己從高空駕馭飛行傘冉冉下降到海灘，所表現的宏觀、勇氣，和重視文教、育樂的理念與作為，很自然深入人心。飛行傘上的圖形標誌，與全體員工手持有同樣標誌杯子，大家舉杯興奮高呼，響徹雲霄。這種氣勢和認同，參加者永世難忘，所以日本企業形象 CIS 的發展，已凌駕美國，將 CIS 的視覺認同層面，擴及到行為和思維認同層面。

企業形象和企業 CIS 在八〇年代中期，正式由日本傳到台灣，在生產力中心和學者專家推動下，加上產業升級的壓力，企業界以 CIS 是有利的發展途徑。另方面美術設計界和傳播公司也積極推展，台灣由北到南，從事或兼理 CIS 圖形標誌設計公司有數千家之多。在大型公私企業，則由專家指導，有計畫、有步驟，從全員參與研討，成立 CI 委員會，編印 CIS 手冊，徹底的推行。

因此，日本和台灣推動企業形象和企業 CIS，是從文化層面切入，由全員參與推動，得到理念認知和行為的共識，其所衍生的效果，從內在意識上激發員工潛能，定是優於美國式的 CIS。常言，美國是開放、遊牧式文化；中國、日本文化則是趨於保守，為戀土情重的民族。美國偏重視覺和色彩，中國和日本則兼顧文化整體的考量。美國現在也回頭重視 CIS 在日本和東方的發展。

以上所介紹的企業形象和企業 CIS，說明促進和建立全員共識，激發成員潛力，這正是企業再生的基礎。

三、企業再生基本架構

日本企業調查研究，發現企業週期是三十年，當然世界各國都有超過百年老店，企業週期三十年是一項客觀歸納統計，企業由成立到成長、茁壯，以至衰亡，平均時間三十年。這正與個人四十歲開始創業的生命週期相符合，隨創業人的年齡增長，業務朝顛峰發展，等創業人到了六、七十歲，企業業務也趨萎縮到消失。但今日企業已大眾化，脫離家族和個人色彩，一方面要回饋社會，一方面要永續經營。另方面經濟發展總是有它的週期，有高峰，也有低潮，這是不可避免的事實。因此，企業是個人獨有，或是大眾持股公司，開展第二春，或稱之再生工程，都是不可或缺的。

企業再生基本架構是以組織變革，人的作為和新工具使用三項為基點，並以團隊精神和創新為必備努力方向和目標。組織變革就是組織扁平化，簡化組織層階和裁減行政作業單位和人員。使基層作業單位裁量權擴大，有因時、因地決策權力，可面對外界客觀環境不變，保有強而有力的應變能力和承受壓力的韌性。乃是創造業績和維持永續經營所必經之途。

企業再生引進高科技、新知識、新工具是增加生產力和提高利潤必須投資，不再贅言。有關人的作為則是成敗關鍵。「捨棄

從前」是企業再生的精義，領導者開創和創新的作為，脫離老的窠臼，接受市場新生代消費群，調換經營策略、收併發展其他企業，甚至更換公司招牌，改變企業文化，重新塑造形象，以提高新客戶的滿意度，都有賴領導者的魅力和特質來推動。乃是企業再生中人的作為。

日本 Nichii（泰一）超商連鎖企業，捨棄量販策略，不再走大量進貨低價賣出，從基礎上改變。而是配合高消費能力青年人，追求健康和朋友兩項訴求，先結合百貨公司和超市兩者優點，使顧客享受到百貨業的裝潢和服務品質，同時有超市購物自我選擇性高的權利，吸引年青人。但企業再生是永無止境的。當組織、人為和工具立基點有了創新後，就提昇另一階段，立基點再結合，再產生新的創新。循環不已，繼續不斷提昇和創新。

日本 Nichii 超商企業，開辦法國情調，名之為「生活」的公司，使超市生活化，更深入配合年青人的喜愛，使各公司有權裝飾、進貨、和決定作息，滿足年青人知性的需求，進而提出「找自己喜愛的時間」促銷宣傳。Nichii 十二家分公司在 92 年業績是九百六十餘億。一掃以往陰霾。

企業再生關於人的作為，還有一項是團隊工作和精神，尤為重要。沒有團隊精神企業不能再生，很可能加速企業的結束。最早的團隊精神推動的焦點，是消除熟練工人和半熟練工人之間的摩擦，以維持生產流程。但在企業再生前題下，團隊精神和團隊工作，是由各單位抽調精英，成立矩陣編組，共同克服瓶頸，開創企業坦途。但演變到近日，團隊精神和工作已提昇到共同認知的品管理念，以服務來滿足顧客的一種團隊工作，企業中每個成員都應以服務客戶為第一信條。

團隊工作和精神是屬於文化層面的訴求，基礎是信任和共識，正是企業形象和企業 CIS 努力的目標。因此，企業再生與團隊工作密不可分，團隊工作基礎又與企業形象目標是一體的。所以企業再生與企業形象有分不開的關係。

四、葛蘭畢耶斯基理論

葛蘭畢耶斯基教授在中國生產力中心，所闡述企業再生理論，有兩個基點，一是參與，一是 Empowerment，關於後者，在中文找不到適切的字來翻譯，有人說是「授權」，立即被講座主持人所否定，工商時報譯為授以權責，長江人力資源協會資料譯為「授能」，但都不能表達葛氏的原意，所以研討時的同步中文口譯和會後資料，都將 Empowerment 這個字未作中文翻譯，以英文原字照述。以葛氏解說，有四項意義：

（一）可使個人受肯定，有能力表現的機會。

（二）可使個人充滿希望，不再是過去呆板工作生活。

（三）可使個人和企業共同成長，組織不再僵化。

（四）是活力和能源的創造與來源，眾多的人享受雙贏。

就這四條內容分析，授權或能，或是課以經營責任，到底到什麼程度，幾經思考，還是回歸到組織扁平化的原點，加以詮釋最適當。這種授以權責是被授權者僅對董事或領導人政策或理念負責，被授權者有絕對自主權，對產銷、對研發、對人事和財務有充分的經營和決定權。照葛氏的理論，企業再生是要對分公司或跨國所投資的公司，給予這樣的授以權力。

授權和組織變革是分不開的，葛氏的組織變革，是取消企業中的專門性單位，如人事、會計、行政、研發、安全，甚至環保，應以工作流程分部門，如藥品部、火藥部、電子部、航運部等，部門內有產銷、研發，人事和會計人員，如此便於相互學習和成長，部門之間人力交流也不存在門戶之見。

至於葛氏企業再生另一個基點是參與，他將參與分三個階段，由參加到投入是前兩階段，最後理想階段仍是 Empowerment，以充分授與自主權，包括經營和管理權，乃是企業再生的關鍵。他認為成員的參加是成員忠貞度的表現，到了業

主收到預期效果後，就將這種員工的參加忘掉。成員的投入則是不僅表現忠貞，且參加決策作業，但仍不能持久，每被忽略。因此，Empowerment 照葛氏重要意思，成員與企業共同成長，才是員工參與最有效方式。

葛氏另強調兩點，面對社會丕變，人我關係益超複雜，已非政府法令所能規範，往往要透過文化活動來調適。企業要再生，一是企業與成員要成為學習體，多方面在教育員工上投資，企業才能成長，贏得外界挑戰。唯有自我有能力使產業升級，在工資上漲的情況下，才能再生。二是做到企業內部良性互動，要有公開說明；不能得到員工認同，產生共信，就不做有危險或風險的事，才能得到員工信任，所以企業要公開、認同、無風險、信任，營造良性互動關係。

五、結論

企業形象提昇是企業識別系統的結果，兩者是一體的。企業識別系統在日本和我國已由視覺認同，發展到行為認同與意識認同文化層面，其對員工內在塑造企業理念的認同，提高顧客滿意度，正是企業再生工程的基礎。從企業再生基本架構來看，或是深入研討葛蘭畢耶斯基教授的企業再生理論，都是以人的作為和創新為中心，另就其中所涉及的組織變更、員工參與、積極授權、團隊工作、企業學習體、良性互動等，無不與企業識別系統營建過程，所努力的「參與」和「共識」目標一致。

目前台灣大多企業言，有的將屆企業週期三十年，有的面臨產業升級壓力，有的要從代工 OEM 跳昇到自我品牌建立，有的要到彼岸投資，有的要走出家族或個人色彩；尤其連鎖經營的超市和百貨業，更要注入創新經營策略，更是須要進行企業再生工程。

台灣企業再生工程仍在萌芽階段，要導入再生工程企業，不妨先從企業形象 CIS 著手，求得員工「參與」和「認同」，再輔

以全面品管、共識營、活力營、目標管理、成本控制，責任利潤中心制度，定可使企業成為無堅不催，攻無不克的隊伍。若再規劃員工生涯，培養員工第二專長，使企業與員工共同成長，足以能應付社會多元發展和科技升級的挑戰。若再進而實施企業再生工程，則會水到渠成，保證成功。

　　因此，企業形象和企業 CIS 的引進及建立，不僅是企業再生工程的前置作業，也是企業再生工程的成功保證。

附錄二：《磨杵記》讀後感言

王福榮

　　一九四八年冬天，平津大地上砲聲隆隆，無情的戰火撕碎了我的家庭，迫使骨肉離散。北平淪陷以後，我的大哥二哥跟著七姑八姑歷盡艱險到了台灣，母親帶著我和妹妹弟弟滯留北平。已經逃出虎口的父親，他的家庭觀念極強，為了要把母親和我們三個幼小的孩子接走，又重入虎穴，不幸被捕入獄，身陷囹圄。在共產極權之下，於一九五四年四月，在生機盎然春天，慘遭殺害，英年早逝。國共兩黨的生死之爭，給我的家庭帶來無窮的苦難。

　　兩岸隔絕四十年，音訊不通，不知彼此的命運和遭遇，這種生離死別的思念，永遠深深的銘刻在心裡。在殘酷的政治風暴，幾經磨難的母親，病魔纏身，於一九七六年一月，在天寒地凍的冬天，含冤而逝，離開這決無公平可言的世道。母親的心頭的仇天恨海無人能給消弭，母親身上的病痛傷痕沒人可與撫平，暴政猛如虎，溫順善良的母親不堪忍受摧殘和迫害，滿懷著對海峽另一邊的兩個兒子的深深懷念，追隨父親而去。大哥二哥將永遠難見慈母之面，將永遠難得慈母之愛。

　　時代的顛覆，家庭的不幸，給我們兄弟幾人都打下鮮明而深刻的烙印，這烙印浸透著悲哀與苦痛。

睽違四十餘載思親情更殷

　　一九八七年，台灣當局解禁。允許島上居民回大陸探親，我渴望見到我的二哥，但戰爭的烏雲依然在台海上空籠罩，二哥還

不能馬上回來，直到一九九三年二月，我才在深圳見到思念已久的二哥。劫後餘生的聚首，激動驅走悲傷，歡笑取代淚水，只有在久別重逢中才能真正感受生命的可貴，只有在肺腑直言的傾訴裡才能深切體會到手足之情，情深似海。

我迫切想知道二哥的過去，了解他人生的經歷；少年時期孤悽；青年時代的苦讀；壯年階段的事業與成就。這一切都是我追求探知的謎。這個謎始終在吸引著我，破解這個謎不僅可以知道二哥的成長過程和他的精神所在，而且能夠認識臺灣的社會和臺灣民眾的心裡訴求。在以後的十幾年裡，我雖然與二哥有幾次相聚，從他嘴裡也斷斷續續聽到一些介紹，但終究還是管中窺豹，所知甚微。

今天我終於看到二哥傾注大量心血寫成的自傳體回憶錄「磨杵記」，其中真摯的情感，翔實的內容，縝密的思維，精確的判斷，徹底揭開了我心中的謎，使我如願以償，產生快慰平生之感。「磨杵記」是二哥一生真實的寫照，是一本感人肺腑，催人奮進的書，是一本既可以告慰先人父母，又能夠昭示後輩子孫的書，我反復拜讀後，不能不有感而發。

書中最讓我感動的是二哥把爸爸媽媽的思念、追憶和教誨，放在全卷開篇的首要位置，他結合自己童年的經歷，把兒時印象之中母親的疼愛與操勞，戰亂中的應對與果斷，離別時的無奈與悽惶，全在書中無一遺漏地充分表現出，完美表達出二哥對父母深厚的情感和崇高的敬仰之情。

一九九八年二月底，春寒料峭，大地冰封，二哥第一次踏進北京，要回鄉掃墓，祭奠父母，他有一段感人至深的文字：「在返鄉掃墓前晚，夜宿北京飯店，午夜思念父母情殷，輾轉反側不能成眠，哽咽落淚沾溼枕巾，乃起身提筆疾書祭文，雖無文華修飾，卻是盡吐思慕父母之情」，誠是「誰言寸草心，報得三春暉」，把他對父母思念之真情，渲染得淋漓盡致。

父親和母親一去不復返回，天人永隔，哀哉痛哉，這是時代悲劇，這是家庭的不幸，二哥不得不面對這殘酷的現實，只有在爸媽的坟前朗讀祭文時傾吐心中的悲傷，感謝爸媽「忠」與「誠」的教誨，表示永遵不渝的決心。

父親和母親生活的年代，就從一九一九年到一九四九年來說，短短三十年，是中國現代史中，思想衝突最為厲害，社會動蕩最為劇烈的一段時期，軍閥混戰，日寇侵華，蔣毛爭端，國共內戰，砲火連年，生靈塗炭。這一切全讓爸媽趕上，可以說是生不逢時。在那錯綜複雜的鬥爭形勢裡，在那瞬息萬變的政治風雲中，爸爸何以立足？媽媽何以為生？我們兄弟五人何以長大？千斤重擔全落在爸爸一個人的身上，為此而付出生命的代價。父親的精明與剛毅，母親的仁愛與堅強，在激烈動蕩的年代裡給我們樹立了極好的榜樣，這正是我們兄妹五人苦苦思念父母的原因所在，也是我們兄妹五人對父母無上感激的根源所在。這些在二哥的書中都有深刻的揭示。

書中說二哥從一九九八年到二〇〇六年，八年間六次回鄉祭祖，為爹媽出資修墓，這是非一般人所能為之的，更何況二哥還做過心臟支架手術，使我備受感動。二哥是個感情豐富的孝子，常常為自己沒能在父母膝前盡孝，而感到愧疚，他一次次跪在父母的墳前懺悔自己的不孝，一次次目注父母的遺像，緬懷父母的恩澤，也一次次勉勵自己奮發有為，做一個讓父母既放心又稱心的兒子。

懷念父母典範永存我心

我很贊成二哥對母親的評價，書中說：「母親是純樸的農村婦女，識字不多，端莊善良，勤勞節儉，孝順賢慧。」這是對母親最恰當的白描素寫。二哥在十二歲時就離開了母親，我和母

親一起生活卻是多年，對母親知之更多，母親還有二哥所不知的另一面，那就是政治悟性甚高。家庭的變遷，父親的惡耗，使母親看到政治的可怕和社會的黑暗，在我很小的時候，就反復的告誡我，長大不可搞政治，政治這個東西會害死人的。這種悟性在殘酷的現實中升華為母親堅韌不拔的性格，什麼苦都能吃，什麼罪都能受，把苦和罪視為一種自然。表現出一種超脫苦和罪的無聲反抗。哀大莫過於心死，母親有大悲，卻無大痛，爸爸死後我沒見母親流過一次眼淚，其實母親心中有仇也有恨，卻從來不說一句共產黨不好，也從不講父親死的冤屈，只是一門心思在極為艱難困苦中把我和妹妹弟弟撫養長大成人。母親把失去親人的痛苦和惡劣環境所施加的屈辱都深埋在心底，不在兒女面前有絲毫的表露，既使自己遭到非人虐待，也一聲不吭，逆來順受，母親的偉大之處就在於此，決不給兒女找麻煩是母親精神高尚的地方。

我也很贊成二哥對父親的讚譽，二哥與父親的接觸比我多，從一九四九年四月到六月，二哥在一段南逃的日子裡和父親朝夕相處，整整三個月，父親臨危不亂，精明果斷，二哥是親眼所見，父親那英挺的雄姿，深入他幼小的心，所以他比我更加懷念父親，也更加不斷地追隨父親的風範。

二哥在書中說：〞父親留給我們的精神，第一是家和，家人相互照應；第二是勤勞，不好逸惡勞； 第三有理想目標，不虛此生；第四洞察先機，不隨波逐流，防患未然；第五適應環境，追求生存；第六開創未來，打造新契機。〞這是父親一生最公正、最客觀，最全面的肯定和總結，所以我一字不差的抄錄下來。

我個人認為最後兩條最為重要，爸爸一要追求生存，二要開創未來，這是爸爸精神中最可貴的內涵和值得我們永遠學習和繼承的地方。爸爸的追求生存，絕不是單單追求自己個人生存，在爸的信念中，是追求妻子兒女全家人的生存，一個都不少的生

存。在那生死攸關的時刻，他為此寧可捨棄自己的生存機會，甘冒天大的危險，也要把媽媽和我們三個幼小的兒女接出北平，哪怕丟失性命在所不惜，明知山有虎，偏向虎山行，這種忘我的大無畏精神，是何等的崇高和偉大！我和二哥深有同感，都為能有這樣的父親而感到自豪和榮耀。爸爸還具有開創未來的精神，盡管是危險萬分的情況，爸爸仍然抱著開創未來的期待和願望。在爸的心中，他的未來就是台灣的未來，要為台灣的未來打造新契機，所以他果斷決定讓大哥二哥跟隨七姑八姑坐船渡海到達台灣，只等自己從北平接出媽媽和弟弟妹妹，到台灣團聚，再共商創造未來之大計，可惜爸爸這個願望沒能實現。雖然如此，大哥二哥卻在台灣健康成長，受到良好的教育，開創出自己事業的新天地。父親的遠見灼識，造就了大哥二哥的人生成就。大哥二哥通過自己的頑強的努力，也沒有辜負父親生前的期望，完成了父親沒能完成的理想和志向。

二哥在書中通過自己的親身感受，不僅表現出父親的人格魅力，而且宏揚了父親的高風亮節。父親是共產黨在建國初期搞鎮反運動的受害者，正如二哥所言，父親生前曾為百姓做過許多好事，為官一任，造福一方。在三河縣發展地方經濟，大辦教育；在社會局運送美國救濟物資，幫助北平市民渡過難關；甚至厚待過共產黨的地下工作者。父親是個得民心的好人，有罪也罪致死。二哥通過對大陸問題的研究，冷靜地尋找父親的死因，終於發現罪不在父，而在那個六親不認，逆我者亡的政權。父親的功過是非，不是共產黨一槍就可以定案的，還有待後代重新做出評判。無產階級文化大革命都可以徹底否定，反右鬥爭也能全部推翻，鎮反運動為什麼不能進行甄別？對那些量刑過重，被剝奪性命的人，應該還給一個公道。父親雖然已經逝去多年，卻依然活在我們兄弟姊妹的心中。

書中最讓我驚喜的是二哥用濃重的筆墨，記述了七姑、七姑父和八姑、八姑父在他成長過程中所給予的無微不至的關懷和照

顧。其中「亦師亦父八姑父」寫的最是精彩，像是一杯甘醇甜美的葡萄酒，讀完以後餘味無窮。

七姑義無反顧拯救子侄

　　這使我不禁想起在我九歲的時候，七姑送我到六姑奶奶家裡的情景。兒時的記憶，歷歷在目，那是一九四九年春節剛過，媽媽要帶著妹妹和弟弟去唐山二舅家，躲避一時，在從文和表姊家出發之前，讓七姑把我和二哥在北平安頓好。那時候爸爸和八姑都已在春節前乘飛機離開了北平，留下七姑一個人還在北平，媽媽只有讓七姑幫這個忙，七姑也義無反顧地要完成嫂子的囑托，答應的倒是容，可真等七姑把我從媽媽的身旁接走，卻犯了難，往哪裡送？誰又肯要？在無處可去的情況下，七姑硬著頭皮帶著我去自己姑姑家。我記得那是一個陽光明媚的上午，我坐在七姑的自行車的後貨架上，屁股底下還有半口袋玉米麵，七姑的體力真好，騎車帶著我，一口氣就到了六姑奶奶的家門口，七姑對我說：「不帶糧食，人家養不起你。」六姑奶奶非常疼愛我們，答應七姑收下我，把我送到後院東屋和一位上年紀的大姑同住，七姑這才放了一份心。七姑又急匆匆去找我的二哥，給他找地方，沒別的辦法，只好把二哥送到三姑所在的弘文小學，在西單附近的官房胡同裡，三姑也沒糧食給二哥吃，七姑又送去一袋麵粉，才算把二哥安頓下來。七姑的本事真叫大，爸媽都不一定能夠做得到。要知道那時候的北平，危機四伏，共產黨剛進城，實行軍管，七姑在華北學院讀書，是三青團的骨幹，是共產黨緝拿的對象，七姑為了我們在北京城裡的大街小巷內奔走，實際上是頭上頂著雷，冒著極大的危險，奮不顧身，不顧個人的安危，是多麼好的七姑啊！

　　一個月後，媽媽帶著妹妹弟弟又突然從唐山返回北平，因為在二舅家無法容身，二舅母天天吵，可此時北平已沒有媽媽的住

處，七姑得到消息後，又急忙去找爸爸的好朋友厲大叔，他的家住在西城銅網子胡同，多虧厲大叔太太是位通情達理之人，接納了媽媽，讓住在她家的東房裡。七姑忙於學院撤退的事務，無暇去東四八條接我回來，心中一直覺得歉疚，是三舅把我接回厲大叔的家，又回到母親的身邊，二哥也回來了，大哥有時也回來，媽媽和我們五個孩子又團聚在一起，這都要念七姑的好處。

長輩患難中不棄不捨

七姑對共產黨有最清醒的認識，但對前途無所畏懼，不但自己要隨華北學院撤退，而且還抓住稍縱即失的時機，要把我的大哥二哥一起帶走，這是何等寬廣的胸襟和超人的膽略！她讓大哥頂替別人的名字，又把大哥二哥的名字填寫在共產黨開的路條上，這是急中生智，大膽冒險之舉，足以證明年輕的七姑，巾幗不讓鬚眉，既有大智，還有大勇。三月二十八日大哥二哥辭別媽媽，跟隨七姑到北平火車站，登上去天津的火車，從此告別了北平這座古老的城市。讀過《磨杵記》才知道七姑帶著大哥二哥一路南撤有多麼辛苦，遇到多少驚心動魄的場面。七姑是偉大的，一個人挽救了兩個侄子的命運和前途，造福了大哥二哥兩個家庭。

爸爸在廣州的一聲托咐，成了七姑、八姑一生的職守，在台灣姊倆對大哥二哥百般呵護，悉心教導，終於把他倆造就成才，使大哥二哥都事業有成。我在北京何嘗不是如此，五姑也只憑爸爸臨走前的一聲托咐，「一定要讓我的孩子上學讀書」，就把我和妹妹從老家上北京來讀書視為己任，說服三姑，幫助我和妹妹在北京完成學業。姑姑都是難得的好姑姑，不論是台灣的七姑八姑，還是北京的三姑五姑，都是咱們家的救星和恩人。正如二哥在書中所說：「父親手足情深似海」，這都是爺爺奶奶教導有方，使子女們和諧相處，相幫相輔，不失書香門第的家風。

　　假如在我們家破人亡的年月裡，沒有三姑五姑七姑八姑，還有三伯父的無私幫輔和慷慨的援手，我們兄妹幾人都很可能在老家耕田種地，經受接連不斷的政治運動的衝擊，決沒有我們現在各自所擁有的家庭，這份天高地厚的恩情，我們將永世不忘。

　　大愛無疆，血濃於水，姑姑們給我們兄弟姊妹做出了傑出的表率，二哥在書中充分表達了感恩之情，說出了我要說的話。

鐵杵磨針，自尊、自信、自強不息

　　書中最讓我欽佩的是二哥那種自尊、自信、自強不息的精神，這種精神是二哥人生中的主軸，也是貫穿全書的主要脛脈。這種奮發向上的精神從何而來？是來自爸爸媽媽從小對他的教誨和影響，來自七姑八姑在台灣對他督促和關愛，來自戰爭的洗禮和艱苦生活的磨礪，也來自台灣成功的教育和激烈的競爭的社會環境，當然和他自己頑強的努力更是分不開的。

　　「只要功夫深，鐵杵磨成針」，這是中國人家喻戶曉的一個典故。是說唐代詩人李白，在孩童時代不知進取，一天他上街玩耍，看到一位白髮蒼蒼的老太婆，在一塊大石頭上用力磨一根粗粗的鐵杵，他好奇地上前詢問，老人家告訴他，要把這根鐵杵磨成一根針，李白不相信，老太婆看到他那不以為然的樣子，就耐心地對他說，我一天磨掉一層，天天不停的磨，終有一天會磨成一根針，李白聽到這裡，頓時恍然大悟，立刻跑回家，關起門來讀書，從此發憤學習，廢寢忘食，長大終於成為中國歷史上最偉大的詩人。這個典故和寓言「愚公移山」一樣，有著異曲同工之妙，都是說不論做什麼事，只要持之以恆，就一定能夠成功的道理。中華五千年的文化底蘊就是如此深厚和豐富。

　　二哥引用這個典故做書名，正是寓意自己就是一個磨杵之人，一個堅持不懈，在磨杵的同時也在不斷地磨煉自己，這不正

是他那種自尊、自信、自強不息的精神,最生動、最鮮明、最具體的寫照嗎?

　　我最佩服二哥這種不屈不撓,永遠向上的精神,這是他人生中最可貴的精神。從二哥上學到二哥工作,這種精神在他身上無時不在,隨時給他以巨大的支撐,使他一天天成長,一步步前進,直到事業有成,完成這部長篇著作。

　　自尊是二哥性格中最突出的亮點,他既不甘人後,又不會為了升官發財而去拍人馬屁,有行政院長高層關係置之不用,永遠是默默地耕耘,勤奮的工作,在平凡的崗位上奉獻自己的力量,以自己最真誠的愛心去惠及他人。

　　一個人如果沒有自信,他必定對生活失去面對的勇氣,在困難面前畏首畏尾,缺乏前進的動力。而二哥的自信心非常之強,他永遠樂觀對待人生,藐視一切壓力和挑戰,就是他自信最充分最具體的表現。

　　只有自尊自信才能自強不息。二哥到達台灣的第二天就進入新竹北門國小讀書,這固然是幸運之神對他的關顧,但要在學習上取得優異的成績,還須他個人的努力。為了克服數學成績滯後的不足,他能夠在老師的指導下,一個晚上做幾百道習題,終於闖過數學這道難關。如果沿著二哥上學的足跡一路走,不難看出他走進的都是台灣的名校大門,從南部高雄中學到台北建國中學,又在台北師大附中高中畢業,最後考入名聲顯赫的政治大學,完成外交系的學業,一路走來都表現出二哥孜孜不倦的學習態度,在學生時代就培養成自強不息的精神。

　　國民黨初到台灣,物質匱乏,條件惡劣,十二歲的二哥剛從戰火中逃脫,又經受艱苦生活的考驗,寒流來時要打赤腳上學,放學後還抱著大盆洗衣服,得不到母愛,又沒有父愛,一切全靠自己,雖然淚水流了不少,不如人意的環境卻鍛煉出他獨立生活的能力和本領。二哥不是溫室裡的鮮花,而是疾風中的勁草,從

少年時期就形成了一付堅強性格，為他一生打下堅實的基礎。

這種堅強最突出的表現是在他上高二時，從高高的吊環架子上摔下來，頭部受到極大的傷害，他不僅驅走死神戰勝病魔，而且沒有躭誤當年的功課，期末考試全部及格，這是何等的不容易，需要多麼堅強的毅力和戰勝自我的勇氣。

二哥在一九六一年從政大畢業，按條例到軍隊服預官役，一年後，即走上社會參加工作。先在瑞芳工校任教，後調台北省立復興中學當英語老師，任教學組長。到一九六五年考入中央日報，出現了他人生最關鍵的一個拐彎點。這個拐彎點得來不易，在眾多報考人中能夠脫穎而出，足見二哥超高的素質和自強不息的精神。二哥當老師是一位敬業負責的好老師；二哥到中央日報社，如魚得水，更是一位兢兢業業，忠於職守的報業工作者。

從一九六六年三月棄教從報，到一九九九年六月退休，二哥在中央日報社工作超過三十三年，目睹了報社從小到大，從強到弱的全程，經歷了中央日報社成長、輝煌、衰落三個重要時期，把畢生精力都獻給了中央日報社，為中央日報社的興旺和發達，嘔心瀝血，立下汗馬功勞。二哥熱愛接近民眾，貼近生產的一線工作，喜歡組織民眾活動；喜歡研究生產技術；喜歡解決最具體的實際問題。雖然工作最繁重，神經最緊張，他卻樂此不疲，而不去鑽營謀取高層職位，這正是二哥不慕權貴，不逐名利超凡脫俗之處，也是他做人本色，本份做人就該如此。

考進中央日報社盡獻心力

二哥剛到中央日報社是從最基層幹起的，在社會服務組工作，一幹就是九年。正如二哥自己說：「處處小心謹慎，凡事全力以赴」，他自認為「外表端莊，平和有禮貌，又有幾年教書氣質，舉止大方，看來就具有泱泱大機關代表之風，所言所行能顧

及黨國大體，很適合中央日報。」表現出他自信心十足，愛崗敬業的執著與作風。

　　中央日報是國民黨的黨報，是國民黨的喉舌，二哥在社會服務組每年十月底都要參與舉辦登山祝壽大會，既能推廣普及體育運動，又為蔣介石祝壽，鞏固中央領導中心，保持台灣「國泰民安，社會的安和樂利」。中央日報是國民黨的輿論工具和宣傳載體，影響力和號召力都非常巨大，是台灣最正統，最嚴肅的主流媒體，所以它所舉辦的萬人登山祝壽大會，其規模一年比一年大，二哥是最積極最辛苦的籌劃者和組織者。除此之外，中央日報社還注重對少年兒童各種才藝的培養，曾舉辦兒童畫展、兒童歌唱批賽、少年籃球賽，少年游泳賽，每年都舉辦青少年圍棋賽，二哥都是執行者，付出艱辛的努力，取得可喜的成績。人才是社會的財富，培養人才是社會發展的根本保證，中央日報社頗具遠見卓識，其作用在十幾年以後台灣經濟騰飛中得到充分的顯示，社會財富迅速膨脹，躍升為亞洲四小龍。我為二哥卓有的成效的工作，引以為自豪。

　　與其相反，這個時期中國大陸正如火如荼地開展文化大革命、大批判，大串連，學校是重實區，學生停課鬧革命，讀書無用，知識青年上山下鄉，躭誤了一代人。共產黨的黨報人民日報連篇累牘地歌頌無產階級文化大革命的偉大，大搞個人崇拜迷信，結果大陸經濟遭到嚴重破壞，倒退二十年，造成人才斷代。歷史證明二哥要比我幸運，我是在被批鬥，失去人身自由，二哥卻是在意氣風發地推進工作，享受自由發揮的樂趣，真有天壤之別。當時的體制害了中國。幸運之神的天平向台灣傾斜，台灣進行十大建設，社會繁榮穩定，中央日報社也蒸蒸日上，在客觀上為二哥施展才華提供了最好的時代舞台。

　　一九七二年到一九七四年，二哥被選定為興建委員會副總幹事，參加中央日報社天母宿舍的建設工程，日夜操勞在工地上，

終於不負眾望把理想與藍圖變成現實與樓房。為給報社同仁謀福祉，二哥絕對是廉潔自愛，不接受建築商和材料商一絲一毫的回扣，他的自律精神，難能可貴，令人敬佩，在廣大同仁眼中，二哥是有功之臣。

籌謀海內外發行任重而道遠

為了發揮和利用二哥是政大外交系高材生的優勢，一九七四年九月報社升任他為國際版經理，負責國際版的廣告和發行兩項業務。陌生的領域激起他更大的工作熱情，他把工作重點轉向分布世界各地的僑胞和留學生，保證他們天天收到一份中央日報，向他們傳遞信息和友情，和大陸人民日報展開競爭。為此二哥奔走於僑委會和中央海外工作會，爭取更多的財政支持，其中最大筆的開支就是數目不小的郵費，不付郵資，兩萬多份的報紙就寄不出去，看似小事，實際是很大很難的事，由於二哥鍥而不捨，接連不斷地上門求助，動之以情，曉之以理，使財政預算年年增加，立法院年年通過。任職三年半，國際版的發行量年年擴大，突破了原來的發行狀況和規模，成績十分顯著。

二哥發行報紙的本事和工作魄力，受到上峰的重視與青睞，在台灣整個報業市場出現激烈競爭的時候，又及時地調任二哥當島內發行組的組長，在一九七八年三月他走馬上任，開始掌管報社在島內的全部發行網，這又是一個新的更加巨大的挑戰，出現在他面前的好似是春秋戰國時期的紛爭局面，聯合報、中國時報都已經突破了百萬份，民營報紙來勢凶猛。中央日報雖是主流媒體，但受到空前的擠壓，也已經失去了往日那種唯我獨尊的霸主地位，二哥所面對的銷售形勢十分嚴峻。

中央日報在版面和內容上比不過民營報，重視闡述三民主義和宣傳國民黨政策的文章，不准有黃色和低級趣味的東西，不能

滿足一些讀者的胃口,也失去許多年輕人的喜愛,在銷售的手段和策略上更是不能與民營報紙相比,人家獎金多,手法靈活,二哥手裡的銷售費用很少,報社的財務管理嚴格,只有探索新出路,尋找突破口。二哥煞費苦心終於想出兩條行之有效的辦法,一是整合動力,把各縣市分銷單位視為伙伴和好友,與之聯手,形成一體,達到共存共榮的目地,同時發動國民黨各機關各部門,組織團結,榮辱與共,直到地方黨部踴躍訂閱本黨的報紙;二是集中全省的推銷員,到台北和各縣市推銷,並嚴格要求推銷技巧的品質,不可傷害報社的形象,有時還親自出馬,曾到觀光大飯店拿回幾十份訂單,做出表率,積累經驗。終使局面大有好轉,保持著中央日報的主導地位。

考驗接踵而來,一九七八年下半年,台北到高雄的高速公路建成通車,各大報又展開和時間的賽跑,爭相放棄火車運報,紛紛改用汽車走高速公路運載,運報的速度影響報紙的發行,誰的報紙先到高雄,誰就具有銷售的優勢。二哥為此徹夜不眠,每天到凌晨兩點,眼看著去台中和高雄的運報車開走駛出大門,才能回到辦公室,在椅子上睡一小覺。這是何等忘我精神?讓我感佩不已。

中央日報二線工作備極辛苦

一九七九年一月,二哥被調到印務部任製印組長,這是報社重要的部門,掌握報社出報的關鍵。這裡雖然沒有發行的壓力,卻有著質量和時間的要求。專業性、技術性極強,照相、分色、製版、印刷,每個環節必不可少,而且環環相扣,一脈相承,形成流水作業,還必須在夜間完成這一切。這個職務讓許多人望而生畏,不敢領受,二哥卻樂意承擔,一幹就是十三年。他以極大的熱情投入這項工作,每個晚上「都要站在拼版桌、晒版機和印

報機旁，緊盯著作業，看到一份份的報紙，嘎嘎的印送出去。」彷彿在欣賞著一幅幅美麗的圖畫，在傾聽著一首首美妙的樂章。

版面印刷的質量要求愈來愈高，搞過發行的二哥深知報紙品質的重要。報業競爭的激烈也體現在印刷技術快速提升上，要把黑白報紙改成彩色報紙，五彩斑爛的報紙才能使讀者賞心悅目，喚起好奇心和購買慾，這是保持和擴展銷路最好的保證。設備更新，升級換代勢在必行，提高工人掌握新設備的新技術也刻不容緩，市場的競爭就是人才和設備的競爭。二哥的頭腦靈活，思維敏捷，眼界又十分開闊，能夠與時俱進，緊跟時代的要求。報社花鉅資購買了雷射分色機和最先進的海力士印報機，採用激光製版技術，提高印報的科技含量和手段，大大提高了印報的速度，而且美化了版面，使其更加美觀，增強了吸引力。刺激銷售，提高市場占有率，二哥功不可沒。

率隊赴美訓練迎接大未來

中央日報是官方報紙，也只有印的好，賣的快，欄目內容受歡迎，才能得到政府的支持和資助。為了擴大報社規模，提高報社的生產數量，實現規模化生產，降低成本，創造減價空間，火車站的報社舊址已不敷需要，向中央爭取到四億撥款，在八德路建設新廠房，購置新設備，中央日報向前大大跨越了一步。與此同時，一九八六年五月二哥帶著四位技術人員到美國學習使用和維修海力士印報機的技術。其管理和技術突飛猛進，關於這次的培訓，二哥回來後曾在社刊撰寫了一篇報導，題目是「迎接海力士，再添生力軍」，介紹他們印務部五位同仁赴美受訓的詳細經過。經過兩年遷廠作業完成，中央日報社已經面貌一新，上了一個新台階，這其中包含多少二哥的努力和二哥的心血。

到新廠房二哥幹得愈加起勁，和身旁的技術人員同甘共苦，摸爬滾打，共創報社的輝煌。到一九八九年達到印報機房的頂

峰，發展到五台印報機，同時開機，那何等氣魄？空前未有。一份六大張，一夜要印數十萬份，二哥在回憶錄中寫道：「我在印務部很辛苦，夜晚是全報社最後一個下班的組長，每天都是體力耗盡，下午還要來報社辦公，參加報社的會議和辦理一般人事，物料供補，但是我還是喜愛這份工作。」又說：「我在印務部度過四十歲好年華，將最好的體力，學識和經驗都貢獻出來，感到有這種際遇，人生何其有幸。」他的滿足感、自豪感躍然紙上，可以無愧地說二哥對中央日報社是做到了無私的奉獻，鞠躬盡瘁的地步。

努力進修人生更為充實

二哥自幼好學，參加工作以後也不忘學習，利用一切可以利用的時間，抓住所有可以抓住的機會，參加進修班，拼命的吸吮知識，不斷充實自己。在復興中學當老師時，就參加英語教師訓練，最長一次有八個星期，在師大英語中心上課。一九七九年三月調到印務部，四月份就參加了文化大學的大陸問題研究所的入學考試，並取得入學資格，黑夜上班，白天上課，一九八一年取得學位，在休假之日還到台北師院、中國海專、台南師院兼課，支援大陸問題的課程，得到教育部核發的講師證書，並獲得碩士學位。二哥太了不起了，他一邊工作，一邊學習，還一邊講課，一天當做兩天用，這需要多麼堅強的毅力啊！我是望塵不及，自愧不如。

二哥是德、智、體全面發展的人，不僅品德好，學習好，而且身體好，有健康的體魄。小時候在北平就敢從故宮高高的圍牆上跳下去，在宮裡嬉戲，還敢踩著高蹺在五姑家的院子裡跳來跳去。到台灣以後，上初中時就敢下海游泳，從基隆漁港碼頭一下子游到對面的島上，到高中時更喜歡鍛煉，高二時從吊環上摔下

來，頭部嚴重受傷，正因為有強壯的身體做支撐，才在最短的時間內得到治癒，恢復上課。考入中央日報社最初幾年，年年舉辦萬人登山祝壽大會，每次大會山上山下都要跑三、四個來回而不知道疲累，調到印務部長達十三年的大夜班沒有拖垮他的身體，也沒有絲毫磨損他的銳氣，反而是越幹越勇。一次次解決技術難題，千方百計節約材料，降低損耗，採用美國技術維護設備，保證印刷機天天正常運轉。可以說健康的體魄為二哥的自尊、自信、自強不息精神，提供了身體條件的保障，好的身體是二哥一生勤奮和幸福的根本。

研考室職司萬端甘之如飴

　　一九九二年四月，二哥終於從印務部解脫出來，調到研考室，任專門委員。研考室是報社的智庫，是社長的參謀部，是聯結各部門的橋樑和紐帶。只有通曉報社全部運作，了解報社發展歷史的資深人士和業務精英才能進入，專門委員更是高人一等，受人尊敬。二哥當然是最好的不二人選，這也是當任社長慧眼識人用人得當，發現二哥是一個難得的人才，而加以提拔，委以重任。二哥守信用，重承諾，頗具謙謙君子的風度。謙虛謹慎是二哥的美德，但他從不居功自傲，在報社內廣結善緣，和所有同仁都有非常好的關係。他以自己出色而負責的工作回答社長的期望與信任。

　　社刊是報社內部信息交流和情況溝通的一個平台，別人管這事，幾個月才出一期，可到了二哥的手裡，他秉承社長的旨意，竟然每月一刊，而且是每月五日必定出版。我雖然沒有見過二哥出版的社刊，但通過二哥的介紹，可以知道社刊是一本圖書，有文字有照片，約稿、發排、校對、美編、配圖、作封面、製版、印刷和裝訂，一個程序不能少。每期社刊都凝聚著二哥的心血和

智慧，也匯聚著二哥的執著與承諾。如果我能看到那期二哥用五個筆名，寫七篇文章的社刊，一定會感到萬分的榮幸。

二哥是給個棒鎚就紉針的主，在研考室所涉獵的方面很多，不管什麼事，只要交給他，他都腳踏實地認真地去做，而且一步一腳窩。經營顧問委員會是報社不定期的邀請學者、專家和黨營事業主管集聚一起，集產、官、學者為一堂，研討並提供報社管理改良和再創高峰之道。這是中央日報社集思廣議，博採眾長，進行自我改善，自我提高，增強市場競爭力的一種措施，由研考室負責，二哥是聯絡和執行者。二哥永遠把自己當做一個小學生，尊重學者，尊重前輩，認真聆聽他們的意見和建議，受益非淺，收獲良多。

企業識別系統本與他的本職工作沒有多大關係，二哥也進行深入的研究，接受報社派遣到很遠的地方參加研習會，為期兩個月，吃了不少苦，對其有了透徹的了解，最後寫出一篇「企業再生」的精闢文章，結合台灣企業實際，講述全員參加的品質管理之重要性，探索企業扭虧為盈之途徑。我是搞企業管理的，也曾在福建晉江挽救一個瀕臨破產的企業，對二哥的觀點完全贊同，對企業再生深有同感。

策略聯盟是關係中央日報生死存亡的大事，主要是為了解決廣告來源的問題。因為廣告收入是報社生存的主要依靠，報業之間的競爭就已經十分激烈，又加上電視媒體搶走許多廣告，可說爭奪廣告之戰日趨白熱化。

中央日報是官辦的黨報，有其悠久的歷史，根植在黨營寬廣的土地上，有其自身的巨大優勢。黨產雄厚，上規模的黨營企業上百家，要很好地利用這個資源，使肥水不流外人田，本黨企業要在本黨的報紙上刊登廣告；本黨企業的活動要由本黨的報社來協辦。黨產與黨報結成聯盟，這就是「黨營事業策略聯盟」。二哥做為報社策劃的幕僚，為此絞盡腦汁，付出艱辛的努力，親自

制定和撰寫「實踐黨營事業策略聯盟企劃案」，上報主管部門華夏公司，得到華夏公司的積極配合，函知所有的黨營企業予以支持，每半年要將實施的成果和具體的廣告費金額呈報。二哥提出的目標是每年廣告費收入達到兩億元新台幣，經過三年努力實現。這無疑是對報社提供了最大財力支持，使其生存下去，我認為這是二哥對報社最偉大的貢獻。

到一九九五年，原來一月一期的社刊，改由每周一次的業務通報所取代。這是因為換了新社長，新官上任三把火，要建立自己的新業績，真是一個社長一個令，這項既繁重又複雜的任務又落到二哥的肩上。

業務通報的內容，涵蓋報社所有部門的工作績效，上級指示和改進事項。要經過記錄、追蹤、檢排、校對、印刷、裝訂，才能分發下去，做到人手一冊。二哥說：「業務通報自一九九五年元旦發行，每周的星期二發出，星期三下午社務會議要確認和論討通報中追蹤的事項。業務通報從未間斷，就是元旦春節也未曾間斷過，這是我個人的堅持，我想做了五年多的業務通報，對報社也算盡了心力。」二哥的工作態度簡直是沒得說，精益求精力求完美，還有持之以恆的勁頭，非常人可比。

不管誰當社長，二哥都是始終如一，默默耕耘的老黃牛，而且勤勤懇懇，不用揚鞭自奮蹄。

黯然告別中央日報社

一九九九年六月，二哥在六十二歲的時候，提前三年，從研考室退休下來，為自己在中央日報社三十四年的工作，劃上了圓滿的句號。此時的中央日報社已經敗象畢露，大量裁員，連續十五年的虧損，造成資不抵債，發行量萎縮，影響力減弱，眼看大廈將傾。二哥不得已離開中央日報社，他的心情可想而知，是情緒黯然，心神沮喪，自己付出一生心血的事業將要付之東流。

　　二○○六年六月一日，中央日報停刊，這個有七十多年歷史的大報壽終正寢，這是歷史的必然，中央日報也逃不出市場的法則。李敖在鳳凰台「李敖有話說」節目中，曾為中央日報社倒閉發出惋惜之聲，在他哀嘆的同時，還指責連戰，說連戰本人擁有幾億的家財，不肯拿出錢來挽救自己的黨報，過於小氣吝嗇。他這種說法大有偏頗，連二哥當年為之奮鬥的策略聯盟都發揮不了作用，上百家的黨營大企業都無能為力，單指靠連戰一個人，他哪會具有力挽狂瀾而不倒的力量，中央日報的企業再生之夢只能成為泡影，李敖如此說，不過是發泄他對連戰之不滿而已。

　　二哥退休後，探索新生活，離開中央日報兩個月後，就參加了園藝與花藝班。在陽明山公園的花圃裡，一邊聽園藝師講解蘭花的栽培技術，一邊欣賞周邊大自然的優美風光，同時舒解自己疲憊的身心，不失為一舉三得的修心養性好方法。隨後又參加西點烘焙班，拿到西點烘焙技術士的證書，真是學無止境，活到老學到老。為了將來能夠幫助三個女兒哺育嬰兒，還參加了媬母訓練班，通過九科現場術科考試。取得媬母資格證書，這當老爸的真是眼光遠大，用心良苦。最讓我讚嘆的是二哥在二○○一年，六十四歲的時候，參加駕駛培訓班，不到半年，拿到小轎車駕駛執照，而且拿到駕照就敢上路開車，其勇氣和膽量叫人嘆為觀止，台北市車流如潮，沒有兩下子是不敢上路的。二哥是我學習的榜樣，二○○三年我六十三歲的時候，也到駕校學車，終於也拿到了駕照。

　　二哥從一九六一年參加工作，到一九九九年退休，有長達三十八年的工齡，三十八年的奮鬥與打拚。若說二哥是磨杵之人，也整整磨杵三十八年，成就斐然。我讀《磨杵記》的最大心得就是感佩二哥這種堅韌不拔的勁頭，這種自尊、自信、自強不息的精神。就是退休後，二哥在家也閒不住，大有「老驥伏櫪，志在千里」的氣概。二哥永遠是我人生中的楷模。

安度老年居家生活美滿

最後我要說，書中最讓我高興的是二哥真實具體地描述了自己幸福美滿的家庭。看過〈我的妻小〉這篇文字，便知道二哥不僅事業成功，而且家庭成功，對三個女兒的教育更是成功。其原因正如二哥在文章中所說的：「家庭的溫暖是人生的享受，要珍惜，也要耕耘維護。我結婚數十年，兒女的培育，職場的一帆風順全賴夫妻兩人共同努力，克服各種困難和時代的挑戰，始能有今天和諧的家庭生活。」

夫妻感情是家庭的基礎，二哥很會營造這個基礎。二哥比二嫂大七歲，像大哥哥一樣對二嫂關心愛護，情深義重。既尊重又疼愛，既稱讚又包容，充分盡到了一個做丈夫的責任。二嫂也是一生勤奮，以教書育人為職業，桃李滿天下，她對二哥百般呵護和包容，盡可能多地管理家務，撫育兒女，替二哥分憂，使他能夠全身心地投入工作。夫妻牽手，你敬我愛，共享快樂也共度艱難。

我發現二哥在二嫂面前，是那麼謙恭友順，是那麼關懷體貼，一個勁地誇獎二嫂的聰明能幹，吃苦耐勞，做事駕輕就熟，不管遇到什麼難題，都能迎刃而解，卻說自己做事費力，事倍功半，自嘆弗如，永遠說妻子比自己強，比自己好。原來這是二哥對愛情對家庭耕耘維護的好方法，很值得我來學習和仿傚。

我曾對二哥說過：「在對子女教育上你比我高明，做得好。你把極大的愛心和金錢，都用在子女的教育上，培養他們讀書的好習慣和上進心，結果全都大學畢業，還取得碩士學位。和你相比，我缺乏愛心和耐心，忽略了兒女小時的教育，沒有在孩子的學業上下功夫，結果全沒有上大學。」我的兒子還算爭氣，參加工作以後，利用業餘時間，從一九九九年到二〇〇六年，堅持八年，到東城區黨校學習法律，先學大專，後學大本，前年終於拿回中共中央黨校函授學院的畢業證書，也相當於大學畢業的水

平。當我看到他送到我面前的畢業證書，心裡既高興又自責。高興的是兒子是個好孩子，知道努力上進；自責的是我不是一個稱職的好父親。

二哥的三個女兒很讓我羨慕，都是那麼有出息。大女兒個性強，中學時代就爭強好勝，不亞於男孩子，表現出不服輸的堅強性格。在輔仁大學英語系畢業以後，到美國進修，取得碩士學位，並在美國定居，在洛杉磯參加工作。一九九六年結婚，生有一子一女。她處世果斷，敢做敢為，頗有祖父的遺風，讓我很感欣慰。

二哥的二女兒溫順乖巧，很有乃父的性格，但獨立性也很強，在淡江大學法語系畢業以後，隻身到法國巴黎大學讀書，學成後回到台北，繼續在文化大學的法文研究所深造，取得碩士學位，現在有一份很理想的工作。一九九九年結婚，時任行政院長蕭萬長，二哥在政大的老學友，都趕來參加婚禮並致賀辭，盛況空前。婚後生有兩子，二哥很有興奮感。

二哥的三女兒，很像她的母親，聰明伶俐，在資訊發達的今天，她給自己選擇定位非常合適恰當，在台大圖書館管理系畢業以後，一直從事電腦行業，現在她也在洛杉磯工作，有一個順心的職位。二○○四年結婚，去年生下一個男嬰，給二哥帶來極大的驚喜。

三個女兒都孝順可嘉，我為二哥有這樣三個好女兒而高興，有這樣和諧美好的家庭而驕傲。二哥可以放心地頤養天年，想去美國就去美國，想留台灣就留台灣，哪裡都有自己的女兒。現在和二嫂共浴愛河，輕鬆度日，老來為伴，共享人間之最大幸福。

我讀完《磨杵記》，掩卷深思，二哥一生的往事，都清晰地呈現在我的眼前，讓我感慨萬千。

《磨杵記》有十六萬字之多，全是二哥在電腦鍵盤上一字字敲出來的，費腦費力，更生動地體現出二哥那種自尊、自信、自強不息的精神，真是越老越執著，越老越堅強。

　　《磨杵記》確實是二哥一生真實的記錄，也是中央日報社的一部發展史，更是台灣社會的縮影和寫照，有極其寶貴的人文價值、社會價值和史料價值。而且全書結構嚴謹，語言流暢。說明二哥有極高的文學修養和不一般的造詣，書中還保存許多具有歷史意義的珍貴照片，真是一本不可多得的好書。

　　這本書給我以力量，給我以啟迪，使我更加懂得人生的意義，我要深情地謝謝二哥。

三弟　福榮

二○○八年六月於北京

附錄三：副社長薛公賜函

薛心鎔

　　福勝兄：「磨杵記」讀完，感觸很多，也很深。

　　我們接觸不多，所知有限；　我自 74 年卸任副社長後，對社務即很隔膜，您的許多工作，讀此書始有了解。我對您的印象，來自您的氣質，溫和有禮，不同於一般。我的感應：此人一定是大家子弟，有家教的。這樣的人，現在已經不多了。北京人的味道很重，我生於北平，尤其覺得親切。

　　我的那本書，經理部只送給兩個人：您和謝開傑。謝是廣西中央日報時代的老友。送給您，就只是出於上述的直覺。現在證明，我的直覺不差。

　　此書最使我感動的即是親情濃重，充盈於全書，也就是您的生平。有家教的人，自然表現為溫良恭儉讓，您已具備。我一生最看重的就是人間至情，而非互相利用。您和書中所寫到的親友，都表現了人間至高至貴的情操。

　　工作方面，您和我一樣，隨便在那個位子上都盡心盡力做事，樂在其中，不求名利。所寫印務部分與企業發展的理論，在我讀來，如同上了幾課堂，獲益不少。

　　中央日報不是一個健全的機構，主其事者，多抱著五日京兆的心理。一個報紙，沒有十年二十年的一貫的努力，是難成大業的。報紙這一行，為設備、營業、內容，三方面的結合，而內容這一方面，有賴人才的聰明才智無私無懈的充分發揮，非效率規章所能完全控制。我嘗說：一個報紙的編輯部，有賴於制度者少，

有賴於人的成分者多。如何使一個採訪，一個編輯，一年三百六十五天，天天都拿出十分精神來工作，雖效率專家也無善策。

我認為文字工作的成績，主要繫之於人才個人的自發與團體的向心力。如何促成自發與向心，因素很多，例如人際的親和與感召，即非標章、管制所能奏效。某些有了 CIS 的，熱鬧一陣即成具文。效率規章用之於容易計算業績的工商乃至行政工作，可以預期其效果；用之於文字工作就難了。不過，企業再生是個重要課題；在各行各業競爭激烈之今日，像我這種以「穩健」見長的一代，很快就追趕不上了。

我一直以為您是臺大外文系畢業，在中央日報委屈了您；如果知道是政大外交系畢業，更會覺得您走錯了路。但是，看過「磨杵記」，才感覺到您如果進入工商、外交、或者做個教書匠，也許會大有發展，步步高陞；而您在中央日報，卻能與社會貼近，有著廣闊的接觸面，工作多彩多姿；加之您的好學，興趣是多方面的，報業這一行，正合您的性情，人生充實而豐富。

文章一派天真自然，出於純情至誠，不是那種字斟句酌的文章，但也頗多精深周詳的文筆。雖然也有不少不甚妥適之處，都無損於誠摯感人。我的評價是：文如其人，一片祥和。偶有牢騷，頗多得意自負，都是出乎自然，不會令人覺得過分。很多地方流露著灑脫佻達，受苦受難之際仍是悠哉游哉，仿彿可見少年時期的頑皮。

這部書除了寫出濃重的親情與中央日報的史料之外，更是中國百年動亂中一個大家族浮沉其間的真實故事。自　令祖為清末舉人、民初國會議員起始，三代人的生死磨難，終至於保全了第四代的繁衍；不是少數權貴階層的離合悲歡，而是億萬平民在此大時代中掙扎的寫照。讓小說家細細寫來，可以成為一部鉅著。

親情部分，我都看得身有同感。做母親的，本身就是犧牲。普天下的母親，我都崇敬。幾位姑奶奶的情義，至矣盡矣，讀來

令人如沐春風。李安先生是我所景仰的人，他在世時，只有每年祭岳見到他的名字，平時沒沒無聞，可知他的篤實，不是名利場中人。令弟的感言，也是一篇至性文章，難得的是在大陸受盡折磨之後，有深刻的認識而又能淡然處之，我想這也是「家風」使然。書內提到附中導師許毓翔，我青島民言報編輯主任王劍鵬的女兒王悌，留美學成後結婚，先生的姓名與之相同，想必是同一人。許先生在美修得博士。王悌高中讀北一女，大學讀臺大，理工科的功課好得不得了，年年拿獎學金，性情非常忠厚樸實；留美學成，二人均在美國政府機構任職，現已退休，住在 Maine 州。王悌年年寄聖誕卡給我，先生亦同具名；去年附言說，許先生患老人痴呆，生活需人照料；依王悌的忠厚性情，她一定會照料得好的。許先生也是好人有好報。

　　閱讀中見到一些錯別字，開了一份清單給您，藉以對您及書中提及的至情至義的親友，表達我一份敬意。我要再說：這些毛病都無損於這本書的價值與可讀性。這是一本值得印出來的書。儘管現在的人都不買書了，甚或都不看書了，但是，正如曹聖芬先生的女兒曹志漣說過的一句話：「這種書，擺在圖書館裡都是好的！」

　　　　即祝
健康　平安快樂

心鎔
民國九十七年
九月二十二日
於臺北

　　「磨杵記」的封面和底封面，設計得很好，特別是那幅村景，枯樹殘垣，千古夕陽，望之有莫名的惆悵。

國家圖書館出版品預行編目

磨杵記 / 王福勝著. -- 一版. -- 臺北市：
秀威資訊科技, 2007 [民 96]
面； 公分. - - （史地傳記類；PC0028）

ISBN 978-986-6909-74-0 (平裝)

1.王福勝－傳記

782.886   96009237

史地傳記類　PC0028

磨杵記

作　　者 / 王福勝
發 行 人 / 宋政坤
執行編輯 / 林世玲
圖文排版 / 郭雅雯
封面設計 / 林世峰
數位轉譯 / 徐真玉　沈裕閔
圖書銷售 / 林怡君
法律顧問 / 毛國樑　律師
出版印製 / 秀威資訊科技股份有限公司
　　　　　台北市內湖區瑞光路 583 巷 25 號 1 樓
　　　　　電話：02-2657-9211　　傳真：02-2657-9106
　　　　　E-mail：service@showwe.com.tw
經 銷 商 / 紅螞蟻圖書有限公司
　　　　　台北市內湖區舊宗路二段 121 巷 28、32 號 4 樓
　　　　　電話：02-2795-3656　　傳真：02-2795-4100
　　　　　http://www.e-redant.com

2007 年　5　月 BOD 一版
2008 年　10 月 BOD 五版
定價：340 元

讀 者 回 函 卡

感謝您購買本書，為提升服務品質，煩請填寫以下問卷，收到您的寶貴意見後，我們會仔細收藏記錄並回贈紀念品，謝謝！

1.您購買的書名：＿＿＿＿＿＿＿＿＿＿＿＿＿＿＿＿

2.您從何得知本書的消息？

　　□網路書店　　□部落格　　□資料庫搜尋　　□書訊　□電子報　□書店

　　□平面媒體　　□ 朋友推薦　　□網站推薦　□其他＿＿＿＿＿＿

3.您對本書的評價：(請填代號　1.非常滿意 2.滿意 3.尚可 4.再改進)

　　封面設計＿＿　版面編排＿＿　內容＿＿　文/譯筆＿＿　價格＿＿

4.讀完書後您覺得：

　　□很有收獲　□有收獲　□收獲不多　□沒收獲

5.您會推薦本書給朋友嗎？

　　□會　□不會，為什麼？＿＿＿＿＿＿＿＿＿＿＿＿＿＿＿＿＿

6.其他寶貴的意見：＿＿＿＿＿＿＿＿＿＿＿＿＿＿＿＿

＿＿＿＿＿＿＿＿＿＿＿＿＿＿＿＿＿＿＿＿＿＿＿＿＿＿＿＿

＿＿＿＿＿＿＿＿＿＿＿＿＿＿＿＿＿＿＿＿＿＿＿＿＿＿＿＿

＿＿＿＿＿＿＿＿＿＿＿＿＿＿＿＿＿＿＿＿＿＿＿＿＿＿＿＿

讀者基本資料

姓名：＿＿＿＿＿＿＿＿＿＿　　年齡：＿＿＿＿　性別：□女 □男

聯絡電話：＿＿＿＿＿＿＿＿＿　E-mail：＿＿＿＿＿＿＿＿＿＿

地址：＿＿＿＿＿＿＿＿＿＿＿＿＿＿＿＿＿＿＿＿＿＿＿＿＿

學歷：□高中(含)以下　　□高中　　□專科學校　　□大學

　　　□研究所(含)以上 □其他＿＿＿＿＿＿＿＿

職業：□製造業 □金融業 □資訊業 □軍警 □傳播業 □自由業

　　　□服務業 □公務員 □教職　□學生 □其他＿＿＿＿＿

（請沿線對摺寄回,謝謝!）

秀威與 BOD

BOD（Books On Demand）是數位出版的大趨勢，秀威資訊率先運用 POD 數位印刷設備來生產書籍，並提供作者全程數位出版服務，致使書籍產銷零庫存，知識傳承不絕版，目前已開闢以下書系：

一、BOD 學術著作—專業論述的閱讀延伸
二、BOD 個人著作—分享生命的心路歷程
三、BOD 旅遊著作—個人深度旅遊文學創作
四、BOD 大陸學者—大陸專業學者學術出版
五、POD 獨家經銷—數位產製的代發行書籍

BOD 秀威網路書店：www.showwe.com.tw
政府出版品網路書店：www.govbooks.com.tw

　　永不絕版的故事・自己寫・永不休止的音符・自己唱